Die Korrektur der Eingruppierung in Sparkassen

**Europäische Hochschulschriften Recht**

European University Studies in Law

Publications Universitaires Européennes de Droit

Band/ Volume **6078**

Lars Reese

# Die Korrektur der Eingruppierung in Sparkassen

PETER LANG

**Bibliografische Information der Deutschen Nationalbibliothek**
Die Deutsche Nationalbibliothek verzeichnet diese Publikation in der Deutschen Nationalbibliografie; detaillierte bibliografische Daten sind im Internet über http://dnb.d-nb.de abrufbar.

Zugl.: Leipzig, Univ., Diss., 2018

15
ISSN 0531-7312
ISBN 978-3-631-77215-7 (Print)
E-ISBN 978-3-631-77246-1 (E-PDF)
E-ISBN 978-3-631-77247-8 (EPUB)
E-ISBN 978-3-631-77248-5 (MOBI)
DOI 10.3726/b14847



Diese Publikation wurde begutachtet.

www.peterlang.com

*Meiner Frau und meinen Kindern gewidmet*

# Dank

Zu besonderem Dank bin ich Herrn Prof. Dr. Burkhard Boemke für die Aufnahme als Doktorand und Betreuung der Dissertation verpflichtet. Seine Bereitschaft zum wissenschaftlichen Diskurs weckte schon früh mein Interesse am Arbeitsrecht und trägt mit dazu bei, dass ich stets gerne an meine Heidelberger Studentenzeit zurückdenke.

Danken möchte ich auch dem Zweitgutachter und Vorsitzendem des Prüfungsausschusses, Herrn Professor Dr. Lutz Haertlein; meinem Arbeitgeber Berg Lund & Company für die großzügige und rücksichtsvolle Freistellung; Frau Ulrike Jung für das Lektorat und schließlich meinen Eltern für eine unbeschwerte Schul- und Studienzeit.

Mein Dank wäre unvollständig, wenn ich in ihn nicht auch meine geliebte Ehefrau Anni einbeziehen würde, für ihre immerwährende und uneingeschränkte Unterstützung bei der Erstellung dieser Arbeit.

# Inhaltsübersicht

# Abkürzungsverzeichnis

Für nicht aufgeführte Abkürzungen wird verwiesen auf *Kirchner*, Abkürzungsverzeichnis der Rechtssprache (8. Auflage, 2015)

| | |
|---|---|
| ABlEG | Amtsblatt der Europäischen Gemeinschaften |
| Abs. | Absatz |
| AG | Aktiengesellschaft |
| AiB | Arbeitsrecht im Betrieb, Zeitschrift |
| Alt. | Alternative |
| Anm. | Anmerkung |
| AP | Arbeitsrechtliche Praxis (Nachschlagewerk des Bundesarbeitsgerichts) |
| AR-Blattei | Arbeitsrecht-Blattei |
| ArbGG | Arbeitsgerichtsgesetz |
| Art. | Artikel |
| AT | Allgemeiner Teil |
| Aufl. | Auflage |
| AuR | Arbeit und Recht (Zeitschrift) |
| BAGE | Sammlung der Entscheidungen des Bundesarbeitsgerichts |
| BAT | Bundesangestelltentarifvertrag |
| BayGO | Gemeindeordnung für den Freistaat Bayern |
| BayPVG | Bayrisches Personalvertretungsgesetz |
| BB | Betriebs-Berater, Zeitschrift |
| BDA | Bundesvereinigung der Deutschen Arbeitgeberverbände e.V. |
| BetrVG | Betriebsverfassungsgesetz |
| BGB | Bürgerliches Gesetzbuch |
| BGH | Bundesgerichtshof |
| BLV | Bundeslaufbahnverordnung |
| BMI | Bundesministerium des Innern |
| BPersVG | Bundespersonalvertretungsgesetz |
| BT-Drucks. | Drucksache des Deutschen Bundestages |
| BR-Drucks. | Drucksache des Deutschen Bundesrates |
| BVerfG | Bundesverfassungsgericht |
| BVerwG | Bundesverwaltungsgericht |
| BVerwGE | Entscheidungen des Bundesverwaltungsgerichts |
| ca. | circa |

| | |
|---|---|
| DB | Der Betrieb, Zeitschrift |
| DFL | Dornbusch, Fischermeier, Löwisch |
| d. h. | das heißt |
| ders. | derselbe |
| Einf. | Einführung |
| EuGH | Europäischer Gerichtshof |
| EzA | Entscheidungssammlung zum Arbeitsrecht |
| etc. | et cetera |
| f., ff. | folgende (Seite), folgende Seiten |
| Fn. | Fußnote |
| GewO | Gewerbeordnung |
| GG | Grundgesetz |
| GK-BetrVG | Gemeinschaftskommentar zum Betriebsverfassungsgesetz |
| HessVGH | Hessischer Verwaltungsgerichtshof |
| Hrsg. | Herausgeber |
| KSchG | Kündigungsschutzgesetz |
| LAG | Landesarbeitsgericht |
| LPersVG | Landespersonalvertretungsgesetz(e) |
| MDR | Monatsschrift für deutsches Recht (Zeitschrift) |
| MMR | MultiMedia und Recht (Zeitschrift) |
| m.w.N. | mit weiteren Nachweisen |
| NachwG | Nachweisgesetz |
| NJW | Neue Juristische Wochenschrift, Zeitschrift |
| NZA | Neue Zeitschrift für Arbeitsrecht (bis 1992 Neue Zeitschrift für Arbeits- und Sozialrecht) |
| NZA-RR | Rechtsprechungsreport der Neuen Zeitschrift für Arbeitsrecht |
| OVG | Oberverwaltungsgericht |
| PersR | Personalrat, Zeitschrift |
| RdA | Recht der Arbeit, Zeitschrift |
| Rn. | Randnummer(n) |
| S. | Seite, Satz |
| SchRModG | Gesetz zur Modernisierung des Schuldrechts v. 26.11.2001 |
| SPersVG | Saarländisches Personalvertretungsgesetz |
| ThürPersVG | Thüringer Personalvertretungsgesetz |
| TVG | Tarifvertragsgesetz |
| TVöD | Tarifvertrag für den öffentlichen Dienst |
| TVöD-AT | Tarifvertrag für den öffentlichen Dienst – Allgemeiner Teil |
| TVöD-S | Tarifvertrag für den öffentlichen Dienst – Besonderer Teil Sparkassen |

| | |
|---|---|
| TVÜ-VKA | Tarifvertrag zur Überleitung der Beschäftigten der kommunalen Arbeitgeber in den TVöD und zur Regelung des Übergangsrechts |
| TV-L | Tarifvertrag für öffentlichen Dienst der Länder |
| usw. | und so weiter |
| u. a. | unter anderem, und andere |
| v. | von/vom |
| Var. | Variante |
| VG | Verwaltungsgericht |
| vgl. | vergleiche |
| VKA | Vereinigung der kommunalen Arbeitgeberverbände |
| WM | Wertpapier-Mitteilungen, Zeitschrift |
| WpHG | Wertpapierhandelsgesetz |
| WpHGMaAnzV | Mitarbeiteranzeigeverordnung nach Wertpapierhandelsgesetz |
| ZIP | Zeitschrift für Wirtschaftsrecht und Insolvenzpraxis |
| ZTR | Zeitschrift für Tarif-, Arbeits- und Sozialrecht des öffentlichen Dienstes |

# Literaturverzeichnis

*Altvater, Lothar/Baden, Eberhard/Berg, Peter/Kröll, Michael/Noll, Gerhard/Seulen, Anna*: Bundespersonalvertretungsgesetz, Kommentar, 9. Aufl., Frankfurt am Main 2015 (zitiert: *Bearbeiter*, in: Altvater u. a., BPersVG)

*Becker, Manfred*: Personalwirtschaft, Stuttgart 2010

*Bepler, Klaus/Böhle, Thomas/Meerkamp, Achim/Russ, Willi*: TVöD, Kommentar zum Tarifrecht der Beschäftigten im Öffentlichen Dienst, Loseblatt, Stand 09/2015 (zitiert: *Bearbeiter*, in: Bepler u. a., TVöD)

*Bergwitz, Christoph*, Zur Darlegungs- und Beweislast im BAT-Eingruppierungsprozess, ZTR 2001, 539 ff.

*Berthel, Jürgen/Becker, Fred G.*: Personal-Management, 10. Aufl., Stuttgart 2013

*Birk, Rolf*: Das Nachweisgesetz zur Umsetzung der Richtlinie 91/533/EWG in das deutsche Recht, NZA 1996, 281 ff.

*ders.*: Die arbeitsrechtliche Leitungsmacht, Köln 1973

*Boemke, Burkhard*: Schuldvertrag und Arbeitsverhältnis, München 1999

*ders.*: Das fehlerhafte Arbeitsverhältnis, AR-Blattei, 71. Lfg., 220.5, 1999

*ders.*: Privatautonomie im Arbeitsvertragsrecht, NZA 1993, 532 ff.

*ders.*: Studienbuch Arbeitsrecht, 2. Aufl., München 2004

*ders.*: (Un-)Verbindlichkeit unbilliger Arbeitgeberweisungen, NZA 2013, 6 ff.

*Boemke, Burkhard/Seifert, Gunnar*: Mitbestimmung bei vollständiger und gleichmäßiger Anrechnung von Tariflohnerhöhungen auf übertarifliche Zulagen, BB 2001, 985 ff.

*Boemke, Burkhard/Ulrici, Bernhard*: BGB Allgemeiner Teil, 2. Aufl., Berlin 2014

*Brachmann, Carsten*: Fazit zum Urteil des BAG 15.06.2011, ZTR 2011, 28

*Bredemeier, Jörg/Neffke, Reinhard*: TVöD/TV-L, Tarifverträge für den öffentlichen Dienst, Kommentar, 4. Aufl., München 2013 (zitiert: *Bredemeier/Neffke*, TVöD/TV-L)

*Bredendiek, Knut/Fritz, Bernd/Tewes, Iris*: Neues Tarifrecht für den öffentlichen Dienst, ZTR 2005, 230 ff.

*Brox, Hans/Rüthers, Bernd/Henssler, Martin*: Arbeitsrecht, 18. Aufl., Stuttgart 2011 (zitiert: *Brox/Rüthers/Henssler*, Arbeitsrecht)

*Brox, Hans/Walker, Wolf-Dietrich*: Allgemeiner Teil des BGB, 39. Aufl., München 2015 (zitiert: *Brox/Walker*, BGB AT)

*Burger, Ernst*: TVöD/TV-L Tarifverträge für den öffentlichen Dienst, Handkommentar, 3. Aufl., Baden-Baden 2016 (zitiert: Burger/*Bearbeiter*, TVöD/TV-L)

*Clemens, Horst/Scheuring, Ottheinz/Steingen, Werner/Wiese, Friedrich*, Kommentar zum Tarifvertrag öffentlicher Dienst (TVöD), Loseblatt, Stand März 2016 (zitiert: *Bearbeiter*, in: Clemens/Scheuring/Steingen/Wiese, TVöD)

*Däubler, Wolfgang (Hrsg.)*: Tarifvertragsgesetz, Kommentar, 3. Aufl., Baden-Baden 2012 (zitiert: Däubler/*Bearbeiter*, TVG

*Dörring, Werner/Kutzki, Jürgen/Polzer, Ulrich*: TVöD-Kommentar, Berlin 2007 (zitiert: *Dörring/Kutzki/Polzer*, TVöD)

*Dornbusch, Gregor/Fischermeier, Ernst/Löwisch, Manfred*: Fachanwaltskommentar Arbeitsrecht, 7. Aufl., Köln 2015 (zitiert: DFL/*Bearbeiter*, in: Fachanwaltskommentar Arbeitsrecht)

*Dütz, Wilhelm/Thüsing, Gregor*: Arbeitsrecht, 20. Aufl., München 2015

*Elert, Nicole*: Gruppenarbeit: Individual- und kollektivrechtliche Fragen moderner Arbeitsformen, Köln 2001

*Enneccerus, Ludwig/Nipperdey, Hans Karl*: Allgemeiner Teil des Bürgerlichen Rechts, zweiter Halbband, 15. Aufl., Tübingen 1960 (zitiert: Ennercus/Nipperdey, BGB AT)

*Erfurter Kommentar* zum Arbeitsrecht: begr. von Dieterich, Thomas/Hanau, Peter/Schaub, Günter, hrsg. von Müller-Glöge, Rudi/Preis, Ulrich/Schmidt, Ingrid. 16. Aufl. (14. Aufl.), München 2016 (2014) (zitiert: *Bearbeiter*, in: ErfK/ArbR)

*Feldgen, Dagmar*: Nachweisgesetz, München 1995

*Feldmann, Ralf*: Das Personalvertretungsrecht des Bundes und der Länder, Diss. Fernunivers. Hagen 1982

*Fischer, Gerd*: Grenzen des Direktionsrechts durch Konkretisierung, AiB 1998, 712 f.

*Flume, Werner*: Allgemeiner Teil des Bürgerlichen Rechts, 2. Band: Das Rechtsgeschäft, 4. Aufl., Berlin 1992 (zitiert: *Flume*, BGB AT)

*Franke, Karl*: Bedeutung des Nachweisgesetzes für die Darlegungs- und Beweislast im arbeitsgerichtlichen Verfahren, DB 2000, 274 ff.

*Friedrich, Hans-Wolf/Kloppenburg, Thomas*: Vergütungskorrektur und Nachweisrecht, RdA 2001, 293 ff.

*Gewehr, Heinz*: Die „korrigierende Rückgruppierung" – eine Ausnahme, kein Grundsatz!, ZTR 1997, 211 ff.

*Gimpel, Frauke*: Individualrechtliche Konsequenzen betriebsverfassungsrechtlicher Fehler, Europäische Hochschulschrift, Frankfurt 2005

*Henssler, Martin/Willemsen, Heinz Josef/Kalb, Heinz-Jürgen* (Hrsg.): Arbeitsrecht Kommentar, 7. Aufl., Köln 2016 (zitiert: Henssler/Willemsen/Kalb/*Bearbeiter*, Arbeitsrecht)

*Hock, Klaus*: Auswirkungen der Änderung des Nachweisgesetzes auf das BAT-Arbeitsverhältnis, ZTR 1999, 49 ff.

*Holtbrügge, Dirk*: Personalmanagement, 5. Aufl., Berlin 2013

*von Hoyningen-Huene, Gerrick Freiherr v.*: Die Bezugnahme auf den Tarifvertrag – ein Fall der Tarifbindung, RdA 1974, 138 ff.

*von Hoyningen-Huene, Gerrick Freiherr v./Boemke, Burkhard*: Die Versetzung, Heidelberg 1991

*von Hoyningen-Huene, Gerrick Freiherr v./Linck, Rüdiger*: Kündigungsschutzgesetz: KSchG, Kommentar, 15. Aufl., München 2013 (zitiert: vHH/L/*Bearbeiter*, KSchG)

*Hromadka*, Wolfgang: Das allgemeine Weisungsrecht, DB 1995, 2601 ff.

*ders.*: Änderung von Arbeitsbedingungen, RdA 1992, 234 ff.

*ders.*: Der Große Senat zu den übertariflichen Zulagen, DB 1992, 1573 ff.

*Huber, Andreas*: Personalmanagement, München 2010

*Hümmerich, Klaus/Reufels, Martin*: Gestaltung von Arbeitsverträgen und Dienstverträgen für Geschäftsführer und Vorstände: Kommentierte Klauseln und Musterverträge, 3. Aufl., Baden-Baden 2015 (zitiert: Hümmerich/Reufels/*Bearbeiter*, Gestaltung von Arbeitsverträgen)

*Hueck, Alfred/Nipperdey, Carl*: Lehrbuch des Arbeitsrechts, erster Band, 7. Aufl., Berlin 1963

*Jacobi, Christoph Alexander*: Methodenlehre der Normwirkung, Baden-Baden 2008

*Jauernig, Othmar*: Kommentar zum Bürgerlichen Gesetzbuch, 16. Aufl., München 2015 (zitiert: Jauernig/*Bearbeiter*, BGB)

*Jung, Hans*: Personalwirtschaft, 9. Aufl., München 2010

*Junker, Abbo*: Grundkurs Arbeitsrecht, 15. Aufl., München 2016

*Kempen, Otto Ernst/Zachert, Ulrich* (Hrsg.): Tarifvertragsgesetz, Kommentar, 5. Aufl. (4. Aufl), Frankfurt am Main 2014 (2006) (zitiert: Kempen/Zachert/*Bearbeiter*, TVG)

*Kittner, Michael/Zwanziger, Bertram/Deinert, Olaf*: Arbeitsrecht, Handbuch für die Praxis, 8. Aufl., Hanau/Erfurt/Göttingen 2014 (zitiert: Kittner/Bearbeiter, Arbeitsrecht)

*Konzen, Horst*: Rechtsverhältnisse zwischen Prozeßparteien, Berlin 1976

*Köhler, Helmut*: BGB Allgemeiner Teil, 39. Aufl., München 2015

*Küttner, Wolfdieter*: Personalbuch 2016, 23. Aufl., München 2016 (zitiert: Küttner/*Bearbeiter*, Personalbuch)

*Küttner, Wolfdieter/Kania, Thomas*: Praxis der arbeitsrechtlichen Vertragsgestaltung, Köln 1992

*Larenz, Karl*: Methodenlehre der Rechtswissenschaft, 6. Aufl., Berlin 1991

*ders.*: Lehrbuch des Schuldrechts, I. Band: Allgemeiner Teil, 14. Aufl., München 1987

*Larenz, Karl/Wolf, Manfred*: Allgemeiner Teil des Bürgerlichen Rechts, 9. Aufl., München 2004 (zitiert: *Larenz/Wolf*, BGB AT)

*Liebers, Hans-Joachim*: Formularbuch des Fachanwalts Arbeitsrecht, 3. Aufl., Köln 2015 (zitiert: Liebers/*Bearbeiter*, Formularbuch des Fachanwalts Arbeitsrecht)

*Löwisch, Manfred/Caspers, Georg/Klumpp, Steffen*: Arbeitsrecht, 10. Aufl., München 2014

*Löwisch, Manfred/Kaiser, Dagmar*: Kommentar zum Betriebsverfassungsgesetz, 6. Aufl., Heidelberg 2010 (zitiert: *Löwisch/Kaiser*, BetrVG)

*Löwisch, Manfred/Rieble, Volker*: Tarifvertragsgesetz, Kommentar, 3. Aufl., München 2012 (zitiert: *Löwisch/Rieble*, TVG)

*Lunk, Stefan*: AnwaltFormulare Arbeitsrecht, 2. Aufl., Bonn 2014

*v. Mangoldt, Hermann/Klein, Friedrich/Starck, Christian*: Kommentar zum Grundgesetz: GG, Band 3, Art. 83–146, 6. Aufl., München 2010 (zitiert: *Bearbeiter*, in: v. Mangoldt/Klein/Starck, GG)

*Mattern, Karl-Heinz*: Allgemeine Verwaltungslehre, 4. Aufl., Regensburg 1994

*MOTIVE* zu dem Entwurfe eines Bürgerlichen Gesetzbuches, Band I Allgemeiner Theil, 1888

*Müller-Uri, Andreas*: Die Korrektur tarifwidrig überhöhter Eingruppierungen in der Praxis, ZTR 2004, 173 ff.

*Münchner Kommentar* zum Bürgerlichen Gesetzbuch, hrsg. v. Säcker, Franz Jürgen/Rixecker, Roland/Oetker, Hartmut/Limperg, Bettina: Band 1, 7. Aufl., München 2015, Band 4, 6. Aufl., München 2012 (zitiert: *Bearbeiter*, in: MüKo-BGB)

*Münchner Handbuch* zum Arbeitsrecht, hrsg. v. Richardi, Reinhard/Wlotzke, Otfried/Wißmann, Hellmut/Oetker, Hartmut: Band 1, 3. Aufl., München 2009 (zitiert: *Bearbeiter*, in: MünchHbArbR)

*Oetker, Hartmut*: Das Dauerschuldverhältnis und seine Beendigung, Tübingen 1994

*Olfert, Klaus*: Personalwirtschaft, 16. Aufl., Ludwigshafen 2015

*Otto, Hansjörg*: Arbeitsrecht, 4. Aufl., Berlin 2008

*Otte, Karl*: Der BAT-Arbeitsvertrag – überhaupt ein Vertrag?, ZTR 1998, 241 ff.

*Palandt, Otto*: Kommentar zum Bürgerlichen Gesetzbuch, 75. Aufl., München 2016 (zitiert: Palandt/*Bearbeiter*, BGB)

*Preis, Ulrich*: Der Arbeitsvertrag, Handbuch der Vertragsgestaltung, 5. Aufl., Köln 2015

*ders.*: Unbillige Weisungsrechte und überflüssige Änderungskündigungen, NZA 2015, 1 ff.

*ders.*: Das Nachweisgesetz – lästige Förmelei oder arbeitsrechtliche Zeitbombe?, NZA 1997, 10 ff.

*Rappl, Peter*: Beteiligung des Personalrats bei Stellenausschreibungen, ZTR 1988, 447 ff.

*Reiserer, Kerstin*: Atmendes Entgelt, atmende Arbeitszeit, NZA-Beilage 2/2010, S. 39 ff.

*Richardi, Reinhard*: Betriebsverfassungsgesetz mit Wahlordnung, Kommentar, 15. Aufl., München 2016 (zitiert: Richardi/*Bearbeiter*, BetrVG)

*ders.*: Der Große Senat des BAG zur Mitbestimmung bei der Anrechnung einer Tariflohnerhöhung auf über- und außertarifliche Zulagen, NZA 1992, 961 ff.

*Richardi, Reinhard/Dörner, Hans-Jürgen/Weber, Christoph*: Kommentar zum Personalvertretungsrecht, 4. Aufl., München 2012 (zitiert: *Bearbeiter*, in: Richardi/Dörner/Weber, Personalvertretungsrecht)

*Richter, Helmut*: Die Änderung der Arbeitsbedingungen kraft des Direktionsrechts des Arbeitgebers unter Beachtung der Beteiligung des Betriebsrats (I), DB 1989, 2378 ff.

*Schatz, Stefan*: Die Beweisvereitelung in der Zivilprozessordnung, Diss. Köln 1992

*Schaub, Günter*: Arbeitsrechts-Handbuch 16. Aufl., München 2015 (zitiert: Schaub/*Bearbeiter*, Arbeitsrechts-Handbuch)

*ders.*: Arbeitsrechtliches Formular- und Verfahrenshandbuch 11. Aufl., München 2015 (zitiert: Schaub/*Bearbeiter*, Arbeitsrechtliches Formular- und Verfahrenshandbuch)

*Scholz, Christian*: Vahlens Großes Personallexikon, München 2009 (zitiert: *Scholz*, Personallexikon)

*ders.*: Grundzüge des Personalmanagements, 2. Aufl., München 2014

*Schukai, Manfred*: Praktische Konsequenzen aus den Entscheidungen des Großen Senats des BAG vom 3.12.1991, NZA 1992, 967 ff.

*Schwarze, Roland*: Die Bedeutung des Nachweisgesetzes für fehlerhafte tarifliche Eingruppierungen, RdA 1997, 343 ff.

*Schreyögg, Georg/Geiger, Daniel*: Organisation, 6. Aufl., Wiesbaden 2016

*Söllner, Alfred*, Die Änderung der Arbeitsbedingungen durch Weisung in: Hromadka, Wolfgang (Hrsg): Änderungen von Arbeitsbedingungen, Heidelberg 1990, S. 13 ff.

*Staudinger, Julius von*: Kommentar zum Bürgerlichen Gesetzbuch mit Einführungsgesetz und Nebengesetzen, Buch 2: Recht der Schuldverhältnisse (§§ 241–243 BGB), 15. Aufl., Berlin 2015, Buch 2: Recht der Schuldverhältnisse (§§ 611–613 BGB), Neubearbeitung 2011, Buch 2: Recht der Schuldverhältnisse (§§ 812–822 BGB), 15. Aufl., Berlin 2007 (zitiert: Staudinger/*Bearbeiter*, BGB)

*Stock-Homburg, Ruth*: Personalmanagement, 3. Aufl., Wiesbaden 2013

*Stückemann, Wolfgang*: Dokumentationspflichten für den Arbeitgeber, BB 1995, 1846 ff.

*ders*: Nachweisgesetz: Geringe Bedeutung für die arbeitsrechtliche Praxis, BB 1999, 2670 ff.

*Thüsing, Gregor/Braun, Axel*: Handbuch Tarifrecht, 2. Aufl., München 2014 (zitiert: Thüsing/Braun/*Bearbeiter*, Tarifrecht)

*Ulrici, Bernhard*: Geschäftsähnliche Handlungen, NJW 2003, 2053 ff.

*Uttlinger, Sigmund/Breier, Alfred/Kiefer, Karl-Heinz/Hoffmann, Horst/Dassau, Anette*: BAT Bundes-Angestelltentarifvertrag Bund, Länder, Gemeinden, Kommentar, Loseblatt, Stand 11/2015 (zitiert: *Uttlinger u. a.*, BAT)

*Waltermann, Raimund*: Arbeitsrecht, 17. Aufl., München 2014

*Wank, Rolf*: Das Nachweisgesetz, RdA 1996, 21 ff.

*Weber, Ulrich/Hoß, Axel*, Die Umsetzung der Entscheidung des Großen Senats zur Mitbestimmung bei der Anrechnung übertariflicher Zulagen durch die Rechtsprechung des 1. Senats, NZA 1993, 632 ff.

*Weyand, Joachim*, Die normativen Rahmenbedingungen der betrieblichen Lohngestaltung nach der Entscheidung des Großen Senats vom 3.12.1991, AuR 1993, Seite 1 ff.

*Wiedemann, Herbert*: Tarifvertragsgesetz, Kommentar, 7. Aufl., München 2007 (zitiert: Wiedemann/*Bearbeiter*, TVG)

*Wiese*, Günther u. a.: Gemeinschaftskommentar zum Betriebsverfassungsgesetz (GK-BetrVG), Band I, 10. Aufl., Köln 2014 (zitiert: Wiese/*Bearbeiter*, GK-BetrVG)

*Wiese, Günther/Kreutz, Peter/Oetker, Hartmut/Raab, Thomas/Weber, Christoph/Franzen, Martin/Gutzeit, Martin/Jacobs, Matthias*: Gemeinschaftskommentar zum Betriebsverfassungsgesetz: GK-BetrVG, 10. Aufl., Neuwied 2014 (zitiert: GK-BetrVG/*Bearbeiter*)

*Wirges, Volkmar*, Individual- und kollektivrechtliche Voraussetzungen der Korrektur fehlerhafter Eingruppierungen, ZTR 1998, 62 ff.

*Wolf, Manfred/Neuner, Jörg*: Allgemeiner Teil des Bürgerlichen Rechts, 10. Aufl., München 2012

*Womack, James P./Jones, Daniel T./Roos, Daniel*: The Machine That Changed the World, New York 2007

*Zimmerling, Wolfgang*: Zur Darlegungs- und Beweislast im BAT-Eingruppierungsprozess, ZTR 2002, 354 ff.

*Zöllner, Wolfgang/Loritz, Karl-Georg/Hergenröder, Curt Wolfgang*: Arbeitsrecht, 7. Aufl., München 2015

# 1. Teil: Eingruppierung, Umgruppierung und Arbeitsvertrag

# § 1 Einleitung

## I. Arbeitsvertrag und Eingruppierung

Die in den kommenden Jahren zu bewältigenden Herausforderungen werden die deutsche Bankenlandschaft nachhaltig verändern. Sinkende Zinsüberschüsse, rezessionsbedingte Forderungsausfälle, fortgesetzter Konkurrenzdruck durch Direktbanken, kritische Verbraucherschützer und wankende Staatshaushalte sind lediglich die Begleitmusik für die erhöhten Anforderungen an die Eigenkapitalausstattung der Banken. Dieses unruhige Fahrwasser wird nur meistern, wer den Spagat zwischen Kostenreduktion und gleichzeitiger Optimierung der Ertragssituation vollzieht.

Nicht zuletzt vor diesem Hintergrund kämpfen Sparkassen bereits seit Jahren gegen eine drückende Kostenlast. Eine maßgebliche Einflussgröße zur Verbesserung der Rentabilität sind dabei die Personalkosten. Zum Ende des Jahres 2015 existierten in Deutschland 413 Sparkassen mit 19.280 Geschäftsstellen und einer Beschäftigtenanzahl von 324.200 Arbeitnehmern in der gesamten Sparkassenorganisation.[1] Ausgangsbasis für die Vergütung dieser Viertelmillion Arbeitnehmer ist eine mindestens ebenso hohe Anzahl arbeitsvertraglicher Vereinbarungen. Die grundsätzliche Aufbereitung der rechtlichen Relevanz dieser vertraglichen Absprachen zur Ableitung und Umsetzung der korrekten Eingruppierung, und damit letztlich der Vergütungshöhe, ist ein Ziel der vorliegenden Arbeit.

Nach § 611 Abs. 1 BGB wird der Arbeitgeber durch den Arbeitsvertrag zur Gewährung der vereinbarten Vergütung verpflichtet. Welche Vergütungshöhe im Einzelfall aber vereinbart wurde, ist zumindest im öffentlichen Dienst nicht ohne Weiteres auf den ersten Blick aus der im Arbeitsvertrag genannten Eingruppierung in Verbindung mit der aktuellen Entgelttabelle abzuleiten. So spricht beispielsweise eine neuere Entscheidung des Bundesarbeitsgerichts mit Blick auf die Angaben zur Eingruppierung im Arbeitsvertrag mit einem Arbeitgeber des öffentlichen Dienstes von einer rechtlich unbeachtlichen Wissenserklärung, in Abgrenzung zu einer anspruchsbegründenden Willenserklärung des zukünftigen Arbeitgebers.[2] Nach der ständigen Rechtsprechung des Bundesarbeitsgerichts soll denn auch die Angabe der Entgeltgruppe in einem Arbeitsvertrag mit

---

1 Finanzgruppe Deutscher Sparkassen- und Giroverband, Finanzbericht 2015 aus Juni 2016, S. 4.

2 BAG, Urt. v. 15.06.2011 – 4 AZR 737/09, ZTR 2012, 26 Rn. 17.

einem Arbeitgeber des öffentlichen Dienstes grundsätzlich lediglich deklaratorische Bedeutung haben und somit für beide Vertragsparteien keine Anspruchsbegründung bzw. Bindungswirkung entfalten.[3]

Begründet wird die Bedeutungslosigkeit der vertraglichen Eingruppierungsabrede teilweise mit dem Hinweis auf den Grundsatz, wonach Arbeitgeber des öffentlichen Dienstes dem Normvollzug verpflichtet seien und daher grundsätzlich immer nur das gewähren wollten, was auch tarifrechtlich angemessen ist.[4]

Die Belastbarkeit dieser Argumentation zum Normvollzug bei der Vergütungsvereinbarung ist insbesondere mit Blick auf die Bedeutung des Parteiwillens bisher keiner tieferen Betrachtung unterzogen worden. Da Sparkassen aber als Arbeitgeber des öffentlichen Dienstes im Wettbewerb mit der Privatwirtschaft um gute Mitarbeiter bestehen müssen, ist der Grundsatz des stringenten Normvollzuges zumindest unter dem Blickwinkel einer selektiven übertariflichen Zahlung kritisch zu hinterfragen. So wird in der Praxis im Zuge des internen und externen Stellenbesetzungsprozesses regelmäßig auch über wettbewerbsfähige Monats- und Jahresgehälter verhandelt. Um das Verhandlungsergebnis zu dokumentieren und der Angabepflicht nach § 2 Abs. 1 TVöD Rechnung zu tragen, erfolgt dann regelmäßig eine Überführung des Verhandlungsergebnisses in die zum angestrebten Jahresgehalt passende Vergütungsgruppe. Da diese nicht zwingend der tarifvertraglichen Wertigkeit entsprechen muss, ist nicht selten zwischen den Parteien eine übertarifliche Vergütung ausgehandelt worden. Nicht zuletzt im Vertrauen auf dieses Verhandlungsergebnis kündigt der Bewerber dann ggf. ein bisheriges Arbeitsverhältnis oder stimmt der sparkasseninternen Übernahme einer neuen Aufgabe zu. Dieses Beispiel zeigt, dass eine vertiefte Auseinandersetzung mit der Bedeutung der arbeitsvertraglichen

---

3 Nach der ständigen Rechtsprechung des BAG kommt der Dokumentation der Eingruppierung in Arbeitsverträgen des öffentlichen Dienstes grundsätzlich nur deklaratorische Bedeutung zu: BAG, Urt. v. 16.10.1974 – 4 AZR 1/74, AP Nr. 81 zu §§ 22, 23 BAT; BAG, Urt. v. 28.10.1981 – 4 AZR 244/79, BAGE 36, 392 = AP Nr. 54 zu §§ 22, 23 BAT 1975; BAG, Urt. v. 12.01.1993 – 1 ABR 42/92, BAGE 72, 123 = AP Nr. 101 zu § 99 BetrVG 1972; BAG, Urt. v. 09.02.1993 – 1 ABR 51/92, BAGE 72, 187 = AP Nr. 103 zu § 99 BetrVG 1972; BAG, Urt. v. 11.06.1997 – 10 AZR 724/95, EzA § 4 TVG Eingruppierung Nr. 7; BAG, Urt. v. 21.08.2003 – 8 AZR 393/02, AP §§ 22, 23 BAT-O Nr. 27.

4 BAG, Urt. v. 18.02.1998 – 4 AZR 581/96, BAGE 88, 69–80; BAG, Urt. v. 23.08.1995 – 4 AZR 352/94, ZTR 1996, 169, m. w. N.; BAG, Urt. v. 08.08.1996 – 6 AZR 1013/94, AP Nr. 46 zu §§ 22, 23 BAT = NZA-RR 1997, 76.

Vergütungsabrede im öffentlichen Dienst und letztlich der Maßgeblichkeit des Parteiwillens lohnenswert erscheint.

## II. Tarifbindung und Eingruppierung

Wenngleich die Mitgliederzahl der Dienstleistungsgewerkschaft ver.di seit ihrer Gründung kontinuierlich sinkt,[5] folgt die unverändert große Bedeutung des tarifvertraglichen Regelungswerkes aus einer regelmäßigen Bezugnahmeklausel in den Arbeitsverträgen. *Preis* beziffert etwa den Anteil der Arbeitsverträge mit Verweisungsklauseln branchenübergreifend auf ca. 90 %.[6] In der Sparkassenlandschaft dürfte dieser Prozentwert noch übertroffen werden.[7] Für einen Rückgang der schriftlichen Abfassung von Arbeitsverträgen nach Verabschiedung des Nachweisgesetzes gibt es keine Indikation.[8]

Eine gesamthafte Bewertung der Vergütungsvereinbarung ohne angemessene Würdigung des maßgeblichen Tarifrahmens greift daher in jedem Fall zu kurz. Unterliegt das Arbeitsverhältnis nach § 3 Abs. 1, § 4 Abs. 1 TVG dem Geltungsbereich eines Tarifvertrages, werden die kollektivrechtlich gesetzten Normen zur Vergütung zwar nach der Rechtsprechung und herrschender Lehre nicht selbst Bestandteil des Arbeitsvertrages, wirken während der Tariflaufzeit gleichwohl aber unmittelbar und zwingend auf den Inhalt des Arbeitsvertrages ein.[9] Neben

---

5 vgl. Angaben des Instituts der deutschen Wirtschaft Köln (IW), Gewerkschaftsspiegel Nr. 4 vom 30.11.2011 sowie eine aktuelle Einschätzung zur Entwicklung der Mitgliederzahlen in 2015, nachzulesen unter www.iwkoeln.de.

6 *Preis*, Der Arbeitsvertrag, I B Rn. 1 und 25.

7 Ausweislich der Begründung zum Regierungsentwurf eines Gesetzes zur Anpassung arbeitsrechtlicher Bestimmungen an das EG-Recht (Art. 1: Nachweisgesetz – NachwG), BT-Drucks. 13/668, S. 8, (hier kurz: RegE NachwG), lag die Quote der schriftlichen Arbeitsverträge im Jahr 1995 in Betrieben mit über 100 Beschäftigten bei „weit über 90 %".

8 So bereits *von Hoyningen-Huene*, RdA 1974, 139, der überdies gerade im Hinblick auf den öffentlichen Dienst eine Bezugnahme auf den BAT als ein „häufig anzutreffendes Phänomen" beschreibt.

9 BAG, 12.12.2007 – 4 AZR 998/06, ZIP 2008, 938 ff.; BAG, 21.09.1989 – 1 AZR 454/88, NZA 1990, 351 ff.; BAG. 01.12.1992 – 1 AZR 234/92, NZA 1993, 613 ff.; Wiedemann/*Wank*, TVG, § 4 Rn. 320 ff.; Däubler/*Deinert*, TVG, § 4 Rn. 468 ff., 531; Kempen/Zachert/*Stein*, TVG, § 4 Rn. 12 ff.; Thüsing/Braun/*Forst*, Tarifrecht, 7. Kapitel Rn. 25 ff.; unentschieden BAG, Urt. v. 23.02.2005 – 4 AZR 186/04, DB 2005, 2305; abweichend *Löwisch/Rieble*, TVG, § 4 Rn. 22, die gar von einer Nichtigkeit widersprechender Vertragsbestandteile ausgehen. Dieser Diskurs erlangt eine praktische Relevanz jedoch nur beim Auslaufen eines Tarifvertrages ohne Nachwirkung.

dem Arbeitsvertrag muss daher auch die Wirkung des tarifvertraglichen Rahmens zur Ableitung der vereinbarten Vergütung Berücksichtigung finden. Dabei muss auch die rechtliche Bedeutung von einzelvertraglichen Bezugnahmen auf tarifvertragliche Entgeltgruppen untersucht werden. Nicht zuletzt aufgrund des skizzierten Wettbewerbes um leistungsstarke Mitarbeiter wird dabei die gemäß § 4 Abs. 3 TVG unwirksame Unterschreitung des tarifvertraglichen Rahmens in der Praxis der Sparkassen typischerweise keine bedeutungsvolle Rolle spielen.[10]

Organisiert in kommunalen Arbeitgeberverbänden unterliegt das Gros der deutschen Sparkassen den Tarifabschlüssen der Vereinigung der kommunalen Arbeitgeberverbände (VKA) und damit dem seit dem 01.10.2005 Wirkung entfaltenden TVöD.[11] Durch diesen wurde der seit den frühen sechziger Jahren Geltung beanspruchende BAT auch in den Sparkassen abgelöst. Während der allgemeine Teil des TVöD mit seinen 39 Paragraphen durchgängig in allen tarifgebundenen Branchen gilt, wurde der besondere Teil ab § 40 branchenspezifisch ausgestaltet.[12] Für Sparkassen regelt der TVöD-S den besonderen Teil.

Da § 12 TVöD seit seinem Inkrafttreten im Jahr 2005 zur Herleitung der Eingruppierung auf neue Eingruppierungsvorschriften einschließlich neu zu regelnder Entgeltordnung verwies und diese erst im Verlauf des Jahres 2016 vereinbart werden konnten, kam es auch nach Einführung des TVöD über ein Jahrzehnt gemäß § 17 TVÜ-VKA weiter auf die Regelung des § 22 BAT an.[13]

Der nun mit Wirkung ab dem 01.01.2017 geltende § 12 TVöD regelt die Eingruppierung der Mitarbeiter im öffentlichen Dienst nahezu wortgleich zur Regelung des bisher relevanten § 22 BAT. Statt von der Eingruppierung des Angestellten wird in § 12 TVöD jetzt lediglich geschlechterspezifisch ausdifferenziert von der Eingruppierung „der/des Beschäftigten" gesprochen. Da die Tarifvertragsparteien mit dieser Anpassung keine inhaltliche Neuregelung

---

10 Ausführlich zu den Grenzen der Privatautonomie im Arbeitsrecht siehe nur *Boemke*, NZA 1993, 532 ff.

11 Ausführliche Darstellung der Neuregelungen in *Bredendiek/Fritz/Tewes*, ZTR 2005, 230 ff.

12 Neben den Sparkassen wurde ein besonderer Teil für die Branchen Krankenhäuser (TVöD-K), Entsorger (TVöD-E) und Flughäfen (TVöD-F) geschaffen. Ist das Arbeitsverhältnis keinem dieser Branchen zuzuorden, findet als Auffangregelung der besondere Teil für die Verwaltung Anwendung (TVöD-V) vgl. nur *Dörring/Kutzki/Polzer*, TVöD, § 40 BT-V Rn. 1 ff.

13 Zum Verhandlungsergebnis siehe Tarifeinigung über eine Entgeltordnung, www.vka.de. Allgemein zur Übergangslösung siehe *Dörring/Kutzki/Polzer*, TVöD, § 12 AT Rn. 1 ff.

beabsichtigten, sondern ausweislich einer Protokollerklärung die Grundsätze der korrigierenden Rückgruppierung gerade ausdrücklich unberührt lassen wollten, wird nachfolgend auch zur vereinfachten Auseinandersetzung mit der einschlägigen Rechtsprechung und der Literaturmeinung weiter auf § 22 BAT abgestellt.[14]

Nach dem Wortlaut des § 22 Abs. 1 Satz 2 BAT erhält der Angestellte des öffentlichen Dienstes Vergütung nach der Vergütungsgruppe, in der er eingruppiert ist. § 22 Abs. 2 BAT bestimmt wiederum, dass der Angestellte in der Vergütungsgruppe eingruppiert ist, deren Tätigkeitsmerkmalen die gesamte von ihm nicht nur vorübergehend auszuübende Tätigkeit entspricht.[15] Nicht zuletzt diese tarifvertragliche Regelung macht deutlich, dass die Ableitung der korrekten Eingruppierung und möglicher Korrekturbedarfe nicht losgelöst vom Tarifgefüge gelingen kann und vielmehr eine Auseinandersetzung mit der Frage erfordert, welche Tätigkeit vom Arbeitnehmer „auszuüben ist" und welche Relevanz in diesem Zusammenhang die tatsächlich ausgeübte Tätigkeit hat.

Von Teilen der Literatur und Rechtsprechung wird dem § 22 BAT eine Tarifautomatik zugesprochen, wonach die Eingruppierung unmittelbar aus dem Tarifvertrag folgt und weitere Parteihandlungen, wie beispielweise die Angabe der Eingruppierung im Arbeitsvertrag und eine hiermit einhergehende tatsächliche Bezahlung, regelmäßig unbeachtliche, allenfalls rein deklaratorische Wirkung entfalten sollen. Dies unterstreicht die Bedeutung einer Auseinandersetzung mit dem tarifvertraglichen Rahmen zur Herleitung der richtigen Eingruppierung und möglicher Korrekturansprüche für Sparkassen.[16]

---

14 Zur entsprechenden Protokollerklärung siehe Tarifeinigung über eine Entgeltordnung, www.vka.de.

15 In § 12 Abs. 2 Satz 1 der aktuell verhandelten neuen Entgeltordnung findet sich eine zu § 22 Abs. 2 Satz 1 BAT deckungsgleiche Formulierung. Auch hier heißt es: „Die/Der Beschäftigte ist in der Entgeltgruppe eingruppiert, deren Tätigkeitsmerkmalen die gesamte von ihr/ihm nicht nur vorübergehend auszuübende Tätigkeit entspricht."

16 vgl. *Bredemeier/Neffke*, TVöD, §§ 12, 13 Rn. 21, und *Dörring/Kutzki/Polzer*, TVöD, § 12 AT Rn. 33 ff. sowie BAG, Urt. v. 16.10.1974 – 4 AZR 1/74, AP Nr. 81 zu §§ 22, 23 BAT; BAG, Urt. v. 28.10.1981 – 4 AZR 244/79, BAGE 36, 392 = AP Nr. 54 zu §§ 22, 23 BAT 1975; BAG, Urt. v. 12.01.1993 – 1 ABR 42/92, BAGE 72, 123 = AP Nr. 101 zu § 99 BetrVG 1972; BAG, Urt. v. 09.02.1993 – 1 ABR 51/92, BAGE 72, 187 = AP Nr. 103 zu § 99 BetrVG 1972; BAG, Urt. v. 11.06.1997 – 10 AZR 724/95, EzA § 4 TVG Eingruppierung Nr. 7; BAG, Urt. v. 21.08.2003 – 8 AZR 393/02, AP §§ 22, 23 BAT-O Nr. 27.

## III. Problemstellung und Gang der Untersuchung

### 1. Problemstellung

Die Reduktion der Vergütung bei gleichbleibender Tätigkeit sowie die Zuweisung einer anspruchsvolleren Tätigkeit ohne Erhöhung der Vergütung stellen für den betroffenen Mitarbeiter einschneidende Schritte im bestehenden Arbeitsverhältnis dar. Neben den bereits skizzierten Wettbewerbsbedingungen in der Finanzdienstleistungsbranche erfordert nicht zuletzt eine zwingend anzustrebende Vergütungsgerechtigkeit ein Streben nach durchgängiger und leistungsgerechter Vergütung innerhalb eines Unternehmens. Ohne Ableitung eines Orientierungsrahmens für typische Fallvarianten führt die für eine rechtssichere Umsetzung erforderliche Bewertung von einzelvertraglichen Vereinbarungen, tarifvertraglichem Rahmen und komplexer Rechtsprechung häufig zur Überforderung der verantwortlichen Führungskräfte und verhindert so in der betrieblichen Praxis noch zu oft eine stringente Herangehensweise an Fehlentwicklungen.

Die erstmalig vertiefte Auseinandersetzung mit der rechtlichen Bedeutung arbeitsvertraglicher Vergütungsabreden nach bereits erfolgter langjähriger Arbeitsaufnahme ist keine Besonderheit der Sparkassen, sondern Regelfall in Restrukturierungsprojekten. Anders als für Arbeitgeber des öffentlichen Dienstes gilt für alle übrigen Arbeitgeber nicht nur hinsichtlich der Vergütungsabreden der Grundsatz *pacta sunt servanda* und damit häufig die Notwendigkeit zum Ausspruch einer Änderungskündigung.[17] Nicht zuletzt, ob die von der Rechtsprechung entwickelte Privilegierung der öffentlichen Arbeitgeber hinsichtlich der Verbindlichkeit der vertraglichen Vergütungsabrede gesetzeskonform ist, ist in der vorliegenden Arbeit aufzubereiten.

### 2. Gang der Untersuchung

Im ersten Teil der Untersuchung werden zunächst Definitionen der Begriffe Ein- und Umgruppierung als Ausgangsbasis für die gesamte Arbeit abgeleitet und mit Beurteilungsgrundsätzen für typische Fallvarianten unterlegt sowie eine Bewertung der Rechtsfolgen aus dem Arbeitsvertrag vorgenommen (§§ 2–4). Der zweite Teil der Untersuchung beschäftigt sich hierauf aufbauend mit der Modifikation von Arbeitspflicht und Vergütung im bereits bestehenden Arbeitsverhältnis (§§ 5–7). Dabei werden die Fallvarianten einer Veränderung mit korrespondierender Vertragsanpassung (§ 6) und ohne Vertragsanpassung (§ 7)

---

17 Siehe hierzu auch *Reiserer*, NZA Beilage 2/2010, S. 39.

gesondert untersucht. Auf diesen Grundlagen basierend, beschäftigt sich der dritte Teil der Arbeit sodann mit dem Kern der Untersuchung, den möglichen Handlungsoptionen zur Korrektur der Hauptleistungspflichten (§§ 8–10). Dabei wird sowohl die Handlungsoption der Zuweisung einer höherwertigen Tätigkeit ohne Ausweitung der Bezüge bewertet (§ 8) als auch die schlichte Absenkung der Vergütung (§ 9). Eine Untersuchung der rechtlichen Zulässigkeit von Dienstvereinbarungen zur Absenkung der Eingruppierung bildet den Schlusspunkt des dritten Teils (§ 10). Abschließend werden im vierten Teil der Arbeit die gesamten Ergebnisse zusammengefasst (§ 11).

## IV. Ziel der Untersuchung

Ziel der Arbeit ist es, Grundsätze, Voraussetzungen und Grenzen für die Korrektur einer unzutreffenden Eingruppierung eines Sparkassenangestellten herauszuarbeiten. Dabei ist eine Auseinandersetzung mit Eingruppierungsmerkmalen, der Bewertung von Tätigkeiten nach dem TVöD-S und einer damit einhergehenden Findung einer tarifvertragskonformen Vergütung gerade nicht Gegenstand der Untersuchung.[18] Sie setzt vielmehr bei der Bewertung von Rechtsfolgen und der Ableitung von Handlungsoptionen beim Auseinanderfallen von Parteiwille, Arbeitsvertrag, Tätigkeit und Tarifrahmen an. Dabei werden insbesondere Antworten auf nachfolgende Schlüsselfragen gegeben: Welche Konsequenzen sind an die ausdrückliche Benennung einer Entgeltgruppe im Arbeitsvertrag geknüpft, wenn die im Tagesgeschäft zugewiesene Tätigkeit einer abweichenden Entgeltgruppe entspricht? Welche Auswirkungen hat die tatsächliche Veränderung der Hauptleistungspflichten nach Arbeitsaufnahme auf den schuldrechtlichen Vertrag zwischen Arbeitnehmer und Sparkasse? Und schließlich: Wie kann ein Auseinanderfallen von tatsächlicher Vergütung und rechtlichem Vergütungsanspruch im bestehenden Arbeitsverhältnis rechtskonform aufgelöst werden?

18 Da der im Zuge der Verhandlungen zur neuen Entgeltordnung aktuell verhandelte Passus des § 12 TVöD an die bisherige Formulierung des § 22 BAT wortwörtlich anknüpft und neu verhandelte Eingruppierungsbeispiele für die vorliegende Arbeit nicht relevant sind, kann die Arbeit weitgehend losgelöst von den aktuellen Tarifentwicklungen abgefasst werden.

# § 2 Die Eingruppierung

## I. Definition

Eine Legaldefinition für den Begriff der Eingruppierung gibt es nicht. Richtigerweise geht es bei der Eingruppierung nicht allein um die abstrakte Bewertung einer Tätigkeit im Gesamtgefüge einer Vergütungsordnung, sondern immer auch um den Bezug zu einem bestimmten Arbeitnehmer. So spricht § 22 Abs. 2 Satz 1 BAT konsequenterweise von der Eingruppierung des Angestellten und nicht etwa von der Eingruppierung der vom Arbeitnehmer auszuübenden Tätigkeit. Zu kurz greifen daher Definitionen, wonach unter einer Eingruppierung die Zuordnung der Tätigkeit eines Arbeitnehmers zur jeweiligen Vergütungsordnung zu verstehen ist.[19] Treffender ist nach der Rechtsprechung unter der Eingruppierung die Einreihung in eine im Betrieb geltende Vergütungsordnung durch Zuordnung des Arbeitnehmers zu einer bestimmten Gruppe der Vergütungsordnung nach Maßgabe der dafür gültigen Kriterien zu verstehen.[20]

Der Zusatz „nach Maßgabe der gültigen Kriterien“ scheint jedoch eine bewusste Abweichung im Einzelfall oder eine irrtümliche Eingruppierung grundsätzlich auszuschließen.[21] Da aber auch nach der Rechtsprechung zumindest in Einzelfällen ein Rechtsanspruch auf Vergütung nach einer formal nicht einschlägigen Entgeltgruppe bestehen kann,[22] wäre es ein auf betrieblicher Ebene kaum praktikables Konstrukt, in diesen Fällen gleichwohl eine entsprechende Eingruppierung des Arbeitnehmers zu verneinen. Überdies verträgt sich

---

19 So aber wohl *Müller-Glöge*, in: MüKo-BGB, Band 4, § 611 Rn. 712, und auch *Koch*, in: ErfK/ArbR, § 46 ArbGG Rn. 26, die unter Eingruppierung „die Zuordnung einer vom Arbeitnehmer auszuübenden Tätigkeit zu den Tätigkeitsmerkmalen der Lohn- und Vergütungsgruppe einer im Betrieb geltenden Vergütungsordnung“ verstehen.

20 vgl. zuletzt BAG, Beschl. v. 04.05.2011 – 7 ABR 11/09, Rn. 16 sowie BAG, Beschl. v. 28.04.2009 – 1 ABR 97/07, BAGE 131, 1–8; BAG, Beschl. v. 11.11.2008 – 1 ABR 68/07, BAGE 128, 265 ff. = NZA 2009, 450 ff., und BAG, Beschl. v. 03.05.2006 – 1 ABR 2/05, DB 2006, 2746 ff.

21 So zumindest Küttner/*Griese*, Personalbuch 2016, Eingruppierung Rn. 1, wonach individuelle Vergütungsvereinbarungen nicht zur Eingruppierung führen.

22 Zur Treuwidrigkeit und hieraus folgender Unzulässigkeit wiederholter korrigierender Rückgruppierungen vgl. nur BAG, Urt. v. 23.09.2009 – 4 AZR 220/08, ZTR 2010, 298 ff.; zur grundsätzlichen Möglichkeit der Zubilligung einer tarifvertraglich nicht geschuldeten Vergütung nach einer höheren Vergütungsgruppe vgl. BAG, Urt. v. 16.02.2000 – 4 AZR 62/99, DB 2001, 596 f. = NZA-RR 2001, 216 ff.

diese enge Definition der Eingruppierung auch nicht mit der richterlichen Ableitung von Voraussetzungen zur Korrektur einer falschen Eingruppierung.[23] Unter einer Eingruppierung (zur dogmatischen Einordnung der Eingruppierung siehe vertiefte Betrachtung unten § 4 III 2) ist demnach schlicht die Einreihung eines Arbeitnehmers in ein Entgeltsystem zu verstehen.[24]

## II. Beurteilungsgrundsätze für typische Fallvarianten

### 1. Der Eingruppierung entsprechende Tätigkeitsbeschreibung

Die Tätigkeitsbeschreibung und die korrespondierende Leistungspflicht des Arbeitnehmers entsprechen dann der umgesetzten Eingruppierung, wenn passend zur Tätigkeit des Mitarbeiters eine tarifvertragskonforme Eingruppierung abgeleitet wird. Unproblematisch ist diese Ableitung, wenn die geschuldete Tätigkeit einem in der Entgeltordnung explizit benannten Tätigkeitsbeispiel entspricht. So sind in Anlage 3 des TVÜ-VKA für die Entgeltgruppe 1 aktuell neun Eingruppierungsbeispiele explizit benannt.[25] Passt die geschuldete Tätigkeit nicht zu einem ausdrücklich benannten Tätigkeitsbeispiel, erfolgt nach § 22 Abs. 2 BAT eine Bewertung durch Abgleich der auszuübenden Tätigkeit mit den Tätigkeitsmerkmalen der verschiedenen Vergütungsgruppen. Die tarifvertragskonforme Bewertung einer Tätigkeit mit anschließender Überführung in eine tarifvertragskonforme Vergütung stellt den Standardfall in der täglichen Personalarbeit der Sparkassen dar. Dies führt regelmäßig für beide Vertragsparteien zu interessengerechten Lösungen. Es bedarf in dieser Konstellation keiner gesonderten Ableitung von Beurteilungsgrundsätzen zur Bewertung der Rechtslage.

### 2. Unbewusst von Eingruppierung abweichende Tätigkeitsbeschreibung

Herausfordernder ist die Situation, wenn die übertragene Tätigkeit eines Sparkassenmitarbeiters, für beide Vertragsparteien unbewusst, bei korrekter Anwendung des Tarifvertrages richtigerweise eine andere als die tatsächlich gewährte

23 Zu den Voraussetzungen einer korrigierenden Rückgruppierung vgl. ebenfalls BAG, Urt. v. 16.02.2000 – 4 AZR 62/99, DB 2001, 596 f. = NZA-RR 2001, 216 ff.

24 So zumindest auch *Löwisch/Kaiser*, BetrVG, § 99 Rn. 51, nach denen unter Eingruppierung die erstmalige Einreihung eines gerade eingestellten Arbeitnehmers in ein Entgeltsystem zu verstehen ist.

25 Das aktuelle Verhandlungsergebnis zur neuen Entgeltordnung für den öffentlichen Dienst sieht zahlreiche weitere Beispiele vor.

Eingruppierung rechtfertigt, wenn also die einvernehmliche Tätigkeitsübertragung unbewusst nicht zur erfolgten Eingruppierung passt. In dieser Fallvariante besteht für beide Seiten kein Irrtum über die geschuldete Tätigkeit, wohl aber über die richtige Einreihung in das Tarifgefüge.

Weicht die erfolgte Eingruppierung zum Nachteil des Sparkassenmitarbeiters vom tarifvertraglichen Entgeltsystem ab, so ist sie bei gewerkschaftlich organisierten Sparkassenmitarbeitern gemäß § 3 Abs. 1, § 4 Abs. 3 Var. 2 TVG in Ermangelung einer Öffnungsklausel per Gesetz unzulässig und durch eine tarifvertragskonforme Eingruppierung zu ersetzen. Für unbewusste Abweichungen bei sogenannten Außenseitern, d. h. nicht gewerkschaftlich organisierten Mitarbeitern,[26] und unbewussten Abweichungen zum Vorteil des Arbeitnehmers hilft das Günstigkeitsprinzip des TVG nicht weiter. In diesen Fällen muss die geschuldete Tätigkeit maßgebliche Richtschnur für die Korrektur der Ausgangslage sein. Herrscht zwischen den Parteien grundsätzlich Konsens über die Tätigkeit und die Anwendung der tarifvertraglichen Entgeltsystematik, so ist die passende Eingruppierung die zwingende Konsequenz, weil ein übereinstimmender Parteiwille besteht. Nach der hier vertretenen Auffassung ist dieses Ergebnis interessengerecht und rechtsdogmatisch klar durch Anwendung der §§ 119 ff. BGB zu erzielen. Eine kritische Auseinandersetzung mit der Rechtsprechung des Bundesarbeitsgerichts und den mehrheitlich konform gehenden Literaturmeinungen, wonach in der Angabe der Entgeltgruppe im Arbeitsvertrag eines öffentlichen Arbeitgebers regelmäßig nur eine rechtlich unbedeutende „Wissenserklärung“ und keine anfechtbare Willenserklärung zu erkennen sei,[27] erfolgt ausführlich in § 4.

### 3. Bewusst von Eingruppierung abweichende Tätigkeitsbeschreibung

Auch eine aus Sicht beider Vertragsparteien bewusste Unterschreitung der tarifvertraglichen Vergütungssystematik findet für tarifgebundene

---

26 Nach überwiegender Meinung führen einzelvertragliche Bezugnahmen gerade nicht zu einer normativen Wirkung – so aber noch *v. Hoyningen-Huene*, RdA 1974, 138, 142 ff. –, sondern lediglich zu einer schuldrechtlichen Vereinbarung, die auch zum Nachteil des Arbeitnehmers ausgestaltet werden kann; siehe hierzu Thüsing/Braun/*Reufels*, Tarifrecht, 8. Kapitel Rn. 2 m. w. N.

27 Beispielhaft nur BAG, Urt. v. 15.06.2011 – 4 AZR 737/09, ZTR 2012, 26 Rn. 17; BAG, Urt. v. 25.09.2002 – 4 AZR 339/01, ZTR 2004, 197 ff., und *Dörring/Kutzki/Polzer*, TVöD, § 12 Rn. 40.

Sparkassen und gewerkschaftlich organisierte Mitarbeiter ihre Grenzen in § 3 Abs. 1, § 4 Abs. 3 Var. 2 TVG. Das aus der Kehrseite des § 4 Abs. 3 TVG folgende Günstigkeitsprinzip erlaubt aber gerade eine Abweichung zu Gunsten des Arbeitnehmers.[28] Wenn also die geschuldete Tätigkeit bewusst oberhalb der tarifvertraglichen Rangreihe eingewertet wird, ist dieser Parteiwille als Ausdruck der Vertragsautonomie regelmäßig von rechtlichem Bestand. Gleiches gilt bis zur Grenze der Sittenwidrigkeit für eine bewusste Unterschreitung der einschlägigen Tarifvertragsregelung (vertiefend dazu unten § 4).[29]

## III. Zusammenfassung

Die vorausgehende Definition der Eingruppierung und Aufbereitung typischer Fallvarianten aus der Praxis zur Eingruppierung von Sparkassenmitarbeitern verdeutlicht, dass letztlich die Fälle einer unreflektierten oder gar irrtümlich zu hohen Eingruppierung ein besonderes Augenmerk verdienen. Die zunehmend verbreitete Praxis, wonach im Arbeitsvertrag sehr wohl die Eingruppierung des Sparkassenmitarbeiters angegeben wird, aber keine Details zur geschuldeten Tätigkeit aufgeführt werden,[30] kann über entsprechende Anwendung der vorgenannten Beurteilungsgrundsätze bewertet

28 Siehe nur *Löwisch/Rieble*, TVG, § 4 Rn. 253 ff. m. w. N.

29 Nach der Rechtsprechung des BAG soll Sittenwidrigkeit gemäß § 138 Abs. 2 BGB grundsätzlich dann anzunehmen sein, wenn die einzelvertraglich vereinbarte Vergütung weniger als zwei Drittel des in der Branche üblichen Tariflohns beträgt und überdies eine spezifische Rechtfertigung für diese geringe Bezahlung nicht vorgetragen werden kann, vgl. BAG, Urt. v. 22.04.2009 – 5 AZR 436/08, MDR 2009, 1117 ff. Ein klassischer Geschäftsstellenberater könnte demnach bei fehlender gewerkschaftlicher Organisierung statt in der Entgeltgruppe 8 (Gehaltsband von 2.142,81 EUR bis 2.757,67 EUR) in der Entgeltgruppe 2 (Gehaltsband von 1.625,54 EUR bis 2.152,57 EUR) eingestellt werden. Alle geringwertigeren Tätigkeiten wie Servicemitarbeiter der Geschäftsstelle und einfache Sachbearbeiter könnten demnach in die Entgeltgruppe 1 eingruppiert werden. Die Gehälter basieren auf der TVöD-S-Entgelttabelle mit Gültigkeit vom 01.08.2011 bis zum 29.02.2012, nachzulesen unter www.oeffentlicher-dienst.info. Als Konsequenz dieser Vorgehensweise dürfte dann allerdings ein sprunghafter Anstieg des gewerkschaftlichen Organisationsgrades in der Sparkasse zu erwarten sein, mit der entsprechenden Konsequenz aus § 3 Abs. 1, § 4 Abs. 3 Var. 2 TVG.

30 vgl. Musterarbeitsvertrag, Anlage 1, der hinsichtlich der Tätigkeit lediglich „als Beschäftigter der Sparkasse" anführt, um innerhalb der Entgeltgruppe ein möglichst uneingeschränktes Direktionsrecht ausüben zu können.

werden. Statt einer schriftlichen Tätigkeitsbeschreibung ist hier auf die mündliche Abrede zur geschuldeten Tätigkeit bzw. die tatsächlich zugewiesene Tätigkeit abzustellen. Auch wenn diese Arbeitsverträge keine konkrete Tätigkeit ausweisen, besteht in der Praxis gleichwohl regelmäßig von Anbeginn für beide Parteien eine konkrete Vorstellung zumindest hinsichtlich der anfänglich auszuübenden Tätigkeit.

# § 3 Die Umgruppierung

## I. Definition

Eine Legaldefinition für den Begriff der Umgruppierung findet sich in deutschen Gesetzen oder Tarifverträgen ebenfalls nicht. Nach teilweise in der Literatur vertretener Auffassung soll unter Umgruppierung die Feststellung des Arbeitgebers hinsichtlich einer nicht mehr sachgerechten Eingruppierung zu verstehen sein.[31] Diese Reduktion der Umgruppierung auf eine abstrakte Bewertung ohne zwingendes aktives Tun, trägt dem hier unter Eingruppierung verstandenen Vorgang nicht hinreichend Rechnung. Die Feststellung bildet nach der vorliegend vertretenen Auffassung lediglich den Ausgangspunkt und die Rechtfertigung für eine tatsächliche Modifikation der bisherigen Eingruppierung. Dies vorausgeschickt und aufbauend auf die oben (§ 2 I) zugrunde gelegten Definition der Eingruppierung ist unter Umgruppierung die Anpassung der bisherigen Einreihung eines Arbeitnehmers innerhalb eines Entgeltsystems zu verstehen.[32]

31 *Koch*, in: ErfK/ArbR, § 46 ArbGG Rn. 26: „Umgruppierung ist die Feststellung des Arbeitsgebers, dass die Tätigkeit des Arbeitnehmers nicht, oder nicht mehr, den Tätigkeitsmerkmalen derjenigen Vergütungsgruppe entspricht ...", und Richardi/*Thüsing*, BetrVG, § 99 Rn. 95.

32 So wohl das BAG, Beschl. v. 04.05.2011 – 7 ABR 11/09, Rn. 16 m. w. N., das unter einer Umgruppierung grundsätzlich „die Änderung der Einreihung in eine im Betrieb geltende Vergütungsordnung durch Zuordnung des Arbeitnehmers zu einer bestimmten Gruppe der Vergütungsordnung nach Maßgabe der dafür gültigen Kriterien" versteht – zum Zusatz „nach Maßgabe der dafür gültigen Kriterien" vgl. bereits kritische Würdigung in § 2 I –, dann allerdings auch bereits in der abstrakten Feststellung eine Umgruppierung erblicken will: „Eine Umgruppierung kann in der Feststellung bestehen, dass die Tätigkeit des Arbeitnehmers nicht oder nicht mehr den Merkmalen der Vergütungsgruppe entspricht, in die er bisher eingruppiert ist, sondern denen einer anderen." Im Sinne der hier gewählten Definition vgl. BAG, Beschl v. 06.04.2011 – 7 ABR 136/09, ZTR 2011, 632 ff., wonach unter einer Umgruppierung schlicht eine Änderung der Einreihung des Arbeitnehmers innerhalb einer betrieblichen Vergütungsordnung zu verstehen ist.

## II. Beurteilungsgrundsätze für typische Fallvarianten

### 1. Der umgesetzten Umgruppierung entsprechende neue Tätigkeitsbeschreibung

Bei dieser Fallvariante erhält der bereits beschäftigte Sparkassenmitarbeiter im bestehenden Beschäftigungsverhältnis eine andere oder zumindest so stark modifizierte Aufgabe, dass eine Bewertung der neuen Tätigkeit nach § 22 Abs. 2 BAT eine Anpassung der bisherigen Einreihung im Entgeltsystem erfordert. Sofern Kongruenz zwischen neuer Tätigkeitsbeschreibung und neuer Einreihung in das tarifvertragliche Entgeltsystem besteht, führt die Neubewertung für beide Vertragsparteien zu interessengerechten Lösungen und bedarf keiner gesonderten Ableitung von Beurteilungsgrundsätzen zur Bewertung der Rechtslage. Diese Fallvariante unterscheidet sich von der entsprechenden Eingruppierungsvariante (oben § 2 II 1) im Kern nur durch den Umstand, dass in dem hier zu bewertenden Fall bereits eine Vorbeschäftigung und damit auch eine Bewertung einer bisher ausgeübten Tätigkeit erfolgte. Hieraus folgt aber keine Notwendigkeit zur Ableitung abweichender Beurteilungsgrundsätze.

### 2. Unbewusst von der Umgruppierung abweichende neue Tätigkeitsbeschreibung

Diese Fallvariante gleicht grundsätzlich der oben (§ 2 II 2) beschriebenen Eingruppierungskonstellation. Ebenfalls besteht hier lediglich die Besonderheit, dass nicht die erstmalige Bewertung der Tätigkeit eines neuen Mitarbeiters unzutreffend ist, sondern die Bewertung einer Tätigkeit nach erfolgter Modifikation der bisherigen Aufgabe. Auch hier führt eine Unterschreitung des tariflichen Entgeltniveaus bei gewerkschaftlich organisierten Mitarbeitern gemäß § 3 Abs. 1, § 4 Abs. 3 Var. 2 TVG zur Unwirksamkeit der neuen Entgeltgruppe. Für nicht gewerkschaftlich organisierte Mitarbeiter gilt lediglich die Untergrenze der Sittenwidrigkeit nach § 138 Abs. 2 BGB (zu den Voraussetzungen der Rechtsprechung im Hinblick auf sittenwidrige Vergütungsabsprachen oben § 2 II 2).

Erfolgte die modifizierte Einreihung des Sparkassenmitarbeiters jedoch für beide Seiten unbewusst zu seinem Vorteil oder wird ein nicht gewerkschaftlich organisierter Mitarbeiter im Rahmen der Grenzen des § 138 Abs. 2 BGB unbewusst unterhalb der eigentlich passenden Entgeltgruppe eingruppiert, muss auch hier die geschuldete Tätigkeit maßgeblich für die Korrektur der Ausgangslage sein. Herrscht zwischen den Parteien grundsätzlich Konsens über die neue Tätigkeit und die weitere Anwendung der tarifvertraglichen Entgeltsystematik, so ist eine Korrektur zur Erreichung der tarifvertragskonformen Eingruppierung die zwingende Konsequenz, weil auch hier ein übereinstimmender Parteiwille besteht. Der Umstand eines bereits bestehenden Beschäftigungsverhältnisses und einer hiermit einhergehenden zuvor erfolgten Eingruppierung ändert an diesem Beurteilungsgrundsatz nichts. Die unbewusst zu hohe Einreihung in das Entgeltsystem bzw. unbewusst zu niedrige Eingruppierung des gewerkschaftlich nicht organisierten Mitarbeiters im Zuge einer Umgruppierung ist demnach ebenfalls nach §§ 119 ff. BGB anfechtbar (vertiefend dazu unten § 4).

### 3. Bewusst von Umgruppierung abweichende neue Tätigkeitsbeschreibung

Auch eine aus Sicht beider Vertragsparteien im Zuge einer Umgruppierung bewusst vorgenommene Unterschreitung der tarifvertraglichen Vergütungssystematik findet ihre Grenzen in § 3 Abs. 1, § 4 Abs. 3 Var. 2 TVG, sofern der Mitarbeiter gewerkschaftlich organisiert ist. Wird aber eine vom Sparkassenmitarbeiter zukünftig neu zu verrichtende Tätigkeit bewusst von beiden Parteien oberhalb der eigentlich passenden Entgeltgruppe eingestuft oder bewusst unterhalb des Tarifniveaus bei nicht gewerkschaftlich organisierten Mitarbeitern, so ist auch dieser Parteiwille als Ausdruck der Vertragsautonomie regelmäßig von rechtlichem Bestand (ausführliche Diskussion unten § 4).[33]

## III. Zusammenfassung

Damit stellt sich auch bei der Umgruppierung die unbewusst unzutreffende Einreihung des Sparkassenmitarbeiters als die eigentliche Herausforderung auf dem Weg zur Ergründung und Umsetzung des tatsächlichen Parteiwillens dar.

33 Die Verpflichtung der Kommunen als Träger der Sparkassen zur sparsamen Haushaltsführung (vgl. exemplarisch Art. 61 BayGO) führt richtigerweise schon deshalb nicht zur Unwirksamkeit einer übertariflichen Vergütungsvereinbarung, da eine übertarifliche Vergütung nicht zwingend eine verschwenderische Haushaltsführung beweist. Nicht zuletzt geht auch die zahlreiche Rechtsprechung zur Korrektur übertariflicher Eingruppierungen, zuletzt BAG, Urt. v. 20.03.2013 – 4 AZR 521/11, ZTR 2013, 615 ff, nicht von der Nichtigkeit entsprechender Vereinbarungen aus.

# § 4 Die Rechtsfolgen aus dem Arbeitsvertrag

## I. Vereinbarung der Tätigkeit

### 1. Grundsatz der Vertragsfreiheit

Die Beschäftigung eines Sparkassenmitarbeiters findet ihren Ausgangspunkt im Arbeitsvertrag mit dem jeweiligen Mitarbeiter. Als synallagmatische Gegenleistung zur Vergütungsverpflichtung des Arbeitgebers normiert § 611 Abs. 1 BGB die Verpflichtung des Arbeitnehmers zur Erbringung der versprochenen Dienste.[34] Diese Verpflichtung wird zunächst im Arbeitsvertrag in Art und Umfang beschrieben und durch weitere betriebliche Regelungen wie Arbeitsanweisungen, Unternehmenshandbücher und Kompetenzregelungen weiter konkretisiert.[35] Dem Grundsatz der Privatautonomie folgend regelt § 611 Abs. 2 BGB, dass Arbeitgeber und Arbeitnehmer in der Bestimmung der versprochenen Dienste grundsätzlich frei sind.[36] Diesen Grundsatz zur freien Gestaltung des Arbeitsvertrages postuliert in seiner aktuellen Fassung nun seit dem 01.01.2003 auch § 105 GewO für alle Arbeitnehmer.[37] Die grundsätzliche Vertragsfreiheit findet ihre Grenzen lediglich in den ausdrücklichen gesetzlichen Verboten und den aus den Generalklauseln in §§ 138, 242, 305 ff., 315 BGB und §§ 105 ff. GewO abgeleiteten zivilrechtlichen Schranken.[38]

### 2. Betriebliche Praxis

Auch wenn das Zivilrecht somit einen großen Gestaltungsfreiraum für die vertragliche Fixierung der geschuldeten Tätigkeit lässt und einschlägige Literaturmeinungen zur Gestaltung von Arbeitsverträgen nicht zuletzt mit Blick auf das Nachweisgesetz die Angabe einer kurzen Charakterisierung oder Beschreibung der zu leistenden Tätigkeit empfehlen,[39] weisen nicht nur die Dienstverträge mit

---

34 Zur abnehmenden Bedeutung der synallagmatischen Verknüpfung aufgrund des SchRModG siehe Jauernig/*Mansel*, BGB, vor § 611 Rn. 4.

35 Siehe *Hromadka*, DB 1995, 2602 m. w. N.

36 Zu den dogmatischen Grundlagen des Prinzips der Privatautonomie vgl. nur *Boemke*, Schuldvertrag und Arbeitsverhältnis, § 5 II. 1. a) m. w. N.

37 Kritisch zur Normierung elementarer Regelungen des Arbeitsrechts in §§ 105 ff. GewO und damit außerhalb des BGB sowie § 105 GewO als „nichts sagende Hülse" vgl. *Preis*, in: ErfK/ArbR, § 105 GewO Rn. 2 f.

38 *Boemke*, Schuldvertrag und Arbeitsverhältnis, § 5 II. 1. c) dd); *Flume*, BGB AT, § 2, S. 1.

39 vgl. beispielsweise *Preis*, Der Arbeitsvertrag, III C Rn. 20.

Sparkassenmitarbeitern regelmäßig bestenfalls eine kurze Angabe der Tätigkeitsbezeichnung aus.[40] Ursächlich hierfür ist insbesondere die Sorge des Arbeitgebers vor unflexibel einsetzbaren Arbeitnehmern im Kontext einer laufenden Weiterentwicklung der Arbeitsorganisation oder alternativ hohem administrativen Aufwand aufgrund der laufenden Notwendigkeit zur aufwendigen fortwährenden Anpassung der Verträge.[41]

Tatsächlich ist das Selbstverständnis zum Zusammenspiel zwischen der für die Vertragsanpassung typischerweise verantwortlichen Personalabteilung und den operativ tätigen Fachbereichen heute regelmäßig nicht so angelegt, dass Veränderungen in der Arbeitsorganisation durch die operativen Einheiten transparent dokumentiert und konsequent der Personalabteilung zur Kenntnis gebracht werden. Ist der Mitarbeiter erst einmal „an Bord", agieren die Fachbereiche in der Zuweisung der abzuleistenden Tätigkeiten weitestgehend autonom und ohne Rückkopplung zur Personalabteilung. Erst bei Gehaltsanpassungen oder Versetzungen erfolgt wieder eine regelmäßige Einbindung der Personalabteilung.

### 3. Konkretisierung nach der Arbeitsaufnahme

Als Konsequenz erfolgt eine Konkretisierung der geschuldeten Tätigkeit in der Regel erst durch mündliche Einweisung am Arbeitsplatz und gerade nicht unmittelbar fixiert in den Dienstverträgen der Sparkassenmitarbeiter.[42] Den rechtlichen Rahmen für diese inhaltliche Ausgestaltung des Arbeitsvertrages bildete bis zur Modernisierung der Gewerbeordnung insbesondere § 315 BGB, der dem Arbeitgeber bereits eine Konkretisierung der Leistungspflicht unter Beachtung von billigem Ermessen abverlangte. Seit dem 01.01.2003 ist die maßgebliche

---

40 Auch nach Einschätzung von Schaub/*Linck*, Arbeitsrechts-Handbuch, § 45 Rn. 32, erfolgt bei der Einstellung im Regelfall nur eine fachliche Umschreibung der Tätigkeit „als Maurer, Schlosser, Verkäufer usw.". Vgl. beispielhaft auch LAG Hamm, Urt. v. 01.10.2010 – 10 TaBV 83/09, JurionRS 2010, 33420, Rn. 51, zur Bezeichnung als „Mitarbeiter Filialbetrieb-Service mit Beratung". Zur besonders neutralen Formulierung „Beschäftigter bei der Sparkasse" vgl. auch Musterarbeitsvertrag, Anlage 1.

41 Zum Spannungsfeld zwischen möglichst genauer Fixierung der geschuldeten Tätigkeit und dem Interesse des Arbeitgebers nach möglichst großer Dispositionsfreiheit vgl. auch *Küttner/Kania*, Praxis der arbeitsrechtlichen Vertragsgestaltung, S. 23 f.

42 Zur Beschränkung des Weisungsrechts aufgrund umfangreicher Angaben im Arbeitsvertrag vgl. *Preis*, in: ErfK/ArbR, § 106 GewO Rn. 5 m. w. N.; zur Kehrseite und damit zur Möglichkeit des Arbeitgebers im öffentlichen Dienst, bei vertraglich nicht näher bestimmter Arbeitspflicht jede Tätigkeit innerhalb einer Vergütungsgruppe zuweisen zu dürfen, vgl. *Preis*, Der Arbeitsvertrag, II D 30 Rn. 53.

gesetzliche Leitplanke für das unverändert nach billigem Ermessen auszuübende Direktionsrecht § 106 GewO.[43] Dass letztlich auch die einmal erfolgte Ausübung des Direktionsrechts immer Einfluss auf die später zu treffenden Weisungen hat,[44] kann die berechtigten Bedenken der Praktiker gegen eine zu enge vertragliche Fixierung nicht ausräumen. Vor diesem Hintergrund erklärt sich auch die unveränderte Zurückhaltung bei der konsequenten Dokumentation von Stellenbeschreibungen. Wenngleich sinnvolles Instrument zur durchgängigen Arbeitsorganisation und Arbeitsplatzbewertung, werden Stellenbeschreibungen nicht nur in der Sparkassenpraxis nur im Ausnahmefall durchgängig eingesetzt.

## II. Vereinbarung der Eingruppierung

Anders als die eher generischen Angaben zur Tätigkeit ist der explizite Ausweis von Entgeltgruppen in den Arbeitsverträgen der Sparkassenmitarbeiter die Regel.[45] Bis zur Ablösung des BAT war hierfür nicht zuletzt die Vorgabe des § 22 Abs. 3 BAT verantwortlich, wonach die Vergütungsgruppe des Angestellten im Arbeitsvertrag anzugeben war. Über § 17 Abs. 1 TVÜ-VKA gilt diese tarifvertragliche Norm bis zum Inkrafttreten einer neuen Entgeltordnung für Sparkassen unverändert fort und prägt so weiterhin die Ausgestaltung der Arbeitsverträge in der Praxis.[46] Die tarifvertragliche Vorgabe allein, zumal wenn sie wie im vorliegenden Fall ohne explizite Androhung von Sanktionen bei Nichtbeachtung auskommt, kann als Begründung für die stringente Umsetzung in der Praxis allein nicht herhalten. Die eher mäßige Einflussnahme des Nachweisgesetzes auf die betriebliche Praxis ist ein plastisches Beispiel für eine tatsächliche Nichtbeachtung trotz gesetzlicher Vorgabe.[47] Ursächlich für die explizite Aufnahme der Eingruppierungsmerkmale sind daher neben dem Tarifvertrag auch noch andere gewichtige Aspekte.

---

43 Zum näheren Bestimmungsrecht des Arbeitgebers vgl. BAG, Urt. v. 19.05.2010 – 5 AZR 162/09, NZA 2010, 1119 ff., und Palandt/*Weidenkaff*, BGB, § 611 Rn. 45 ff. m. w. N.; zum Maßstab des billigen Ermessens vgl. insbesondere die Aufbereitung in *Preis*, in: ErfK/ArbR, § 106 GewO Rn. 6.

44 Zur Beschränkung des Weisungsrechts aufgrund einer konkretisierten Arbeitspflicht vgl. Schaub/*Linck*, Arbeitsrechts-Handbuch, § 45 Rn. 16 m. w. N., und *Fischer*, AiB 1998, 712 f.

45 vgl. Musterarbeitsvertrag, Anlage 1.

46 Ausweislich des § 12 Abs. 3 der Tarifeinigung über eine Entgeltordnung, www.vka.de, soll diese Vorgabe auch zukünftig gelten.

47 Zur praktischen Bedeutungslosigkeit des NachwG siehe *Stückemann*, BB 1999, 2670 ff.

Im Gegensatz zur vertraglichen Ausweisung eines konkreten Bruttomonatsentgelts sichert die entsprechende Eingruppierung auch eine reibungslose Partizipation des Sparkassenmitarbeiters an zukünftigen Entgelttarifrunden ab und verdeutlicht dem Arbeitnehmer überdies die Wertigkeit seiner neuen Aufgabe im Gesamtgefüge des Hauses. Aus diesem Grund hat nicht nur der Sparkassenmitarbeiter ein großes Interesse an einer vertraglichen Dokumentation der Eingruppierung und wird, falls nicht bereits durch den Standardarbeitsvertrag der jeweiligen Sparkasse vorgesehen, auf eine entsprechende schriftliche Fixierung drängen. Da neben dem Personalrat auch noch die Mitarbeiter der Entgeltabrechnung für ihre ordnungsgemäße Arbeit eine hinreichend legitimierte und schriftlich fixierte Angabe zur Eingruppierung des Mitarbeiters benötigen, spricht alles für eine Aufnahme der Entgeltgruppe direkt in den Arbeitsvertrag.

So dient denn auch der Originalarbeitsvertrag ganz typischerweise den Mitarbeitern der internen Entgeltabrechnung als Grundlage für die Steuerung der jeweiligen Entgeltzahlungssoftware. Eine gesonderte schriftliche Notiz über die angestrebte Vergütung ist grundsätzlich denkbar, aufgrund der für diese Notiz und der mit ihr einhergehenden materiellen Relevanz wäre dann aber ebenfalls typischerweise die Einholung von zwei Unterschriften erforderlich, um die betriebsinternen Vorgaben zur Freigabe von Entgeltzahlungen einzuhalten.

Überdies müsste die Notiz wohl sinnvollerweise körperlich mit dem Arbeitsvertrag ohne Vergütungsabrede verknüpft werden, um betriebsintern eine jederzeitige Klarheit hinsichtlich der monatlichen Gehaltsverpflichtungen sicherzustellen. Ein Hinweis auf den auch in Sparkassen anhaltenden Trend zur Ausgliederung der Entgeltabrechnung auf spezialisierte externe Dienstleister[48] unterstreicht nach der hier vertretenen Auffassung zusätzlich die fehlende Praktikabilität gesonderter „Eingruppierungsnotizen" und erklärt die konsequente Aufnahme entsprechender Regelungen in den Arbeitsverträgen der Sparkassen und darüber hinaus. Alle Prozessbeteiligten haben so ein gemeinsames Verständnis zur essentiellen Frage der Vergütung (vertiefend unten § 4 III).

48 vgl. beispielsweise Dienstleistungsangebot der Landessparkasse zu Oldenburg.

## III. Rechtswirkungen

### 1. Meinungsübersicht

#### *a) Rechtsprechung*

##### *aa) Nachweisgesetz*

###### (1) Motivation des Gesetzgebers

Das Nachweisgesetz ist das Resultat unserer nationalen Gesetzgebung zu Umsetzung der europäischen Nachweisrichtlinie.[49] Ausweislich der Begründung der Bundesregierung zum Entwurf eines Nachweisgesetzes (NachwG) ist es Sinn und Zweck des Gesetzes zu helfen, die Kenntnis der Arbeitsvertragsparteien hinsichtlich ihrer beiderseitigen Pflichten zu verbessern.[50] Konsequenterweise verpflichtet das Gesetz in § 2 Abs. 1 NachwG dann auch den Arbeitgeber, spätestens einen Monat nach erfolgter Arbeitsaufnahme die wesentlichen Vertragsbedingungen schriftlich zu dokumentieren und zeigt in diesem Zusammenhang in § 2 Abs. 1 Nr. 1–10 NachwG lediglich einen Mindestumfang für die Niederschrift auf.[51] Da auch spätere Änderungen der wesentlichen Vertragsbedingungen schriftlich nachzuhalten sind (siehe § 3 Satz 1 NachwG), liegt somit zumindest auf den ersten Blick ein Gesetz vor, das bei der Bestimmung der geschuldeten Tätigkeit und der vereinbarten Vergütung hilfreich sein sollte.[52] Dies gilt in besonderem Maße, wenn wie in Sparkassen bei der Konkretisierung

---

49 Richtlinie 91/533/EWG des Rates vom 14.10.1991 über die Pflicht des Arbeitgebers zur Unterrichtung des Arbeitnehmers über die für seinen Arbeitsvertrag oder sein Arbeitsverhältnis geltenden Bedingungen (Nachweisrichtlinie), ABlEG 1991, Nr. L 288, S. 32.

50 RegE NachwG, BT-Drucks. 13/668, S. 2; zu den Details des Verlaufs des Gesetzgebungsverfahrens siehe *Feldgen*, Nachweisgesetz, Rn. 4.

51 Wortsinn und Schutzzweck der Norm sprechen gegen eine abschließende Aufzählung der zwingend zu dokumentierenden Vertragsbestandteile, so auch BAG, Urt. v. 23.01.2002 - 4 AZR 56/01, ZTR 2002, 425 ff. Eine abschließende Aufzählung will insbesondere *Wank*, RdA 1996, 21, erkennen. Als relativ kraftloses Argument wird die „sehr spezifische Aufzählung von wesentlichen Arbeitsbedingen“ ins Feld geführt. Letztlich hat der Diskurs lediglich geringe praktische Relevanz, da das Gesetz bereits relativ umfassend wesentliche Eckpfeiler typischer Arbeitsverträge erfasst und auch das teilweise als fehlend angeführte Wettbewerbsverbot zu seiner Wirksamkeit bereits nach § 74 HGB schriftlich festgehalten werden muss.

52 Wenn *Preis*, in: ErfK/ArbR, Einführung NachwG, Rn. 2, den Mehrwert des Nachweisgesetzes reduziert auf Arbeitnehmer ohne schriftlichen Arbeitsvertrag und hieraus aufgrund der hohen prozentualen Durchdringung mit schriftlichen Arbeitsverträgen

der geschuldeten Tätigkeit üblicherweise eher Zurückhaltung in den Arbeitsverträgen geübt wird (siehe § 4 I).

(2) Wirkung des Nachweisgesetzes

Dass tatsächlich aber nach Einführung des Nachweisgesetzes keine spürbare Veränderung in der Dokumentationsdichte hinsichtlich der geschuldeten Tätigkeit einsetzte,[53] dürfte neben der Rechtsprechung des Bundesarbeitsgerichts insbesondere auch an der Gesamtkonzeption des Gesetzes liegen. Hier ist neben der fehlenden konstitutiven Wirkung des Nachweisgesetzes[54] zuvorderst die Sanktionslosigkeit im Falle der Nichtbeachtung durch den Arbeitgeber zu erwähnen.[55] Zwar begründet § 2 Abs. 4 NachwG einen Anspruch des Arbeitnehmers auf vertragsergänzende Informationen für den Fall, dass sein Arbeitsvertrag nur unzureichend konkret ist und gibt ihm über die ZPO grundsätzlich auch die prozessualen Mittel zur rechtlichen Durchsetzung seines Anspruchs an die Hand.[56] Eine explizite Sanktionierung des Arbeitgebers bei lediglich spartanischen Arbeitsverträgen ist jedoch nicht vorgesehen.

Die für bestimmte Fallvarianten bestätigten Schadensersatzansprüche des Arbeitnehmers bei Nichtbeachtung des Nachweisgesetzes sind aufgrund der notwendigen Beweisführung über die Kausalität zwischen Schadeneintritt und fehlender schriftlicher Dokumentation ebenfalls keine eindrucksvolle Drohkulisse

---

eine geringe Praxisbedeutung des NachwG ableitet, übersieht er zumindest, dass ein schriftlicher Arbeitsvertrag nicht notwendig alle von § 2 Abs. 1 NachwG geforderten Angaben umfasst. Dies gilt insbesondere für die teilweise hinter dem Anspruch des NachwG zurückbleibenden vertraglichen Angaben zum Arbeitsort (§ 2 Abs. 1 Nr. 3 NachwG), zur Beschreibung der geschuldeten Tätigkeit (§ 2 Abs. 1 Nr. 5) und zur Zusammensetzung des vereinbarten Arbeitsentgelts einschließlich Zuschlägen, Prämien etc. (§ 2 Abs. 1 Nr. 6 NachwG). Der Musterarbeitsvertrag, Anlage 1, ist ein entsprechendes Gegenbeispiel. Auch die laufende Verpflichtung nach § 3 Satz 1 NachwG zum Nachweis bei Veränderungen im bestehenden Arbeitsverhältnis passt nicht recht zur These von *Preis*.

53 vgl. zur Unterlegung der erfahrungsbasierten Einschätzung des Verfassers *Stückemann*, BB 1999, 2670 ff.

54 Zum mangelnden konstitutiven Schriftformerfordernis aufgrund der Nachweisrichtlinie vgl. nur BAG, Urt. v. 21.08.1997 – 5 AZR 713/96, NJW 1998, 922 f.

55 Zur Gestaltungsfreiheit des nationalen Gesetzgebers hinsichtlich der Normierung bzw. Nichtnormierung von Sanktionen siehe EuGH, Urt. v. 08.02.2001 – Rs C-350/99, NJW 2001, 955 zweiter Leitsatz.

56 Zu den Details der prozessualen Geltendmachung vgl. *Preis*, in: ErfK/ArbR, Einf. NachwG Rn. 11 ff.

für den Arbeitgeber.[57] Dies gilt für Sparkassen umso mehr, weil der Arbeitgeber des öffentlichen Dienstes seiner gesetzlichen Nachweispflicht zur Beschreibung der Tätigkeit nach der Einschätzung des Bundesarbeitsgerichts bereits immer dann hinreichend Rechnung getragen haben soll, wenn er auf eine Stellenausschreibung oder Stellenbeschreibung verweisen kann.[58] Zumindest Letztere kann er im Streitfall noch immer nachträglich erstellen und vortragen.

Sieht man von den schadensersatzbegründenden Sonderfällen ab,[59] stellt sich aufgrund des Fehlens einer echten Sanktionierung bei Verstoß gegen die Dokumentationspflicht die Frage, ob für den Arbeitnehmer hieraus nicht zumindest eine Erleichterung in der Beweisführung, wenn nicht gar eine Umkehr der Beweislast,[60] resultieren sollte. Grundsätzlich anerkennt das Bundesarbeitsgericht, dass durch die Verletzung einer bestehenden Dokumentationspflicht Beweiserleichterungen bis hin zur Beweislastumkehr zugunsten des Geschädigten resultieren können.[61] Explizit mit Blick auf das Nachweisgesetz und den für Sparkassen in Eingruppierungsfragen unverändert maßgeblichen BAT hat das Bundesarbeitsgericht jedoch entschieden, dass es gerade in Fragen der

57 Zur notwendigen Beweisführung einer Kausalität zwischen unterlassener Aufklärung und eingetretenem Schaden vgl. nur BAG, Urt. v. 20.04.2011 – 5 AZR 171/10, NZA 2011, 1173 ff.

58 BAG, Urt. v. 08.06.2005 – 4 AZR 406/04, ZTR 2005, 582 ff.

59 Ebenfalls mangels praktischer Relevanz vernachlässigbar ist ein wohl eher nur theoretisches Leistungsverweigerungsrecht des Sparkassenmitarbeiters nach § 273 Abs. 1 BGB für den Fall einer verweigerten schriftlichen Dokumentation seiner arbeitsvertraglichen Pflichten.

60 Unter Verweis auf Art. 9 Abs. 1 Nachweisrichtlinie, wonach die Mitgliedstaaten „alle erforderlichen Vorkehrungen treffen, um jederzeit gewährleisten zu können, daß die in der Richtlinie vorgeschriebenen Ergebnisse erzielt werden“, forderte der Bundesrat in seiner Stellungnahme zum RegE NachwG, BT-Drucks. 13/668, S. 23, die Aufnahme eines zusätzlichen § 6 NachwG. Selbiger sah bei Verstoß gegen die Nachweispflicht gerade diese Beweislastumkehr zugunsten des Arbeitnehmers vor, wurde jedoch gerade nicht Teil des letztlich verabschiedeten Gesetzes.

61 vgl. BAG, Urt. v. 31.01.1996 – 2 AZR 68/95, NZA 1996, 819, 823, mit weiteren Rechtsprechungsnachweisen, wonach aber für die weitreichende Beweislastumkehr eine Unzumutbarkeit der Beweisführung für die andere Partei Voraussetzung ist. Diese Hürde dürfte mit Blick auf den Sparkassenmitarbeiter und seine geschuldete Tätigkeit sowie seine Vergütungsabrede im Regelfall nicht zu überspringen sein. Großzügiger insoweit beispielsweise LAG Köln, Urt. v. 31.07.1998 – 11 Sa 1484/97, NZA 1999, 545 f., wonach eine fehlende Niederschrift über die Arbeitsbedingungen einer fahrlässigen Beseitigung eines Beweismittels gleichkommt und über entsprechende Anwendung der §§ 444, 427 ZPO der Beweis als geführt angesehen werden kann.

korrigierenden Rückgruppierung keine Beweiserleichterungen für den Arbeitnehmer oder gar eine Beweislastumkehr geben soll.[62] Aus Sicht des Praktikers in der Personalabteilung einer Sparkasse stellt sich das Nachweisgesetz somit vor dem Hintergrund der aktuellen Rechtsprechung eben nicht als zwingend zu beachtendes scharfes Schwert dar, sondern eher als eine vernachlässigbare Formvorschrift.[63] Dies dürfte auch eine hinreichende Erklärung für die geringe Praxisrelevanz und abweichende Arbeitsvertragsmuster sein.[64]

*bb) § 2 Abs. 1 TVöD-S*

Die Ausstrahlung des tarifvertraglichen Schriftformgebotes auf die Vereinbarung von Tätigkeit und Vergütung ist ebenfalls zunächst aus Sicht der Rechtsprechung zu beleuchten. Interessant ist insbesondere, welche rechtliche Bedeutung mündliche Absprachen zu den Hauptleistungspflichten in Ergänzung zum schriftlich fixierten Arbeitsvertrag haben können. Der maßgebliche Tarifvertrag für die Sparkassen (TVöD-S)[65] bestimmt in § 2 Abs. 1: „Der Arbeitsvertrag wird schriftlich abgeschlossen.“ Eine explizite Konsequenz für den Fall der Verletzung dieses Schriftformerfordernisses bei Abschluss eines Arbeitsvertrages

---

62 BAG, Urt. v. 16.02.2000 – 4 AZR 62/99, DB 2001, 596 = NZA-RR 2001, 216 ff., wonach aus der Nachweisrichtlinie und dem NachwG keine weitergehende Darlegungslast als nach den Grundsätzen zur korrigierenden Rückgruppierung resultiere. Da diese Grundsätze keine Beweiserleichterung für den Arbeitnehmer enthalten, lehnt das BAG in diesem Kontext letztlich eine Beweiserleichterung ab. Zu den abweichenden Literaturmeinungen vgl. unten noch § 4 III b aa. Zur Freiheit der Mitgliedstaaten im Hinblick auf die nationale Ausgestaltung von Beweislastregeln vgl. ebenfalls Urt. des EuGH v. 08.02.2001 – Rs C-350/99, NJW 2001, 955, dritter Leitsatz.

63 Hinweise wie die von *Brachmann*, ZTR 2011, 28, der dem Arbeitgeber des öffentliches Dienstes zur Vermeidung von Vertrauenstatbeständen Zurückhaltung bei schriftlichen Bestätigungen empfiehlt, verstärken die gelebte Kultur der vernebelten Hauptleistungspflichten.

64 Insofern geht die Prognose von *Hock*, ZTR 1999, 49, fehl, der ein Ende der unspezifischen Tätigkeitsbeschreibungen in den Arbeitsverträgen des öffentlichen Dienstes vorhersagte, weil das NachwG seit 1998 spezifische Angaben zur geschuldeten Tätigkeit einfordert.

65 Das Gros der bundesdeutschen Sparkassen unterliegt als Mitglied der kommunalen Arbeitgeberverbände dem TVöD-S. Während einzelne Institute wie die Hamburger Sparkasse oder die Frankfurter Sparkasse der Tarifgemeinschaft Öffentlicher Banken angehören, blieb die vollständige Tarifflucht der Ostseesparkasse Rostock bisher ohne Nachahmer. Eine aktuelle Übersicht der Mitglieder im Bundesverband Öffentlicher Banken findet sich unter www.voeb.de/de/ueber_uns/arbeitgeberverband/.

findet sich im tarifvertraglichen Regelwerk nicht. Der vierte Senat des Bundesarbeitsgerichts hat sich zu Beginn der 70iger Jahre in zwei bis heute maßgeblichen Entscheidungen mit der Frage beschäftigt – und diese im Grundsatz auch bejaht –, ob tarifvertragliche Formvorschriften überhaupt der gesetzlichen Formvorschrift gleichstehen können und somit bei Nichtbeachtung das Vereinbarte gemäß § 125 Satz 1, § 126 Absatz 1 BGB insgesamt nichtig sein kann.[66] Die schlichte und gleichsam stringente Argumentation des Gerichts basiert zum einen auf Art. 2 EGBGB, wonach Gesetz im Sinne des BGB jede Rechtsnorm ist, und zum anderen auf § 1 Abs. 1 TVG, der wiederum bestimmt, dass ein Tarifvertrag Rechtsnormen setzt. Ferner wurde durch das Bundesarbeitsgericht herausgearbeitet, dass durch Auslegung des jeweiligen Tarifvertrages zu ermitteln ist, ob die jeweilige Schriftformvorgabe deklaratorische oder konstitutive Wirkung erzielen soll.[67]

Bereits nach dem Wortlaut des Tarifvertrages ist eine erste Einschätzung zum Charakter der Formvorschrift für Arbeitsverträge möglich. So folgt der eher deskriptiven Formulierung zum Abschluss des Vertrages in § 2 Abs. 1 TVöD-S („der Arbeitsvertrag wird schriftlich abgeschlossen") eine klare Positionierung zur Wirksamkeit mündlicher Nebenabreden. Hierzu heißt es in § 2 Abs. 3 Satz 1 TVöD-S: „Nebenabreden sind nur wirksam, wenn sie schriftlich vereinbart werden." Nach einer Betrachtung des Wortlauts dürfte eine konstitutive Wirkung des Schriftformerfordernisses für den Arbeitsvertrag gerade nicht gewollt sein. Auch eine teleologische Auslegung des § 2 TVöD-S ergibt, dass Sinn und Zweck der Formvorschriften wohl eher ist, unzweideutige Klarheit über die nahezu unbegrenzte Anzahl möglicher Nebenabreden zu erreichen und gleichzeitig aber gerade keine Diskussionen über den grundsätzlichen Bestand eines Arbeitsverhältnisses zu eröffnen. Demnach enthält § 2 Abs. 1 TVöD-S eine deklaratorische Formvorschrift und § 2 Abs. 3 Satz 1 TVöD-S eine konstitutive Formvorschrift. Auch der Umstand, dass das Bundesarbeitsgericht bereits in seinem Urteil vom 09.02.1972 zu einer identischen Bewertung für eine vergleichbare Formulierung in § 4 BAT kam,[68] unterstreicht einen entsprechenden Willen der Tarifvertragsparteien. Andernfalls hätten sie die Zwischenzeit zur Anpassung der Formulierung nutzen können.[69]

---

66 BAG, Urt. v. 09.02.1972 – 4 AZR 149/71, AP Nr. 1 zu § 4 BAT.

67 BAG, Urt. v. 06.09.1972 – 4 AZR 422/71, AP Nr. 2 zu § 4 BAT, sowie hierauf aufbauend BAG, Urt. v. 24.06.1981 – 7 AZR 197/79, DB 1982, 1576.

68 BAG, Urt. v. 09.02.1972 – 4 AZR 149/71, AP Nr. 1 zu § 4 BAT.

69 vgl. hierzu auch BAG, Urt. v. 15.03.2011 – 9 AZR 799/09, BAGE 137, 221 ff. = ZTR 2011, 503 ff. Das Gericht geht in diesem Urteil der Frage nach, ob Zusagen zur Urlaubsdauer

Da Absprachen zur Eingruppierung und zur Tätigkeit regelmäßig das Verhältnis von Leistung und Gegenleistung beschreiben, skizzieren sie gerade nicht das weite Feld der Nebenabreden, sondern vielmehr den Kern des Dauerschuldverhältnisses.[70] Nach der Rechtsprechung des Bundesarbeitsgerichts greift hierfür die lediglich deklaratorische Formvorschrift des § 2 Abs. 1 TVöD-S mit der Folge, dass auch mündliche Absprachen zur geschuldeten Tätigkeit oder zur vereinbarten Ausgestaltung der Vergütung in Ergänzung zum schriftlich fixierten Arbeitsvertrag wirksam vereinbart werden können und folglich bei der Bestimmung des Parteiwillens nach §§ 133, 157 BGB angemessene Berücksichtigung finden müssen (hierzu unten § 4 III 2).

*cc) Anhörung des Personalrats*

(1) Theorie der Wirksamkeitsvoraussetzung

Bei der Bewertung der Frage, welche Implikationen aus dem Arbeitsvertrag für die Bestimmung der vereinbarten Tätigkeit und der geschuldeten Eingruppierung resultieren, ist auch der Frage nachzugehen, ob aus Sicht der Rechtsprechung die Verletzung von Mitbestimmungsrechten Einfluss auf die Durchsetzbarkeit individualvertraglicher Ansprüche haben kann. Eine ausdrückliche gesetzliche Regelung findet sich hierzu weder im Betriebsverfassungsgesetz noch im Bundespersonalvertretungsgesetz oder den Landespersonalvertretungsgesetzen. Das Bundesarbeitsgericht folgt in diesem Kontext seit 1956 der sogenannten Theorie der Wirksamkeitsvoraussetzung.[71] Hiernach ist die gesetzeskonforme

---

eine Nebenabrede im Sinne des § 2 Abs. 3 TVöD darstellen. Die Bewertung dieser Rechtsfrage ist nur dann sinnvoll, wenn die Wirksamkeit von formwidrig vereinbarten Nebenabreden anders zu bewerten ist als die formwidrige Absprache zu Hauptleistungspflichten. In diesem Fall wurde dem Entstehen einer betrieblichen Übung das konstitutive Schriftformerfordernis für Nebenabreden nach § 2 Abs. 3 Satz 1 TVöD entgegengehalten.

70 Grundsätzlich BAG, Urt. v. 09.12.1981 – 4 AZR 312/79, DB 1982, 1417 f.; explizit zur Hauptleistungspflicht einer übertariflichen Vergütung BAG, Beschl. v. 09.09.1981 – 4 AZN 213/81, AP Nr. 7 zu § 4 BAT = BB 1982, 739, und im Hinblick auf die Tätigkeitsbeschreibung BAG, Urt. v. 12.07.1983 – 3 AZR 129/81, AP Nr. 9 zu § 17 BAT, wo im Zusammenhang mit der Übertragung zusätzlicher Reinigungsaufgaben von der Beschreibung einer Hauptleistungspflicht ausgegangen wird.

71 Siehe Darstellung der Theorie und Kritik bei Richardi/*Richardi*, BetrVG, § 87 Rn. 101 ff., und *Gimpel*, Individualrechtliche Konsequenzen betriebsverfassungsrechtlicher Fehler, S. 54 ff. m. w. N.; zur Entwicklung der Rechtsprechung des BAG und seiner Senate siehe *Berg*, in: Altvater u. a., BPersVG, § 69 Rn. 61 ff.

Beteiligung des Betriebsrats grundsätzlich unabdingbare Wirksamkeitsvoraussetzung für alle mitbestimmungspflichtigen Vorgänge und hat so zumindest indirekt Einfluss auf die praktische Umsetzbarkeit vertraglicher Ansprüche.

### (2) Arbeitnehmervertretung in Sparkassen

Ausweislich entsprechender Normierungen von Sparkassengesetzen durch die einzelnen Bundesländer sind Sparkassen nach ihrer Rechtsnatur jedoch ganz überwiegend rechtsfähige Anstalten des öffentlichen Rechts.[72] Da nach § 130 BetrVG das Betriebsverfassungsgesetz keine Anwendung findet auf Verwaltungen und Betriebe des Bundes, der Länder, der Gemeinden und sonstiger Körperschaften, Anstalten und Stiftungen des öffentlichen Rechts, agieren in Sparkassen konsequenterweise keine Betriebsräte.[73] Auch das Bundespersonalvertretungsgesetz findet in Sparkassen keine Anwendung, da es nach § 1 BPersVG die Errichtung von Personalvertretungen für den Bundesdienst regelt. Lediglich einige Rahmenvorschriften für die Landesgesetzgebung (§§ 94–106 BPersVG) und die unmittelbar in den Ländern geltenden §§ 107–109 BPersVG nehmen Einfluss auf die Betriebsverfassung des öffentlichen Dienstes in den einzelnen Bundesländern. In erster Linie wird der rechtliche Rahmen für die Vertretung der Arbeitnehmerinteressen in den Sparkassen letztlich durch die jeweiligen Landespersonalvertretungsgesetze bestimmt.[74] Da sich die Personalvertretungsgesetze der Länder aber grundsätzlich am Bundespersonalvertretungsgesetz orientieren[75] und die Implikationen der einschlägigen Rechtsprechung nicht

---

72 Entsprechende Normierungen finden sich nahezu in jedem Bundesland. Siehe beispielhaft § 1 Abs. 1 Satz 2 des Gesetzes über die öffentlich-rechtlichen Kreditinstitute im Freistaat Sachsen und die Sachsen-Finanzgruppe oder § 1 des Sparkassengesetzes für Baden-Württemberg. Einzig das Bundesland Hamburg hat kein entsprechendes Sparkassengesetz verabschiedet. Die regionale Sparkasse „Haspa" firmiert hier als privatrechtliche AG und ist mit einer durchschnittlichen Bilanzsumme von rund 40 Mrd. EURO seit Jahren unangefochten die größte Sparkasse Deutschlands. Diese Ausnahmekonstellation wird bei der rechtlichen Bewertung der Mitbestimmung ausgeklammert und nicht weiter vertieft.

73 Ausnahme ist die bereits oben skizzierte Sonderstellung der Sparkasse in Hamburg, in der aufgrund der Ausgestaltung als Aktiengesellschaft ein Betriebsrat nach dem BetrVG die Vertretung der Arbeitnehmerinteressen übernimmt.

74 *Feldmann*, Das Personalvertretungsrecht des Bundes und der Länder, ist neben einer Aufbereitung der historischen Entwicklung auch eine Darstellung der Regelungsvielfalt zu Beginn der 80iger Jahre des letzten Jahrhunderts zu entnehmen.

75 Siehe auch *Richardi/Dörner/Weber*, in: Richardi/Dörner/Weber, Personalvertretungsrecht, Vorwort S. IX, der die Hoffnung zum Ausdruck bringt, dass sich die

auf die Reichweite des Bundespersonalvertretungsgesetzes beschränkt sind, erscheint eine detaillierte Darstellung sämtlicher regionaler Normierungen zur validen Bewertung der rechtlichen Fragestellungen im Kontext der korrigierenden Eingruppierung entbehrlich.[76]

Das Herzstück der Mitbestimmung im öffentlichen Dienst bildet der dritte Abschnitt im fünften Kapitel des Bundespersonalvertretungsgesetzes. So regeln die §§ 75–81 BPersVG die zentralen Mitbestimmungsrechte des Personalrats. Dem Personalrat steht nicht nur im Zusammenhang mit der Übertragung einer höher oder niedriger zu bewertenden Tätigkeit, Höher- oder Rückgruppierung oder der Eingruppierung des Mitarbeiters nach § 75 Abs. 1 Nr. 2 BPersVG ein Mitbestimmungsrecht zu,[77] sondern es ergibt sich bereits aus § 75 Abs. 1 Nr. 1 BPersVG ganz allgemein ein Mitbestimmungsrecht bei der Einstellung eines Mitarbeiters. Die berechtigte Verweigerung der Zustimmung erfordert allerdings nach § 77 Abs. 2 BPersVG das Vorhandensein eines dort dezidiert und abschließend aufgezählten Versagungsgrundes.[78] Ergibt sich in mitbestimmungspflichtigen Angelegenheiten keine Einigung, entscheidet gemäß § 69 Abs. 4, § 71 BPersVG die Einigungsstelle.

Im Zuge eines Rechtsstreits um die Wirksamkeit einer durch eine Sparkasse eingesetzten Rückzahlungsklausel hat das Bundesarbeitsgericht 2007 unterstrichen, dass die Grundsätze der Theorie zur Wirksamkeitsvoraussetzung, vorbehaltlich einer anderen ausdrücklichen Regelung, auch für entsprechende Mitbestimmungstatbestände des Personalvertretungsrechts gelten sollen.[79] Hiernach sollen Maßnahmen zum Nachteil des Arbeitnehmers bei Verletzung der Mitbestimmungsrechte nicht wirksam werden. Dabei ist nach Auffassung des Bundesarbeitsgerichts unter Nachteil die Schmälerung einer bestehenden Rechtsposition zu verstehen und unter Maßnahme bereits jede Handlung oder Entscheidung des Arbeitgebers, durch die die Rechtsstellung des einzelnen Arbeitnehmers oder mehrerer Arbeitnehmer berührt wird.[80] Ein Leitmotiv

---

Personalvertretungsgesetze der Länder auch zukünftig weitgehend am Modell des Bundespersonalvertretungsgesetzes orientieren.

76 Eine aktuelle und übersichtliche Synopse zu § 75 Abs. 1 BPersVG und den entsprechenden Regelungen in den LPersVG findet sich bei *Altvater*, in: Altvater u. a., BPersVG, § 75 Synopse 1, S. 1355.

77 Gleichlautende Mitbestimmungsrechte finden sind auch in den jeweiligen Normierungen der LPersVG der Länder; zur Definition der Eingruppierung vgl. bereits Definition in § 2 I.

78 *Kaiser*, in: Richardi/Dörner/Weber, Personalvertretungsrecht, § 77 Rn. 1.

79 BAG, Urt. v. 05.06.2007 - 9 AZR 604/06, ZTR 2008, 48 ff.

80 BAG, Urt. v. 05.06.2007 - 9 AZR 604/06, ZTR 2008, 48 ff.

der Theorie der Wirksamkeitsvoraussetzung des Bundesarbeitsgerichts ist dabei ausweislich eines Beschlusses des Großen Senats aus dem Jahr 1986, dass der Arbeitgeber die vom Gesetzgeber zwingend gewollte Mitbestimmung nicht „ungestraft" schlicht durch einzelvertragliche Absprachen unterlaufen kann.[81] Statt einer generellen Unwirksamkeit vertraglicher Ansprüche soll die Unwirksamkeitsfolge zumindest immer dann eine geeignete Sanktion sein, wenn die betriebsverfassungswidrig eingeleitete Maßnahme den Arbeitnehmer in seinen Rechten belastet.[82]

Ein Urteil des Bundesarbeitsgerichts aus dem Jahr 2004[83] passt zu dieser Richtungsvorgabe, weil eine Verschlechterung der Rahmenbedingungen für den Arbeitnehmer gerade unter Verweis auf eine Absprache zwischen Arbeitgeber und Arbeitnehmer gelingt. So soll zwar auch nach dieser Entscheidung die Zuweisung einer geringwertigeren Tätigkeit ohne Beachtung der Mitbestimmungsrechte des Personalrats unwirksam sein und den Arbeitgeber über § 615 BGB in den Annahmeverzug versetzen. Im konkreten Fall wird dann aber gerade unter Verweis auf eine einvernehmliche Anpassung der Tätigkeit zwischen Arbeitgeber und Arbeitnehmer der Annahmeverzug ausgeschlossen.

### (3) Mitbestimmung bei korrigierender Rückgruppierung

Den vorliegend besonders spannenden Fall einer korrigierenden Rückgruppierung im Kontext einer unzureichenden Beachtung der Mitbestimmungsrechte hat das Bundesarbeitsgericht bereits 1992 entschieden.[84] Nachdem das LAG Niedersachsen hier in der Vorinstanz noch unter Verweis auf den Wortlaut des § 69 Abs. 1 BPersVG[85] angenommen hatte, dass die Rückgruppierung des Klägers aufgrund der fehlenden Anhörung des Personalrats unwirksam ist und der Arbeitnehmer Anspruch auf die bisherige Vergütung hat, zeichnete das Bundesarbeitsgericht ein differenzierteres Bild. So stellt das Bundesarbeitsgericht unter Bezugnahme auf § 4 Abs. 1 TVG fest, dass die Vergütungsansprüche unmittelbar und zwingend aus dem Tarifvertrag folgen. Die zwingende Wirkung entfaltet

81 BAG (GrS), Beschl. v. 16.09.1986 – GS 1/82, NZA 1987, 168 ff.

82 BAG (GrS), Beschl. v. 16.09.1986 – GS 1/82, NZA 1987, 168, 176 f.

83 BAG Urt. v. 12.05.2004 – 4 AZR 338/03, ZTR 2005, 36 ff.

84 BAG Urt. v. 26.08.1992 – 4 AZR 210/92, ZTR 1993, 126 ff.; siehe auch BVerwG, Beschl. v. 06.10.1992 – 6 P 22.90, ZTR 1993, 125 f., wonach der Anspruch auf tarifvertragskonforme Vergütung unmittelbar aus dem Tarifvertrag folgt und durch die Zustimmungsverweigerung des Personalrats nicht untergeht.

85 Nach § 69 Abs. 1 BPersVG kann eine Maßnahme, soweit sie der Mitbestimmung des Personalrats unterliegt, nur mit seiner Zustimmung getroffen werden.

sich nach Auffassung des Bundesarbeitsgerichts unabhängig vom zweifelsfrei bestehenden Mitbestimmungsrecht des Personalrats. Ein abweichendes Ergebnis würde einem Eingriff in die Tarifautonomie der Verbände gleichkommen, so das Bundesarbeitsgericht. Aufgrund der zwingenden Vorgaben des Tarifrechts bewirkt die für den Arbeitnehmer nachteilige Maßnahme hier aus Sicht des Bundesarbeitsgerichts auch keine Beschneidung der Rechte des Arbeitnehmers, sondern setzt einen ohnehin bestehenden Anspruch in die Wirklichkeit um.

Demnach ist die höchstrichterliche Rechtsprechung des Bundesarbeitsgerichts hinsichtlich der geschuldeten Tätigkeit und Vergütung insgesamt so zu verstehen, dass einzelvertragliche Absprachen zur Tätigkeit und Vergütung bzw. Ansprüche aus dem Tarifvertrag gerade nicht durch eine rechtsfehlerbehaftete Ausgestaltung der Mitbestimmung des Personalrats relativiert werden und in ihrer Umsetzbarkeit blockiert sind. Vielmehr soll die konstitutive Wirkung des Tarifgefüges zur Entgeltfindung nicht durch mangelhafte Pflege der Schnittstelle zum Personalrat aufgeweicht werden.[86] Die Unwirksamkeit ist nach der Rechtsprechung im Umkehrschluss lediglich dann die Konsequenz einer gesetzeswidrigen Einbindung der Arbeitnehmervertretung, wenn die Maßnahme weder im Arbeitsvertrag noch im einschlägigen Tarifvertrag eine rechtliche Grundlage hat.[87]

### *dd) Vertragsauslegung und deklaratorische Wirkung der Eingruppierungszusage*

Die maßgeblich vom vierten Senat des Bundesarbeitsgerichts geprägte Rechtsprechung zum Charakter der Eingruppierungsangabe in Arbeitsverträgen des öffentlichen Dienstes basiert im Kern auf der Annahme, dass es sich bei der Nennung der Vergütungsgruppe im Arbeitsvertrag regelmäßig nur um eine Wissensbekundung des Arbeitgebers handelt und eben nicht um eine anspruchsbegründende Willenserklärung.[88] Erweist sich dann diese rein deklaratorische

86 So auch schon früher zur Theorie der Wirksamkeitsvoraussetzung BAG, Urt. v. 25.10.1957 – 1 AZR 397/56, BB 1957, 1180, wonach bei fehlerhafter Anhörung des Betriebsrats eine Maßnahme immer nur dann unwirksam sein soll, wenn bestehende Ansprüche eines Arbeitnehmers vereitelt oder geschmälert werden und gerade nicht bei korrekter Umsetzung des vertraglichen Anspruchs oder des Tarifrahmens.

87 In Abgrenzung hierzu siehe zur generellen Wirksamkeit von Verwaltungsakten *Weber*, in: Richardi/Dörner/Weber, Personalvertretungsrecht, § 69 Rn. 119.

88 Siehe zuletzt Entscheidungen des vierten Senats: BAG, Urt. v. 15.06.2011 – 4 AZR 737/09, ZTR 2012, 26 ff., und BAG, Urt. v. 20.04.2011 – 4 AZR 368/09, ZTR 2011, 672 ff. m. w. N. zu älteren BAG-Entscheidungen. Gefolgt sind dieser Argumentation aber auch andere Senate des BAG. Siehe hierzu beispielhaft die Entscheidungen des

Eingruppierung später als unrichtig, kann sie einseitig durch den Arbeitgeber bei Darlegung der objektiven Fehlerhaftigkeit korrigiert werden, so die langjährige Rechtsprechung des Bundesarbeitsgerichts (zur Verwirkung dieses Korrekturanspruchs nach dem Grundsatz von Treu und Glauben ausführlich unten § 9 III 1 a; zur Anforderung an die Beweislastverteilung § 9 IV 1 a m.w.N.). Als Kehrseite ist es dem Arbeitnehmer ebenfalls unbenommen, sich zu einem späteren Zeitpunkt auf eine höhere Eingruppierung als im Arbeitsvertrag benannt zu berufen.

Eine Schlüsselrolle bei der Entwicklung der Grundsätze zur korrigierenden Rückgruppierung im öffentlichen Dienst kommt der Auslegung der gängigen arbeitsvertraglichen Verweisungsklauseln auf den BAT und den hiermit eingeschlossenen § 22 Abs. 2 Satz 1 BAT zu. In der fraglichen Tarifnorm heißt es: „Der Angestellte ist in der Vergütungsgruppe eingruppiert, deren Tätigkeitsmerkmalen die gesamte von ihm nicht nur vorübergehend auszuübende Tätigkeit entspricht". Die Rechtsprechung erkennt in dieser Norm einen zwingenden Automatismus, den sich die öffentlichen Arbeitgeber regelmäßig über die arbeitsvertraglichen Verweisungsklauseln auf den BAT zu eigen machen und so erkennbar den Verzicht auf eigenständige Vergütungszusagen zum Ausdruck bringen.[89] Das Bundesarbeitsgericht schließt dabei nicht gänzlich aus, dass es im Einzelfall doch zu einer konstitutiven vertraglichen Vereinbarung einer bestimmten Eingruppierung kommen kann. Da ein Arbeitgeber des öffentlichen Dienstes aber grundsätzlich dem Normvollzug verpflichtet ist und somit regelmäßig keine übertariflichen Vergütungen gewähren will,

---

zehnten Senats: BAG, Urt. v. 28.05.1997 – 10 AZR 383/95, ZTR 1997, 457 f., und BAG, Urt. v. 11.06.1997 – 10 AZR 724/95, ZTR 1998, 29 ff. Interessant ist in diesem Zusammenhang auch eine über vierzig Jahre alte Entscheidung des vierten Senats des BAG, Urt. v. 09.06.1971 – 4 AZR 268/70, AP Nr. 42 zu §§ 22, 23 BAT. Damals wurde dem Einwand des beklagten Landes, wonach im Zusammenhang mit der vertraglichen Angabe der Eingruppierung lediglich ein „Seinswille" oder „Vollzugswille" vorgelegen habe und gerade kein Rechtsbindungswille, noch entgegnet, dass der Rechtscharakter dieser Willensformen unklar ist und es sehr wohl zu einer rechtsgeschäftlichen Zahlungsverpflichtung gekommen ist. Wieder hinsichtlich der Eingruppierung im Sinne einer bloßen „Kundgabe einer Rechtsansicht" zuletzt BAG, Urt. v. 05.06.2014 – 6 AZR 1008/12, ZTR 2014, 530 ff.

89 Siehe nur BAG, Urt. v. 15.06.2011 – 4 AZR 737/09, ZTR 2012, 26; BAG, Urt. v. 01.07.2009 – 4 AZR 234/08, ZTR 2010, 31 f.; BAG, Urt. v. 16.02.2000 – 4 AZR 62/99, ZTR 2001, 222 ff. jeweils m. w. N. zur Rechtsprechung der korrigierenden Eingruppierung im öffentlichen Dienst; zur maßgeblichen Auslegung nach §§ 133, 157 BGB siehe insbesondere BAG, Urt. v. 23.08.1995 – 4 AZR 352/94, ZTR 1996, 169.

sind für einen konstitutiven Vertragsanspruch jedenfalls besondere Umstände erforderlich, so das Bundesarbeitsgericht.[90] Bereits bei Einsatz eines Formulararbeitsvertrages sollen diese besonderen Umstände und damit der Wille zur Begründung eines einzelvertraglichen Anspruchs aber immer schon auszuschließen sein.[91]

Die Art der geschuldeten Tätigkeit basiert hingegen unstreitig auf der arbeitsvertraglichen Vereinbarung. Hierbei kann die Konkretisierung sowohl enger als auch weiter gefasst sein.[92] Zur vertraglichen Vereinbarung der geschuldeten Tätigkeit ist ebenfalls eine dezidierte Rechtsprechung des Bundesarbeitsgerichts für den öffentlichen Dienst und damit auch die Sparkassen erkennbar. Hintergrund ist die in diesem Bereich übliche Vorgehensweise, wonach die Arbeitsverträge typischerweise gerade nicht die Erbringung einer bestimmten Tätigkeit oder Übernahme einer dezidierten Funktion regeln, sondern ganz allgemein die Arbeitsaufnahme zu bestimmten Rahmenbedingungen vereinbaren.[93] Auf dieser Vertragsbasis können dann nach der ständigen Rechtsprechung des Bundesarbeitsgerichts Mitarbeitern des öffentlichen Dienstes grundsätzlich alle Tätigkeiten im Zuge des Direktionsrechts zugewiesen werden, die zu keiner Neubewertung der Eingruppierung führen.[94]

---

90 BAG, Urt. v. 14.09.2005 – 4 AZR 348/04, ZTR 2006, 253 f., mit weiteren Rechtsprechungsnachweisen zu diesem Argument.

91 BAG, Urt. v. 15.06.2011 – 4 AZR 737/09, ZTR 2012, 26.

92 vgl. zur vertraglichen Vereinbarung der Tätigkeit *Hromadka*, DB 1995, 2602 f., der insoweit auf eine Analogie zur Gattungsschuld abstellt und weitere Fundstellen mit gleichem Verständnis ausweist.

93 Siehe entsprechende Arbeitsvertragsmuster des Bundesministeriums des Innern für den Anwendungsbereich des TVöD unter http://www.bmi.bund.de/DE/Themen/OeffentlDienstVerwaltung/OeffentlicherDienst/TVoeD_Tarifbeschaeftigte/Arbeitsvertragsmuster/arbeitsvertragsmuster_node.html, die überhaupt keine Angabe zur geschuldeten Tätigkeit vorsehen, oder auch den Musterarbeitsvertrag, Anlage 1.

94 Siehe BAG, Urt. v. 21.08.2003 – 8 AZR 393/02, AP §§ 22, 23 BAT-O Nr. 27; BAG, Urt. v. 11.06.1997 – 10 AZR 724/95, EzA § 4 TVG Eingruppierung Nr. 7; BAG, Urt. v. 30.08.1995 – 1 AZR 47/95, ZTR 1996, 123 ff. = PersR 1996, 74 ff. mit weiteren Rechtsprechungsnachweisen; BAG, Urt. v. 09.02.1993 – 1 ABR 51/92, BAGE 72, 187 = AP Nr. 103 zu § 99 BetrVG 1972; BAG, Urt. v. 12.01.1993 – 1 ABR 42/92, BAGE 72, 123 = AP Nr. 101 zu § 99 BetrVG 1972; BAG, Urt. v. 28.10.1981 – 4 AZR 244/79, BAGE 36, 392 = AP Nr. 54 zu §§ 22, 23 BAT 1975; BAG, Urt. v. 16.10.1974 – 4 AZR 1/74, AP Nr. 81 zu §§ 22, 23 BAT.

### b) *Literatur*

#### *aa) Nachweisgesetz*

Der Gesetzgeber hat sich bei der Umsetzung der Nachweisrichtlinie bewusst gegen explizite Sanktionierungen des Arbeitgebers bei Nichtbefolgung der gesetzlichen Vorgaben entschieden. Dies gilt ganz besonders auch für die vom Bundesrat geforderte Aufnahme einer Beweislastumkehr zugunsten des Arbeitnehmers bei unzureichender schriftlicher Dokumentation der Arbeitsbedingungen, die vom Gesetzgeber ganz bewusst nicht Eingang in das Gesetz gefunden hat.[95] Gerade an dieser Stelle setzt die im Schrifttum teilweise vertretene Differenzierung zur Rechtsprechung des Bundesarbeitsgerichts an. Den beweisrechtlichen Folgen der Nachweispflicht wird die Sprengkraft einer „arbeitsrechtliche(n) Zeitbombe" zugeschrieben[96] und quasi als Munitionierung eine Beweiserleichterung bis hin zur Beweislastumkehr zugunsten des Arbeitnehmers bei Nichterteilung des Nachweises über die wesentlichen Arbeitsbedingungen abgeleitet.[97] So stelle die Nichtbeachtung des Nachweisgesetzes regelmäßig eine zumindest fahrlässige Zurückhaltung von Beweisurkunden dar und führe somit über entsprechende Anwendung der §§ 427, 444 ZPO zu einer Beweiserleichterung zugunsten des Arbeitnehmers, die ein Richter im Rahmen des § 287 ZPO zu berücksichtigen habe.[98]

Wenngleich dieser Ansatz auch die Schlagkraft des Nachweisgesetzes weiter erhöhen würde und somit einen durchaus begrüßenswerten Beitrag zur Erhöhung der Relevanz im Arbeitsalltag leisten könnte,[99] geht er gleichwohl fehl. Aufgrund der unzweideutigen Positionierung des Gesetzgebers hinsichtlich einer Beweiserleichterung fehlt es schon an einer für eine Analogie erforderlichen

---

95 Siehe vertiefende Hinweise bereits oben § 4 III 1 a aa. Zur Warnung des BDA im Zuge des nationalen Gesetzgebungsverfahrens vor einer überzogenen Umsetzung der Nachweisrichtlinie in nationales Recht siehe *Birk*, NZA 1996, 283.

96 *Preis*, NZA 1997, 10.

97 Siehe insbesondere *Birk*, NZA 1996, 281 ff.; *Stückemann*, BB 1995, 1846 ff., *Wank*, RdA 1996, 21 ff.; *Franke*, DB 2000, 278; eingeschränkt auch Preis, NZA 1997, 10, 13 ff.

98 Zur rechtsdogmatischen Herleitung der Beweiserleichterung siehe insbesondere *Preis*, in: ErfK/ArbR, Einführung NachwG, Rn. 23, einschließlich eines Hinweises auf die ablehnende Positionierung des BAG zumindest im Hinblick auf Darlegungs- und Beweislasten im Umfeld von Eingruppierungsprozessen nach dem BAT.

99 Eine systematische Auseinandersetzung mit der geschuldeten Arbeitsleistung auf Mitarbeiterebene schafft nicht nur Klarheit über die vertraglichen Hauptleistungspflichten, sondern auch nicht zuletzt Transparenz über den aktuellen Ressourceneinsatz entlang der Arbeitsprozesse und eröffnet so typischerweise Ansätze für Prozessverbesserungen.

ungewollten Regelungslücke.[100] Entscheidend ist aber, dass der Arbeitnehmer seinen Arbeitgeber jederzeit zur Ausfertigung des Nachweises nach § 2 NachwG auffordern und sein Recht bei Verweigerung notfalls noch immer gerichtlich durchsetzen kann.[101] Da bei dieser Ausgangslage das Pulver sprichwörtlich regelmäßig noch nicht nass ist, besteht auch noch keine Vergleichbarkeit zu den anerkannten Fallgestaltungen der Beweisvereitelung, wie der Vernichtung von Beweismitteln oder der hartnäckigen Verweigerung einer Aussage.[102] Dies mag richtigerweise erst bei der wohl eher theoretischen, finalen Verweigerungshaltung des Arbeitgebers anzunehmen sein.

Von dem nicht erteilten Nachweis ist grundsätzlich der fehlerhafte Nachweis zu unterscheiden. Abzulehnen ist aber auch die aus dem Nachweisgesetz vereinzelnd abgeleitete Erwirkung vertraglicher Ansprüche aufgrund einer fehlerhaften Nachweiserteilung.[103] Teleologisch richtig und interessengerecht ist hier der Arbeitgeber im Streitfall lediglich darlegungs- und beweisbelastet.[104] Eine weitergehende Interpretation überspannt den Schutzzweck des Nachweisgesetzes.

Wenn Arbeitnehmer heute trotz generischer Musterarbeitsverträge und weitgehend fehlender ergänzender Nachweise über ihre Arbeitspflichten regelmäßig nicht aktiv werden, so liegt das jedenfalls nicht an den fehlenden zivilprozessualen Werkzeugen. Allein die Vorstellung einer drohenden Arbeitsniederlegung unter Verweis auf § 273 Abs. 1 BGB dürfte zur zeitnahen schriftlichen Einlassung der meisten Arbeitgeber führen. Gerade mit Blick auf den Gesetzeszweck, wonach Arbeitnehmer hinsichtlich ihrer arbeitsvertraglichen Verpflichtungen vor Unkenntnis geschützt werden sollen, muss man wohl festhalten, dass dieses Defizit so bei den Arbeitnehmern regelmäßig gar nicht wahrgenommen wird. Auch ohne deklaratorische Abfassung ihrer wesentlichen Arbeitspflichten in

---

100 Ablehnende Gegenäußerung der Bundesregierung hinsichtlich der vom Bundesrat in seiner Stellungnahme zum RegE NachwG angeregten Beweiserleichterung, BT-Drucks. 13/668, S. 24.

101 Nicht zuletzt aus diesem Blickwinkel hat der EuGH, Urt. v. 08.02.2001 – Rs C-350/99, NJW 2001, 955, die Rechtmäßigkeit des Nachweisgesetzes betätigt.

102 Zur Implikation vorprozessualer Vertragspflichtverletzungen auf die Beweislast und zur Darstellung typischer Fallgruppen der Beweisvereitelung vgl. *Konzen*, Rechtsverhältnisse zwischen Prozessparteien, S. 227 ff.; zur Kritik am Sanktions- und Präventionsprinzip der Beweisvereitelung vgl. *Schatz*, Die Beweisvereitelung in der Zivilprozessordnung, S. 40 f.

103 Selbige nimmt *Schwarze*, RdA 1997, 349 f., für den Fall an, dass neben einem fehlerhaften Nachweis zur Eingruppierung noch weitere Umstände wie beispielsweise „Zeitablauf, ‚Sich einrichten' " hinzutreten.

104 Ebenso *Friedrich/Kloppenburg*, RdA 2001, 304.

einem schriftlichen Dokument dürften die Arbeitnehmer ihre Arbeitspflichten aus der täglichen praktischen Umsetzung meistens hinreichend ableiten können. Aus Sicht dieser Arbeitnehmer ist eine entsprechend abstrakte schriftliche Zusammenfassung kaum wertstiftend.

### *bb) § 2 Abs. 1 TVöD-S*

Die Literatur teilt die Einschätzung des Bundesarbeitsgerichts (oben § 4 III 1 a bb) zur deklaratorischen Wirkung des § 2 Abs. 1 TVöD-S im Hinblick auf die Vorgabe zur schriftlichen Abfassung des Arbeitsvertrages sowie zur konstitutiven Wirkung eines Formverstoßes im Hinblick auf etwaige Nebenabreden nach § 2 Abs. 3 Satz 1 TVöD-S ganz überwiegend.[105] Ausweislich der BAG-Entscheidung vom 09.02.1972[106] hat *Uttlinger* zumindest zu diesem Zeitpunkt die Auffassung vertreten, dass auch für Nebenabreden lediglich ein vereinbartes Schriftformerfordernis nach § 127 BGB anzunehmen sei und gerade kein gesetzliches Schriftformgebot nach § 126 BGB vorliege.[107] Inzwischen wurde diese Literaturauffassung revidiert, und es wird für den wortgleichen § 4 Abs. 2 Satz 1 BAT als Vorläufer des § 2 Abs. 3 Satz 1 TVöD-S eine Anwendung des § 126 BGB angenommen.[108] Da es bei der Eingruppierung und deren Korrektur zweifelsohne letztlich immer um die Justage einer Hauptleistungspflicht geht, ist die abgelöste Literaturmeinung zur Qualität der Schriftformvorgabe für Nebenpflichten überdies nicht viel mehr als eine Randnotiz im Kontext der hier zu vertiefenden Fragestellungen.

### *cc) Anhörung des Personalrats*

Das vom Bundesarbeitsgericht entwickelte Grundprinzip, wonach eine unzureichende Beteiligung des Personalrats immer dann zur Unwirksamkeit der Maßnahme führt, wenn zum Nachteil des Mitarbeiters in seine bestehenden Individualrechte eingegriffen wird, erfährt auch in der Literatur ganz überwiegend Zustimmung.[109] Die in der Literatur von der Mindermeinung angeführten

---

105 Siehe nur *Dörring/Kutzki/Polzer*, TVöD, § 2 Rn. 2 ff.; *Bredemeier/Neffke*, TVöD, § 2 Rn. 10 ff.; *Schwill*, in: Bepler u. a., TVöD, § 2 TVöD-AT, Rn. 13 und 26 f., und Burger/*Howald*, TVöD/TV-L, § 2 Rn. 60, die allesamt die Rechtsprechung des BAG teilen und in der Kommentierung auch keinerlei abweichende Literaturmeinungen zitieren.

106 BAG, Urt. v. 09.02.1972 – 4 AZR 149/71, AP Nr. 1 zu § 4 BAT.

107 *Uttlinger* u. a., BAT, Ordner 1, § 4 S. 12.1 und 12.2.

108 *Uttlinger u. a.*, BAT, Ordner 1, § 4 S. 12.1 und 12.2.

109 Nach Richardi/*Richardi*, BetrVG, § 87 Rn. 101 f., folgt die herrschende Lehre der vom BAG entwickelten Theorie der Wirksamkeitsvoraussetzung.

Gegenargumente sind allerdings von einigem Gewicht. Dass der Wortlaut des Gesetzes lediglich in § 79 Abs. 4 BPersVG, und zwar im Zusammenhang mit der mangelhaften Beteiligung im Zuge einer Kündigung, von einer Unwirksamkeit der anschließenden Maßnahme spricht, wird dabei von den Kritikern offensichtlich nicht einmal als schlagendes Argument ins Feld geführt. Dabei könnte man bei historischer Betrachtung zusätzlich darauf verweisen, dass sowohl die rudimentären Angaben zur Unwirksamkeit von Maßnahmen im Betriebsverfassungsgesetz sowie im Bundespersonalvertretungsgesetzgesetz entfernt wurden, nachdem das Bundesarbeitsgericht bereits in den 50iger Jahren seine Theorie zur Unwirksamkeit von Maßnahmen entwickelt hatte.

Die Kritik der Lehre setzt aber überwiegend an anderer Stelle an. Zum einen wird insbesondere von *Richardi* nachvollziehbar moniert, dass Sinn und Zweck der Mitbestimmungsrechte nach dem Betriebsverfassungs- und dem Bundespersonalvertretungsgesetz bei mitbestimmungspflichtigen Sachverhalten zwar eine paritätische Positionierung der Arbeitnehmervertreter ist, zur Durchsetzung dieser Rechte aber gerade keine Unwirksamkeit von Einzelmaßnahmen erforderlich ist (Theorie von der erzwingbaren Mitbestimmung).[110] Und dogmatisch noch schlagender ist die Kritik an der Theorie der Wirksamkeitsvoraussetzung, indem sie insbesondere die Inkonsequenz im Hinblick auf die Wirksamkeit von vorteilhaften Maßnahmen trotz Nichtbeachtung der Mitbestimmungsrechte herausstellt.[111]

Da aber auch die Rechtsprechung (dazu oben § 4 III 1 a cc) für die Unwirksamkeit einer Maßnahme zwischenzeitlich die Vereitelung oder Schmälerung bestehender Einzelansprüche fordert), geht es für die vorliegend relevante Fragestellung nach den Grenzen einer Korrektur der Eingruppierung und den in diesem Zusammenhang bereits aus dem Arbeitsvertrag resultierenden Implikationen nach allgemeiner Auffassung im Kern immer um die Frage, ob eine nachteilige Maßnahme durch den Arbeits- oder Tarifvertrag legitimiert ist. Denn auch nach der Mindermeinung in der Literatur dürfte eine nachteilige Maßnahme zwar nicht bereits aufgrund unzureichender Beachtung der Mitbestimmungsrechte unwirksam, jedoch aufgrund einer fehlenden Rechtsgrundlage letztlich auch nicht durchsetzbar sein.

Mithin ist der Dissenz zwischen der Mindermeinung in der Literatur und der Rechtsprechung des Bundesarbeitsgerichts in jedem Fall von interessanter

---

110 Richardi/*Richardi*, BetrVG, § 87 Rn. 101.

111 Siehe nur Richardi/*Richardi*, BetrVG, § 87 Rn. 104 ff.

rechtsdogmatischer Natur, allerdings ohne praktische Auswirkung auf die Umsetzbarkeit korrigierender Umgruppierungen im Sparkassenalltag.

### *dd) Vertragsauslegung und deklaratorische Wirkung der Eingruppierungszusage*

Die Rechtsprechung des Bundesarbeitsgerichts zur deklaratorischen Wirkung der vertraglichen Eingruppierungsangabe wird von der Literatur weitgehend nachvollzogen.[112] Gleichwohl finden sich einzelne Stimmen, die aus zum Teil unterschiedlichen Blickwinkeln im Hinblick auf die im öffentlichen Dienst üblichen Arbeitsverträge eine vertragliche Vereinbarung zur geschuldeten Eingruppierung ableiten wollen. *Gewehr*[113] erkennt in § 22 Abs. 3 BAT vor allem eine Schutzfunktion, die dem Arbeitnehmer lediglich bei Zuweisung einer höherwertigen Tätigkeit auch eine entsprechende Anpassung der Vergütung ermöglichen will. Unter Verweis auf die Rechtsprechung des Bundesarbeitsgerichts betont *Gewehr* die Vermutung der Vollständigkeit und Richtigkeit einer Vertragsurkunde und damit auch einer rechtsgeschäftlichen Absprache zur Vergütung.[114] Ferner leitet er aus der vermuteten Eingruppierungsexpertise des Arbeitgebers einen Vertrauenstatbestand zugunsten des Arbeitnehmers ab.[115]

*Friedrich/Kloppenburg* folgen grundsätzlich der Rechtsprechung des Bundesarbeitsgerichts zur Tarifautomatik und zur korrigierenden Rückgruppierung.[116]

---

112 Siehe nur *Bearbeiter*, in: Clemens/Scheuring/Steingen/Wiese, BAT, § 22 Eingruppierung, Abschnitt 2.3; *Dörring/Kutzki/Polzer*, TVöD, § 12 AT Rn. 29 und 33; *Koch*, in: ErfK/ArbR, § 46 ArbGG Rn. 37; *Uttlinger u. a.*, BAT, Ordner 1, § 22 S. 62 f.; Burger/*Weinmann*, TVöD/TV-L, §§ 12,13 Rn. 30 ff., der zwar die Widersprüchlichkeit zu allgemeinen zivilrechtlichen Grundsätzen bei der Auslegung von Willenserklärungen erkennen will, letztlich aber auch der Rechtsprechung folgt. Unklar Däubler/*Deinert*, TVG, § 4 Rn. 385 f., der die Rechtsprechung des BAG im Hinblick auf den öffentlich Dienst bedenklich findet, aber lediglich einer Übertragung auf die Privatwirtschaft entschieden entgegentritt. Anlass für die Bedenken ist auch hier der fragwürdige Einklang mit den allgemeinen Grundsätzen der Rechtsgeschäftslehre.

113 *Gewehr*, ZTR 1997, 211 ff., und Küttner/*Griese*, Personalbuch 2016, Eingruppierung Rn. 23, erkennen in der Angabe der Eingruppierung im Arbeitsvertrag eine bindende Erklärung. Schließlich nehme der Arbeitnehmer auf dieser Basis seine Tätigkeit auf und könne daher aus Vertrauensgesichtspunkten nicht auf eine lediglich deklaratorische Vergütungsangabe verwiesen werden.

114 *Gewehr*, ZTR 1997, 211 ff.; ebenfalls kritisch im Hinblick auf die rechtsunverbindliche Wissensbekundung gemäß Rechtsprechung des BAG *Zimmerling*, ZTR 2002, 354 ff.

115 *Gewehr*, ZTR 1997, 211 ff.

116 *Friedrich/Kloppenburg*, RdA 2001, 293 ff.

Allerdings wollen sie immer dann eine wirksame arbeitsvertragliche Absprache zur Vergütung erkennen, wenn der Arbeitsvertrag keine nähere Charakterisierung zur geschuldeten Tätigkeit enthält und ferner keine explizite Klarstellung enthält, wonach die Angabe der einschlägigen Vergütungsgruppe nur die unverbindliche Äußerung einer Rechtsansicht ist.[117] In dieser für Sparkassen heute gängigen Ausgestaltungsform will der Arbeitgeber gerade durch eine konstitutive Angabe der Entgeltgruppe seiner Verpflichtung zur Umschreibung der Arbeitsaufgaben nach dem Nachweisgesetz genügen, so *Friedrich/Kloppenburg.*[118] Erst mit exakter Beschreibung der geschuldeten Tätigkeit im Arbeitsvertrag kommt nach *Friedrich/Kloppenburg* der Angabe der Eingruppierung zunehmend die Rolle einer deklaratorischen Bewertung, statt rechtsverbindlicher Beschreibung der Tätigkeit zu.[119]

*Kempen/Zachert* hingegen stellen insbesondere auf die Lehre zur Willenserklärung ab und wollen im Hinblick auf eine wirksame Willenserklärung des Arbeitgebers zur Eingruppierung das fehlende Erklärungsbewusstsein über §§ 133, 157 BGB und den gebotenen Schutz des Erklärungsempfängers kompensieren.[120] Die ohne nähere Beschreibung der geschuldeten Tätigkeit ausgestalteten Standardarbeitsverträge des öffentlichen Dienstes enthalten nach *Otte* nicht die für einen wirksamen Vertragsschluss erforderlichen essentialia negotii und unterliegen eigentlich, zumindest wegen versteckten Einigungsmangels, der Nichtigkeit nach § 155 BGB.[121] Um Millionen BAT-Arbeitsverträgen dieses Schicksal zu ersparen, soll durch extensive Auslegung der bei Vertragsschluss abgegebenen Erklärungen und auch „sonstiger Verhaltensweisen“ ermittelt werden, welche Tätigkeit vereinbart wurde.[122] Gelingt dies nicht, kommt der im Vertrag angegebenen Vergütungsgruppe konstitutive Bedeutung zu, so *Otte.*[123] In der Rechtsprechung des Bundesarbeitsgerichts zur Begrenzung des

---

117 *Friedrich/Kloppenburg*, RdA 2001, 293 ff.

118 *Friedrich/Kloppenburg*, RdA 2001, 293 ff.

119 *Friedrich/Kloppenburg*, RdA 2001, 293 ff.

120 Kempen/Zachert/*Stein*, TVG, § 1 Rn. 173 ff. Noch in der Vorauflage (§ 1 Rn. 84) wurde für dasselbe Ergebnis lediglich unter Verweis auf das „schutzwürdige Vertrauen“ des Arbeitnehmers argumentiert. Auch *Schwarze*, RdA 1997, 344, will im Zweifel bei schriftlichen Arbeitsverträgen des öffentlichen Dienstes einen Rechtsfolgewillen des Arbeitgebers für die Eingruppierungszusage erkennen. Dies soll „erst recht gelten, wenn zuvor verhandelt wurde.“

121 *Otte*, ZTR 1998, 241 ff.

122 *Otte*, ZTR 1998, 241 ff.

123 *Otte*, ZTR 1998, 241 ff.

Direktionsrechts auf Tätigkeiten der vertraglich vereinbarten Entgeltgruppe und der aus höchstrichterlicher Sicht aber regelmäßig nur deklaratorischen Angabe der Vergütungsgruppe im Arbeitsvertrag des öffentlichen Dienstes will *Otte* gar einen „Zirkelschluss" des Bundesarbeitsgerichts erkennen.[124]

## 2. Kritik: Zur Maßgeblichkeit des Parteiwillens (§§ 133, 157 BGB)

### *a) Personalwirtschaftliche Einordnung*

An jedem Arbeitstag werden in deutschen Sparkassen eine Vielzahl von Beschäftigungsverhältnissen begründet oder in ihrer Ausgestaltung arbeitsvertraglich modifiziert. Ebenso wie der Personalleiter der Privatwirtschaft nimmt auch der Personalleiter einer Sparkasse im Vorfeld einer Vertragserstellung eine Bewertung zur adäquaten Eingruppierung der zukünftig zu erbringenden Tätigkeit vor.[125] Um die Stelle intern und/oder extern ausschreiben zu können und eine Kandidatenauswahl zu koordinieren, erhält die Personalabteilung von der Führungskraft Informationen zur geschuldeten Tätigkeit sowie zum fachlichen und überfachlichen Anforderungsprofil des Wunschmitarbeiters. Auf Basis dieser Informationen sowie der bestehenden Vergütungsstruktur in der fraglichen Abteilung, dem verfügbaren Personalkostenbudget, der tariflichen Entgeltordnung und nicht zuletzt der marktgerechten Vergütungserwartung des Wunschkandidaten erfolgt eine Abstimmung über die Zielvergütung zwischen Personalabteilung, Vorstand und Führungskraft hinsichtlich der zukünftigen Vergütung des Mitarbeiters. Das Ergebnis wird im Arbeitsvertrag mit der Angabe der Entgeltgruppe dokumentiert und bei Bedarf um Zulagen ergänzt.

---

124 *Otte*, ZTR 1998, 241 ff.

125 Angestellte von Körperschaften des öffentlichen Rechts sind in Abgrenzung zu Beamten aufgrund eines privatrechtlichen Schuldverhältnisses beschäftigt und mithin reguläre Arbeitnehmer. Wenn *Hueck/Nipperdey*, Lehrbuch des Arbeitsrechts, § 13, S. 80 ff., für Angestellte des öffentlichen Dienstes insbesondere aufgrund der vielfach engen Zusammenarbeit mit Beamten eine Sondergruppe von Arbeitnehmern erkennen will, so ist diese Argumentation in Summe wenig überzeugend. Über die besagte Nähe zu den Beamten hinaus wird insbesondere auf Besonderheiten auf dem Gebiet der Mitbestimmung verwiesen. Ein über die gesetzlichen und tarifvertraglichen Regelungen hinaus geartetes Sonderarbeitsrecht des öffentlichen Dienstes kann nach der hier vertretenen Auffassung damit nicht gerechtfertigt werden und bietet somit auch keine selbstständige Grundlage für die Rechtsprechung des BAG zur deklaratorischen Wirkung der Eingruppierungsabrede. Die gänzliche Abwesenheit von Beamten in Sparkassen mag diese Position unterstreichen.

Hierzu findet sich typischerweise folgender Passus im Arbeitsvertrag der Sparkassen: „Der/die Beschäftige ist in der Entgeltgruppe … eingruppiert.“[126] Eine weitere Prüfung zur Richtigkeit der Eingruppierung erfolgt insbesondere nach Anhörung des Personalrats und der anschließenden Vertragsunterzeichnung regelmäßig nicht mehr. Die Entgeltabrechnung wird vielmehr zur punktgenauen Umsetzung des vertraglich fixierten Entgelts angewiesen und alle Beteiligten gehen von der Validität der mit ihrer Unterschrift dokumentierten Bewertung zur Eingruppierung aus. Weder der Vorstand will nach seiner Unterschriftsleistung durch eine Vergütungsdiskussion überrascht werden, noch erwartet der Arbeitnehmer, dass die für ihn vor der Vertragsunterzeichnung essentielle Frage nach der zu erwartenden Vergütung eigentlich nur mit einer unverbindlichen „Wissensbekundung“ beantwortet wurde und er nun auf unbestimmte Zeit mit einer abweichenden Vergütung rechnen muss. Schließlich haben auch Personalleitung und Führungskraft keinerlei Interesse an dieser nachträglich abweichenden Positionierung, da dies gleichbedeutend mit einer fehlerhaften Information des Vorstands und des neuen Mitarbeiters ist.

### *b) Kein Sonderweg für öffentlichen Dienst*

So wie bei jedem vergleichbarem Arbeitsvertrag der Privatwirtschaft wird man auch für den vorliegend beschriebenen Regelfall des öffentlichen Dienstes keine vernünftigen Zweifel am Vorliegen einer Willenserklärung im Sinne der §§ 116 ff. BGB und der Herbeiführung einer bestimmten Rechtsfolge haben können.[127] Vielmehr können sämtliche Anforderungen an eine wirksame Willenserklärung zumindest im beschriebenen Regelfall bejaht werden.[128] Insbesondere

---

126 Siehe exemplarisch § 5 des in Anlage 1 beigefügten Musterarbeitsvertrages für Sparkassen.

127 Unter einer Willenserklärung wird gemeinhin eine private Willensäußerung verstanden, die auf die Herbeiführung einer bestimmten Rechtsfolge gerichtet ist und die deswegen eintritt, weil sie gewollt und von der Rechtsordnung anerkannt ist, vgl. *Boemke/Ulrici*, BGB Allgemeiner Teil, § 5 Rn. 1. Bereits die *Motive* zum Entwurf des BGB, Band I, Allgemeiner Theil, § 64, S. 126, aus dem Jahr 1888 formulierten: „Rechtsgeschäft im Sinne des Entwurfes ist eine Privatwillenserklärung, gerichtet auf die Hervorbringung eines rechtlichen Erfolges, welcher nach der Rechtsordnung deswegen eintritt, weil er gewollt ist.“ Allgemein zur Geschichte der Begriffe „Rechtsgeschäft“ und „Willenserklärung“ siehe *Flume*, BGB AT, § 23, S. 28 ff.

128 Zum notwendigen inneren und äußeren Tatbestand einer Willenserklärung sowie dem bereits vor dem Inkrafttreten des BGB entbrannten Streit zwischen Willens-, Erklärungs- und Geltungstheorie siehe Darstellung bei *Larenz/Wolf*, BGB AT, § 24 S. 436 ff.

am Vorliegen eines Erklärungsbewusstseins und am auf eine dezidiert benannte Rechtsfolge abzielenden Geschäftswillen kann zum Zeitpunkt des Vertragsschlusses für beide Vertragsparteien kein vernünftiger Zweifel bestehen. Die Arbeitsaufnahme zu den abgestimmten Konditionen ist für beide Seiten das erklärte Ziel. Die konkret geschuldete Tätigkeit resultiert dann regelmäßig aus einem Konglomerat von Stellenausschreibung, Arbeitsbeschreibungen, Organisationsanweisungen und persönlichen Einweisungen durch Vorgesetzte und Kollegen.

Hieran ändert nichts, wenn erst viele Jahre nach der Vertragsunterzeichnung im Zuge einer Restrukturierung oder unter dem Eindruck einer Rechnungshofprüfung plötzlich auf Seiten des Arbeitgebers die Erkenntnis reift, dass man von einer verbindlichen Funktionsbewertung eigentlich nie habe ausgehen wollen. Dass ein entsprechend klarstellender Passus zur Unverbindlichkeit der Eingruppierung denn auch regelmäßig in den Musterarbeitsverträgen der Sparkassen fehlt oder zur Ableitung der Eingruppierung schlicht generell auf den Tarifvertrag verwiesen wird, liegt gerade am gegenteiligen und beiderseitigen Interesse der Vertragsparteien, abschließende Klarheit über die geschuldete Vergütung zu erlangen.[129] Die im öffentlichen Dienst gemeinhin akzeptierte Begrenzung des Direktionsrechts auf die vertraglich vereinbarte Entgeltgruppe (vertiefend unten § 8 IV), spricht ebenfalls für ein entsprechendes Erklärungsbewusstsein, da ohne rechtlich verbindliche Klarheit über die Eingruppierung auch keine diskussionsfreie Ausgestaltung des Direktionsrechts möglich wäre. Naturgemäß ist diese Bewertung nur typisierend für den vorliegend skizzierten Regelfall zulässig.

### *c) Auseinanderfallen von Wille und Erklärtem*

Nur wenn man wie die Rechtsprechung des Bundesarbeitsgerichts zwischen dem äußeren Bekundungsakt (§ 5 des Musterarbeitsvertrages für Sparkassen: „Der Beschäftigte ist in der Entgeltgruppe … eingruppiert“) und dem inneren Willen des Erklärenden einen Bruch erkennt, in dem der öffentliche Arbeitgeber mit der Angabe der Entgeltgruppe lediglich eine bloße Wissensbekundung beabsichtigt, die der Tarifvertrag nun einmal schlicht nach § 22 Abs. 3 BAT verlangt, fallen Wille und Erklärtes auseinander,[130] und man befindet sich im Spannungsfeld

---

129 Durch eine Bezugnahme auf § 17 TVÜ-VKA wird dieses Ergebnis noch verstärkt, nach dessen Wortlaut gerade lediglich bis zum Inkrafttreten der neuen Entgeltordnung alle Eingruppierungen vorläufig sein sollen.

130 Die unzähligen Rechtsstreitigkeiten zur Eingruppierung und zur rechtlichen Bedeutung der Eingruppierungszusage im Arbeitsvertrag unterstreichen plastisch, dass

zwischen der für unsere Zivilrechtsordnung elementaren Selbstbestimmung des Erklärenden und dem gebotenen Schutz des Rechtsverkehrs.[131] Der Ausgleich dieser widerstreitenden Interessen gelingt durch Auslegung des äußeren Erklärungstatbestands in entsprechender Anwendung der §§ 133, 157 BGB und führt zur Beantwortung der Frage, ob der Arbeitnehmer von einem entsprechenden Erklärungsbewusstsein ausgehen durfte.[132] Auch hier wird zur Bewertung von dem eingangs skizzierten Regelfall ausgegangen.

### *d) Sicht des verständigen Empfängers*

#### *aa) Der Wortsinn*

Wenn der wirkliche Wille des Erklärenden nach § 133 BGB in der von der Rechtsprechung des Bundesarbeitsgerichts beschriebenen Weise angenommen wird, ist mit § 157 BGB zu fragen, wie ein verständiger Empfänger diese bloße „Wissensbekundung“ unter Berücksichtigung von Treu und Glauben und mit Rücksicht auf die Verkehrssitte verstehen durfte.[133] Erster Anknüpfungspunkt ist hierfür immer zunächst der Wortlaut, oder treffender der Wortsinn.[134] Neben der klaren vertraglichen Formulierung „ist eingruppiert“ sprechen hier auch die ergänzenden mündlichen Auskünfte zum zukünftigen Gehalt eine klare Sprache.[135] Dass der klaren vertraglichen Aussage zur Eingruppierung typischerweise

---

zumindest nicht alle Arbeitnehmer lediglich eine unverbindliche Wissensbekundung hinter der Angabe der Entgeltgruppe in ihrem Arbeitsvertrag erkennen.

131 *Enneccerus/Nipperdey*, BGB AT, Bd. II, § 164 S. 1019 f., weisen unter Darstellung der Entwicklung ausgehend vom älteren römischen Recht überzeigend daraufhin, dass es keine Frage der Logik ist, ob für eine Willenserklärung auch der notwendige innere Wille (Geschäftswille) vorliegen muss, sondern vielmehr eine Frage der Bewertung ist und ist folglich „zu verschiedenen Zeiten verschieden beantwortet worden“.

132 Zur unterschiedlichen Grundsätzen bei der Auslegung von Gesetzen und Rechtsgeschäften siehe *Larenz*, Methodenlehre der Rechtswissenschaft, S. 346 f.

133 Grundsätzlich hierzu BGH, Urt. v. 07.06.1984 in NJW 1984, 2279 ff., zur Auslegung der Erklärung einer Sparkasse ohne Erklärungsbewusstsein.

134 „Wortlaut“ wird gemeinhin synonym mit „Wortsinn“ verwandt. Beim Wortlaut geht es jedoch streng genommen lediglich um die phonetische Dimension, während der Wortsinn auf die eigentlich für die Auslegung relevante Bedeutung eines Wortes im allgemeinen Sprachgebrauch abzielt, siehe vertiefend hierzu *Larenz*, Methodenlehre der Rechtswissenschaft, S. 320 ff., sowie *Jacobi*, Methodenlehre der Normwirkung, S. 4 ff.

135 Diese Aussagekraft zur vereinbarten Eingruppierung wird entgegen der Rechtsprechung auch dann nicht verwässert, wenn in Verträgen des öffentlichen Dienstes der vereinbarten Entgeltgruppe in Klammern „§ 22 Absatz 3 BAT“ angefügt wird.

eine allgemeine Bezugnahme auf die Tarifverträge des öffentlichen Dienstes (TVöD-S) vorausgeht, ändert am eindeutigen Wortsinn zur vereinbarten Eingruppierung nichts bzw. wirkt noch verstärkend. Werden nämlich nach der allgemeinen Bezugnahme auf das geltende Tarifregelwerk einzelne Punkte im Arbeitsvertrag explizit herausgestellt, kann dies nur als gewollte Sonderregelung oder ausdrückliche Wiederholung des tarifvertraglich Gewollten verstanden werden.

Verdeutlichen kann diese Bewertung ein Vergleich zur vertraglichen Fixierung des Urlaubsanspruchs. Nimmt ein Arbeitsvertrag Bezug auf einen Tarifvertrag und erwähnt sodann anschließend einen regelmäßigen Jahresurlaubsanspruch von 30 Tagen, so werden die tarifvertraglichen Regelungen zum Sonderurlaub zusätzlich greifen, nicht aber der tarifvertraglich reguläre Jahresurlaubsanspruch von, sagen wir, eigentlich 28 Tagen. Niemand würde hier wohl dem Gedanken verfallen, bei der Angabe des Jahresurlaubsanspruchs mit „30" habe es sich erkennbar nur um eine unverbindliche Wissensangabe gehandelt und der vereinbarte Urlaubsanspruch beträgt nach dem Tarifvertrag aufgrund Lebensalter, mangelnder Behinderung und kurzer Betriebszugehörigkeit vielmehr richtigerweise 28 Tage. Denn schließlich habe man ja auch immer zum Ausdruck gebracht, dass der Tarifvertrag Geltung beansprucht.

### *bb) Fehlende Angaben zur Tätigkeit*

Neben dem Wortsinn sprechen aber auch die übrigen Begleitumstände der Erklärung zum Schutz des Rechtsverkehrs für die Annahme einer wirksamen Willenserklärung hinsichtlich der geschuldeten Vergütung. Da der Arbeitsvertrag keine explizite Vereinbarung zur Tätigkeit enthält, wird ein verständiger Empfänger der Erklärung zumindest in der Angabe der Eingruppierung die Grenzen des Direktionsrechts und damit das Mindestmaß an Bestimmtheit für seine zukünftige Beschäftigung erkennen dürfen.

### *cc) Grundsatz der interpretatio contra proferentem*

Bei der Bewertung der Gesamtumstände ist ferner zu würdigen, dass der Arbeitgeber aus einer Position der Stärke einen Formulararbeitsvertrag einsetzt, der in seiner Formulierung meist nicht verhandelt wird und gleichwohl zumindest einen Interpretationsspielraum beim Vergütungsanspruch eröffnet. Bei einer interessengerechten Bewertung wird man diese zumindest

---

Schließlich besagt diese Norm gerade, dass der Arbeitgeber die maßgebliche Eingruppierung im Arbeitsvertrag zu benennen hat.

unklare Formulierung nach dem Grundsatz interpretatio contra proferentem aber dem Ersteller zurechnen und nicht dem ungleich schutzwürdigeren Erklärungsempfänger.[136]

### *dd) Einordnung der Tarifvertragstreue des öffentlichen Dienstes*

Auch der Kernbaustein in der Argumentation der Rechtsprechung, wonach ein Arbeitnehmer von einem Arbeitgeber des öffentlichen Dienstes immer nur eine tarifvertragskonforme Vergütung erwarten dürfe und daher der Angabe im Arbeitsvertrag keine rechtliche Bedeutung zukomme, geht fehl. Zum einen stimmt diese Aussage nicht mit der Wirklichkeit überein, was unzählige bewusste und unbewusste übervertragliche Vergütungen in den Reihen des öffentlichen Dienstes belegen und von den Rechnungshöfen regelmäßig auch öffentlich thematisiert wird.[137] Zum anderen ist diese Sicht auch nicht praxistauglich. Befindet sich ein Arbeitgeber des öffentlichen Dienstes im Wettbewerb mit der Privatwirtschaft, so muss es ihm im Ausnahmefall bei der Rekrutierung oder Bindung von Talenten und Leistungsträgern erlaubt sein, eine übertarifliche Vergütung mit Augenmaß zu gewähren. Gleiches gilt für die Anhebung der Vergütung in Metropolregionen aufgrund des gegenüber „der Fläche" erhöhten allgemeinen Vergütungsniveaus. Zumindest in Sparkassen ist dies jedenfalls die Praxis.

### *ee) Erklärungsempfänger als tarifrechtlicher Laie*

Gegen die Bewertung des Bundesarbeitsgerichts spricht aber auch, dass selbst ein verständiger Erklärungsempfänger in der Ausweisung einer Entgeltgruppe ohne Angabe einer dezidiert geschuldeten Tätigkeit und vor dem Hintergrund einer komplexen tarifvertraglichen Eingruppierungssystematik regelmäßig gar nicht erkennen kann, wie sich seine Eingruppierung zum Tarifvertrag verhält und ob ihm somit eine übertarifliche Vergütung in Aussicht gestellt wird oder nicht. Ein verständiger Erklärungsempfänger wird aber sehr wohl erwarten, dass

---

136 Diesem auch in § 307 Abs. 1 BGB zum Ausdruck kommenden Grundsatz, wonach vorformulierte Vertragsklauseln bei Unklarheit unangemessene Benachteiligungen des Erklärungsempfängers sind, folgt nicht zuletzt auch das BAG, Urt. v. 31.08.2005 – 5 AZR 545/04, BB 2006, 443 ff. = NZA 2006, 324, und BAG, Urt. v. 09.11.2005 – 5 AZR 128/05, BB 2006, 386 ff.; siehe hierzu auch *Busche*, in: MüKo-BGB, Band 1, § 157 Rn. 8.

137 Siehe nur Bericht der Süddeutschen Zeitung v. 18.06.2010 zur Vergütung bei der Agentur für Arbeit http://www.sueddeutsche.de/wirtschaft/massive-vorwuerfe-arbeitsministerium-knoepft-sich-die-bundesagentur-vor-1.962029 oder den Bericht des Rechnungshofs Schleswig-Holstein aus dem Jahr 2011 zur Vergütung in Universitätskliniken http://www.landesrechnungshof-sh.de/index.php?getfile=bm2011-tz23.pdf.

er einen ausdrücklichen Hinweis erhält, sofern er auf die explizite Angabe der Eingruppierung gleichwohl nicht vertrauen darf.[138] Dass sich dann aber zumindest gute Kandidaten nicht mehr für einen Arbeitsplatzwechsel werden begeistern lassen, dürfte als gesicherte Erkenntnis gelten und zumindest ein Grund für das praktische Fehlen entsprechender Klauseln sein.

#### *ff) Vermutung der Vollständigkeit der Vertragsurkunde*

Für eine wirksame Vereinbarung der Entgeltgruppe bei Einsatz der Standardarbeitsverträge spricht letztlich aber auch der von der Rechtsprechung zum Schutz des Rechtsverkehrs entwickelte Grundsatz, wonach eine von beiden Seiten unterzeichnete Vertragsurkunde von der Vermutung der Vollständigkeit und Richtigkeit getragen wird.[139] Wer folglich darlegen will, dass der Arbeitnehmer entgegen der Angabe im Arbeitsvertrag richtigerweise in eine andere Entgeltgruppe einzugruppieren ist, trägt dafür die Beweislast.

### *e) Zwischenergebnis*

Im Ergebnis lässt sich für den eingangs beschriebenen Regelfall festhalten, dass man auch bei Annahme eines fehlenden Erklärungsbewusstseins über eine Auslegung des äußeren Erklärungstatbestands in entsprechender Anwendung der §§ 133, 157 BGB zu einer verbindlichen Willenserklärung hinsichtlich der Eingruppierung des Mitarbeiters kommt (zur nachträglichen Reversibilität der Vereinbarung unten 3. Teil).

Dieses Ergebnis schafft letztlich auch den besten Ausgleich zwischen dem Interesse der Arbeitnehmer nach einem planbaren Einkommen und dem personalwirtschaftlichen Interesse des Arbeitgebers im öffentlichen Dienst nach möglichst flexibel einsetzbaren Mitarbeitern. Wäre nämlich die Eingruppierung im Arbeitsvertrag nur deklaratorisch und bestünde wie im Regelfall auch keine anderweitige schriftliche Vereinbarung über die geschuldete Tätigkeit, müsste für einen wirksamen Vertragsschluss zumindest die im Einstellungsprozess konkret thematisierte Tätigkeit als vertraglich vereinbart und somit geschuldet angenommen werden.[140] Andernfalls wäre nicht nur keine vertragliche Vereinbarung

---

138 Ein anderes Ergebnis kann auch nicht durch Verweis auf eine besondere Verkehrssitte begründet werden, da Erklärender und Adressat der „Wissensbekundung" nicht zum gleichen Geschäftskreis gehören.

139 So beispielhaft BAG, Urt. v. 09.02.1995 – AZR 389/94, NZA 1996, 249, 250, mit Verweis auf weitere Nachweise bei Palandt/*Ellenberger*, BGB, § 125 Rn. 21.

140 Ebenso insbesondere unter Verweis auf ein andernfalls unbegrenztes Direktionsrecht *Preis*, Der Arbeitsvertrag, II D 30 Rn. 39 m. w. N. „Ist die Tätigkeit nur allgemein

zur Vergütung gelungen, sondern mit der für einen wirksamen Vertragsschluss unzureichend spezifizierten Tätigkeit als „Beschäftigter der Sparkasse" wohl auch eine gänzliche Absenz der essentialia negotii anzunehmen und mithin ein vertragsloser Zustand anzunehmen. Dies wäre ein für beide Vertragsparteien sicher gänzlich unzumutbares Ergebnis.

Die Rechtsprechung zur lediglich deklaratorischen Angabe der Eingruppierung führt dann aber im Fall der Standardarbeitsverträge der Sparkassenorganisation zu dem Ergebnis, dass dem Mitarbeiter im Zuge des Direktionsrechts nicht mehr jede andere Tätigkeit mit gleicher Stellenwertigkeit zugewiesen werden kann. Die dargelegte Zurückhaltung der öffentlichen Arbeitgeber bei der schriftlichen Fixierung einer Tätigkeit ist folglich eher ein latentes Risiko zur Einengung des Direktionsrechtes, als ein valider Garant für die Erhaltung der angestrebten Flexibilität.

Bei der Ermittlung der vereinbarten Tätigkeit könnte im Übrigen der in den ersten Tagen ausgeübten Tätigkeit nicht viel mehr als eine erste Indizwirkung zukommen, da gerade kurz nach der Arbeitsaufnahme häufig noch nicht die angestrebte Zieltätigkeit vollumfänglich ausgeübt werden kann.[141] Aufgrund fehlender Einweisungen und Erfahrungen am Arbeitsplatz wird anfänglich gerade typischerweise eine vor dem Hintergrund der tariflichen Eingruppierungssystematik geringwertigere Tätigkeit ausgeübt.[142] Dies ist

---

umschrieben und kein weiteres Kriterium, wie z. B. die Vergütungsgruppe geregelt, ist die geschuldete Arbeitsleistung durch Auslegung zu ermitteln.", so *Preis*. Wenn *Preis* dann aber wenig später unter Rn. 53 die ständige Rechtsprechung zum Direktionsrecht im öffentlichen Dienst aufgreift, wonach einem Mitarbeiter jede Tätigkeit innerhalb seiner Entgeltgruppe zugewiesen werden kann, problematisiert er in diesem Kontext leider nicht die Rechtsprechung zur typischerweise lediglich deklaratorischen Angabe der Entgeltgruppe mit den entsprechend dargestellten Konsequenzen hin zur Vereinbarung einer bestimmten Tätigkeit und mithin gerade Beschränkung des Direktionsrechts.

141 Zu weitgehend daher *Preis*, Der Arbeitsvertrag, II D 30 Rn. 58, wonach im Fall einer fehlenden Angabe einer Vergütungsgruppe im „Zweifel die zuerst zugewiesene Tätigkeit als die arbeitsvertraglich vereinbarte" gelten soll; ahnlich *Richter*, DB 1989, 2381.

142 Bevor Finanzberater beispielsweise die für ihr Berufsbild typische und für die Eingruppierung sehr relevante Anlageberatung durchführen dürfen, ist zunächst gemäß § 34d Abs. 1 WpHG in Verbindung mit § 7 WpHGMaAnzV eine Aufnahme in die zentrale Datenbank der Bundesanstalt für Finanzdienstleistungsaufsicht zwingend vorgeschrieben. Dieser Anzeige werden typischerweise interne Schulungen und Tests vorgeschaltet. Aber auch gewerbliche Mitarbeiter in der Fahrzeugmontage beherrschen an den ersten Arbeitstagen gerade noch nicht alle für eine von Arbeitgeber und Arbeitnehmer angestrebte Eingruppierung notwendigen Handgriffe.

mithin kein tauglicher Ansatz zur Ermittlung der vertraglich vereinbarten Hauptleistungspflicht des Arbeitnehmers.

### 3. Handlungsempfehlungen

#### *a) Für den Neuabschluss*

Werden Vertragsbedingungen für eine Vielzahl von Verträgen vorformuliert, müssen sie sich am Maßstab der §§ 305 ff. BGB messen lassen.[143] Wenngleich diese Normen auf Tarifverträge, Betriebs- und Dienstvereinbarungen keine Anwendung finden, stellt § 310 Abs. 4 Satz 2 BGB klar, dass sie für die Formulierung von Arbeitsverträgen grundsätzlich Geltung beanspruchen.[144] Handlungsempfehlungen zur Vertragsgestaltung müssen folglich auch diesen Aspekt im Blick haben. Vorliegend ist für die formulararartige Ausgestaltung der Arbeitsverträge insbesondere § 307 BGB zu beachten. Nach § 307 Abs. 1 Satz 2 BGB stellt eine Bestimmung in Allgemeinen Geschäftsbedingungen schon immer dann eine unangemessene Benachteiligung dar, wenn die Bestimmung nicht klar und verständlich ist.[145] Mit Blick auf den Arbeitsvertrag geht es aber hierbei nicht um die schlichte Lesbarkeit des Vertragswerks, sondern um die Vorgabe, dass der Arbeitnehmer durch Intransparenz nicht an der Durchsetzung seiner Rechte behindert sein darf.[146] § 307 Abs. 1 Satz 1 BGB bestimmt für diesen Fall die Unwirksamkeit der Bestimmung. Klarstellend muss für die vorliegende Aufgabenstellung hinsichtlich Tätigkeit und Vergütung zwingend beachtet werden, dass nach § 307 Abs. 3 Satz 2 BGB für diese Vertragsbestandteile gerade keine allgemeine Inhaltskontrolle nach § 307 Abs. 1 Satz 1 BGB vorgesehen ist, sondern lediglich die eingeschränkte Kontrolle zum beschriebenen Transparenzgebot aus § 307 Abs. 1 Satz 2 BGB Beachtung verlangt.[147] Nicht zuletzt hieran müssen sich die nachfolgenden Vorschläge demnach messen lassen:

---

143 Aus Sicht des BAG, Urt. v. 25.05.2005 – 5 AZR 572/04, NZA 2005, 1111 ff, soll diese Anzahl ausreichend sein.

144 *Preis*, in: ErfK/ArbR, §§ 305–310 BGB, Rn. 7.

145 Zur Unwirksamkeit einer monatlichen Durchschnittsarbeitszeit siehe zuletzt BAG, Urt. v. 21.06.2011 – 9 AZR 236/10, NZA 2011, 1274 ff.

146 Siehe hierzu BAG, Urt. v. 14.03.2007 – 5 AZR 630/06, ZTR 2007, 383 ff.

147 Dem Gesetzgeber ist nämlich nicht an einer generellen Inhaltskontrolle der Hauptleistungspflichten gelegen, und er will insbesondere keine Herleitung eines „gerechten Preises“, siehe hierzu mit weiteren Verweisen BAG, Urt. v. 31.08.2005 – 5 AZR 545/04, DB 2006, 443 = NZA 2006, 324 ff.

- Sparkassen nehmen heute in aller Regel keine konkrete Tätigkeit in den Arbeitsvertrag auf, sondern lediglich die Formulierung: „Beschäftigte/r der Sparkasse".[148] Getragen wird diese Praxis durch das Streben nach möglichst geringer Beeinträchtigung des Direktionsrechts.[149] Gestützt wird dieses Vorgehen zum einen durch die Rechtsprechung des Bundesarbeitsgerichts, die eine Beachtung des § 2 Abs. 1 Satz 2 Nr. 5 NachwG immer schon dann annimmt, wenn eine Arbeitsplatz- oder Stellenbeschreibung vorliegt,[150] und zum anderen durch die Rechtsprechung des Bundesarbeitsgerichts, wonach die Zuweisung verschiedener Tätigkeiten so lange möglich bleibt, wie die Eingruppierung des Mitarbeiters nicht tangiert ist und die Tätigkeit nicht auf eine bestimmte Aufgabe vertraglich begrenzt ist.[151]
  Diese Praxis ist gleichwohl aus vielfacher Hinsicht bedenkenswert:[152] Wie entfalten Stellenbeschreibungen gezielt für die jeweilige Mitarbeitergruppe Geltung, wenn alle „Beschäftigte der Sparkasse" sind? Kurz nach der Einstellung mag hier noch durch Bezugnahme auf die Stellenausschreibung Klarheit herrschen, nach vieljähriger Beschäftigung mit faktisch verändertem Aufgabenzuschnitt wird dies schon herausfordernder bis unmöglich. Welche Aufgabe ist Ausgangspunkt für die Überprüfung der Frage, ob eine zugewiesene Eingruppierung auch gerechtfertigt ist? Wie will man zukünftig im Wettbewerb um die besten Mitarbeiter bestehen, wenn man nicht interessante Aufgaben, sondern ganz allgemein eine „Beschäftigung" in Aussicht stellt? Wie soll die Einhaltung eines Stellenplanes und eines effizienten Ressourceneinsatzes nachgehalten werden, wenn keine vertragliche Klarheit hinsichtlich des Aufgabenspektrums herrscht?

---

148 vgl. Musterarbeitsvertrag, Anlage 1.

149 Nach Hümmerich/Reufels/*Borgmann*, Gestaltung von Arbeitsverträgen, Rn. 3390, ist die allgemeine Vergütungsgruppenklausel im öffentlichen Dienst „gang und gäbe".

150 Siehe BAG, Urt. v. 08.06.2005 – 4 AZR 406/04, ZTR 2005, 582 ff., sowie die ausführliche Reflektion unter § 4 III 1 a aa.

151 Siehe exemplarisch BAG, Urt. v. 02.12.1981 – 4 AZR 383/79, BAGE 37, 145 ff., sowie vertiefte Betrachtung unter § 8 IV 1 a.

152 Auch die Musterarbeitsverträge von Schaub/*Klagges*, Arbeitsrechtliches Formular- und Verfahrenshandbuch, A. 2. Teil S. 23 ff., sehen allesamt eine Beschreibung der Tätigkeit vor. Ebenso *Lunk*, AnwaltFormulare Arbeitsrecht, S. 84; Liebers/*Reiserer*, Formularbuch des Fachanwalts Arbeitsrecht, S. 57 Rn. 12, und *von Hoyningen-Huene*/*Boemke*, Die Versetzung, Muster zur arbeitsvertraglichen Umsetzungs-/Versetzungsklausel einschließlich Ausweis der geschuldeten Tätigkeit.

Sparkassen sollten folglich statt „Beschäftigter" zukünftig für neue Mitarbeiter eine Tätigkeit bzw. Funktion in den Arbeitsvertrag aufnehmen wie zum Beispiel „Berater/in Geschäftsstelle" oder „Junior Revisor" und diese Tätigkeit von Anbeginn mit einer ambitionierten Stellenbeschreibung unterlegen.[153] Um hinter die bestehenden Gestaltungsfreiräume bei der Zuweisung von modifizierten Aufgabenstellungen nicht zurückzutreten, ist eine explizite Aufnahme des Direktionsrechts für Tätigkeiten mit vergleichbarer Stellenwertigkeit aufzunehmen und bei Eintritt dieser Veränderung durch Anpassung des Vertrages nachzuvollziehen.[154]

- Notwendige Details zur weiteren Ausgestaltung der Tätigkeit ergeben sich dann aus der verbindlichen Stellenbeschreibung in ihrer jeweils aktuellen Fassung.[155] Dabei erhält vernünftigerweise nicht jeder Mitarbeiter seine individuelle Stellenbeschreibung, sondern es gelten einheitliche Stellenbeschreibungen je Tätigkeit. Auch wenn Vorgesetzte und Mitarbeiter zur Betonung der Bedeutung einer Stelle häufig eine möglichst breite und abschließende Aufgabenbeschreibung anstreben, sollte die Stellenbeschreibung regelmäßig nicht mehr als fünf Kernaufgaben ausweisen. Die Formulierung eines übergeordneten Ziels der Stelle unterstreicht neben der Formulierung als „Kernaufgabe" den offenen und dynamischen Charakter der Stellenbeschreibung. So wird das Instrument der Stellenbeschreibung nicht zur bürokratischen Fußfessel oder umfangreichen Selbstbeweihräucherung, sondern zum modernen Ausgangspunkt für eine effiziente Steuerung des Personalkörpers.[156] In den Arbeitsvertrag ist ein entsprechender Passus aufzunehmen, der wie folgt lauten kann: „Einzelheiten zur

---

153 Nicht zuletzt unter Verweis auf § 307 Abs. 1 Satz 2 BGB sollten auch nach Hümmerich/Reufels/*Borgmann*, Gestaltung von Arbeitsverträgen, Rn. 3390 ff., reine „Vergütungsgruppenklauseln" ohne weitere Angaben zur Tätigkeit der Vergangenheit angehören.

154 Zur Interdependenz von Direktionsrecht und Sozialauswahl siehe auch Schaub/*Klagges*, Arbeitsrechtliches Formular- und Verfahrenshandbuch, A 2. Teil S. 23 f.

155 Zur besonderen Gebräuchlichkeit der Stellen- oder Arbeitsplatzbeschreibung im öffentlichen Dienst siehe Küttner/*Poeche*, Personalbuch 2016, Arbeitsplatzbeschreibung Rn. 2.

156 Wenn Liebers/*Reiserer*, Formularbuch des Fachanwalts Arbeitsrecht, S. 57 Rn. 13, der Stellenbeschreibung eine immanente „Problematik der Ausführlichkeit und Detailliertheit" vorhält, ist zu entgegnen, dass durch einen konzeptionellen Rahmen und die intensive Begleitung durch die Personalabteilung die zweifelsfrei nicht gewollte Ausuferung sehr wohl verhindert werden kann.

Ausgestaltung ergeben sich aus der verbindlichen Stellenbeschreibung für Ihre Tätigkeit, in der jeweils aktuellen Fassung.“[157]

- Um trotz Angabe der Tätigkeit im Arbeitsvertrag auch weiterhin bei Bedarf dauerhaft eine andere Tätigkeit zuweisen zu können, ist eine entsprechende Klausel im Arbeitsvertrag zu verankern.[158] Um mit dieser Klausel den Rahmen des rechtlich Zulässigen nicht zu verlassen und den Bogen der zumutbaren Flexibilität bei einem neuen Mitarbeiter nicht zu überspannen, sollte die Befugnis auf Tätigkeiten innerhalb einer Entgeltgruppe beschränkt sein. Die Vereinbarung könnte beispielsweise wie folgt lauten: „Die Zuweisung einer anderen Tätigkeit, insbesondere unter Einbeziehung des örtlichen Einsatzortes im Geschäftsstellennetz und der organisatorischen Zuordnung, bleibt der Sparkasse aus dienstlichen Gründen jederzeit vorbehalten. Die Neuzuweisung einer Tätigkeit ist begrenzt auf Tätigkeiten, deren Stellenwert der vereinbarten Eingruppierung entspricht.“
- Zum Zeitpunkt der Einstellung haben die Sparkasse und der Mitarbeiter noch ein klares und kongruentes Bild hinsichtlich der vereinbarten Vergütung und der korrespondierenden Aufgabenstellung. Neben der kurzen Angabe der Tätigkeit ist daher folglich auch die vereinbarte Eingruppierung anzugeben. Die Vereinbarung könnte beispielhaft wie folgt lauten: „Entsprechend seiner Tätigkeit wird der Beschäftigte in die Entgeltgruppe … eingestuft.“ Aufgrund des vorhandenen Erklärungsbewusstseins (dazu oben § 4 III 2) kann aber auch die derzeit gängige Formulierung für eine rechtsverbindliche Absprache der Vergütung weiter eingesetzt werden.[159]

  Wer hinsichtlich der Eingruppierung tatsächlich keine vertragliche Zusage treffen will und stattdessen allein dem Tarifvertrag als Instanz zur Beurteilung der Stellenwertigkeit Geltung verschaffen will, sollte eine Aussage zur Eingruppierung im Arbeitsvertrag gar nicht erst vornehmen oder der in diesem Fall nur deklaratorisch gemeinten Angabe einen entsprechend unmissverständlichen Ausdruck verleihen, indem die Unverbindlichkeit der Wissensbekundung explizit zum Ausdruck gebracht wird.
- Um auch bei einer späteren Änderung der tariflichen Eingruppierungsvoraussetzungen nicht von der Entwicklung „in der Fläche“ abgehängt zu sein,

157 Entsprechend Hümmerich/Reufels/*Borgmann*, Gestaltung von Arbeitsverträgen, Rn. 3395.

158 Zur Vorgehensweise bei fehlender Versetzungsklausel und der notwendigen Auslegung nach §§ 133, 157 BGB siehe DFL/*Klebeck/Kolbe*, Fachanwaltskommentar Arbeitsrecht, § 106 GewO, Rn. 19.

159 Vergleiche Formulierung in § 5 des Musterarbeitsvertrages, Anlage 1.

ist die Zusage hinsichtlich der Eingruppierung unter einen expliziten Änderungsvorbehalt zu stellen, der wie folgt formuliert werden könnte: „Sollten sich die für die Tätigkeit maßgeblichen tarifvertraglichen Eingruppierungsvoraussetzungen zu einem späteren Zeitpunkt ändern, ist die vertragliche Eingruppierung entgeltgruppenübergreifend zum Vor- oder Nachteil des Mitarbeiters anzupassen. Für diesen Fall greift insbesondere kein Vertrauensschutz oder Besitzstand.“[160] Die im Musterarbeitsvertrag des BMI enthaltene Passage,[161] wonach Anpassungen der Eingruppierung/Einreihung aufgrund des Inkrafttretens der neuen Entgeltordnung erfolgen können und daher auch bis zu diesem Zeitpunkt ein Vertrauensschutz oder Besitzstand ausgeschlossen werden soll, verengt den Spielraum unnötig auf die Umwälzungen im Zusammenhang mit der anstehenden Überarbeitung der Entgeltordnung[162] und schließt die Einflussnahme späterer tarifvertraglicher Reformen auf die vereinbarte Eingruppierung aus.

### b) *Für Bestandsverträge*

Entgegen *Otte* liegt trotz typischerweise fehlender Tätigkeitsangabe in den Arbeitsverträgen des öffentlichen Dienstes regelmäßig kein nach § 155 BGB zum Nichtzustandekommen des Vertrages führender Dissens vor.[163] Die unabdingbaren Elemente für einen wirksamen Abschluss eines Arbeitsvertrags (essentialia negotii) folgen aus §§ 611, 612 BGB. Für die Vergütung steht notfalls mit § 612 BGB eine Auffangnorm bereit. Das dem Wesen des Arbeitsvertrages innewohnende Recht zur Ausgestaltung über Weisungen nach § 106 GewO relativiert die für einen Vertragsschluss notwendigen Anforderungen an die Bestimmtheit der Tätigkeit.[164] Zusätzlich können bei Bedarf über §§ 133, 157 BGB die weiteren Begleitumstände beim Vertragsschluss herangezogen werden, so dass auch ohne schriftliche Fixierung durch die sonstigen Rahmenbedingen wie mündliche

---

160 Ohne entsprechende vertragliche Öffnungsklausel hält der vierte Senat des BAG die Absenkung der Eingruppierung bei nachteilhafter Veränderung der tarifvertraglichen Eingruppierungsvoraussetzungen jedenfalls dann für unzulässig, wenn die Tätigkeit „auf Dauer“ übertragen wurde, siehe hierzu BAG, Urt. v. 28.11.1990 – 4 AZR 289/90, ZTR 1991, 159 ff. m. w. N. zu analogen Entscheidungen des BAG.

161 Siehe hierzu Musterarbeitsvertrag, Anlage 1.

162 Siehe hierzu Tarifeinigung über eine Entgeltordnung, www.vka.de.

163 *Otte*, ZTR 1998, 241 ff.

164 *Junker*, Grundkurs Arbeitsrecht, Rn. 204 ff.

Anweisungen, Stellenausschreibungen[165] und Arbeitsplatzanweisungen regelmäßig hinreichend Substanz für einen wirksamen Vertragsschluss gegeben ist und somit für § 155 BGB kein Raum ist.[166] Flächendeckende Unwirksamkeiten sind folglich nicht anzunehmen. Die zuvor aufbereiteten Handlungsempfehlungen sind aufgrund ihrer inhaltlichen Ausrichtung konsequenterweise jedoch ebenso für die bereits bestehenden Arbeitsverträge angezeigt.[167]

Aber auch aus arbeitsorganisatorischem Blickwinkel ist eine einheitliche Verwendung eines Arbeitsvertragsmusters je Sparkasse indiziert. Sofern nicht bereits vorhanden, bedeutet die hierfür erforderliche unternehmensweite Ableitung von Stellenbeschreibungen zunächst jedoch eine nicht zu unterschätzende Herausforderung, die nur bei gebotener Projektunterstützung durch den Gesamtvorstand der Sparkasse gelingt.[168] Die systematische Dokumentation je Tätigkeit und Überprüfung der individuellen tarifvertragskonformen Vergütung führt dann allerdings regelmäßig zur Ableitung von Verbesserungspotenzialen hinsichtlich des Aufgabenzuschnitts, der Ressourcenbindung und der tatsächlich angemessenen Vergütung (zu den möglichen Reaktionsformen bei einem Auseinanderfallen von Ist-Vergütung und angemessener tarifvertraglicher Vergütung unten §§ 8 ff.). Die durchgängige Erstellung von Stellenbeschreibungen und die angestrebte zukünftige Verknüpfung mit dem Arbeitsvertrag kann im Übrigen Ausgangspunkt für die notwendige betriebliche Kommunikation hinsichtlich der anstehenden durchgängigen Revision der Arbeitsverträge sein.

---

165 Zur Stellenausschreibung als invitatio ad offerendum siehe *Junker*, Grundkurs Arbeitsrecht, Rn. 169.

166 Allgemein zu den Rechtsfolgen des § 155 BGB siehe Palandt/*Ellenberger*, BGB, § 155 Rn. 5 m. w. N.

167 Zur Anwendbarkeit der am 01.01.2002 in Kraft getretenen §§ 305 ff. BGB auf Altverträge und zur Notwendigkeit einer geltungserhaltenden Reduktion für unwirksame Klauseln siehe *Preis*, in: ErfK/ArbR, §§ 305–310 BGB Rn. 20 f. m. w. N.

168 Zu Beginn entsprechender Initiativen wird von Führungskräften nicht selten eingeworfen, dass der Aufgabenzuschnitt je Mitarbeiter auch ohne Stellenbeschreibung bereits klar sei und die aktuelle Vergütung dieser Aufgabenstellung angemessen Rechnung trage. Die eigene Projektarbeit zeigt jedoch, dass diese Einschätzung nur selten auch durchgängig der Realität entspricht. Ein typisches Phänomen ist beispielsweise, dass Leistungsträger oder „altgediente Kollegen" innerhalb einer vergleichbaren Gruppe eine höhere Eingruppierung erhalten, diese Vergütung aber nicht mit der Übertragung entsprechend höherwertiger Tätigkeiten nach den tarifvertraglichen Eingruppierungsmerkmalen einhergeht. Neben schlichten ökonomischen Überlegungen ist hier aber auch insbesondere die negative motivatorische Wirkung aufgrund inkonsistenter Vergütung beachtenswert.

### 4. Zwischenergebnis

Die Rechtsprechung des Bundesarbeitsgerichts und die ihr folgende wohl herrschende Literaturmeinung zur regelmäßig nur deklaratorischen Wirkung der Eingruppierungsangabe in den Dienstverträgen des öffentlichen Dienstes sollte auf den Kopf gestellt werden und vielmehr vom Grundsatz zur Ausnahme werden. Wie dargelegt, handelt auch der Arbeitgeber des öffentlichen Dienstes zum Zeitpunkt der Vertragsunterzeichnung ganz regelmäßig mit einem dezidierten Rechtsbindungswillen und dies nicht zuletzt auch aus ganz eigennützigen Motiven. Die Möglichkeit zur nachträglichen Distanzierung unter Hinweis auf eine bloße Wissensbekundung ist ein nicht überzeugendes Konstrukt der Rechtsprechung, möglicherweise motiviert, um Arbeitgebern des öffentlichen Dienstes die ungleich herausforderndere Änderungskündigung zu ersparen. Denn selbst wenn man wie die Rechtsprechung ein fehlendes Erklärungsbewusstsein annimmt, führt eine Auslegung des Erklärten nach §§ 133, 157 BGB aus Sicht eines verständigen Erklärungsempfängers zu einem Rechtsbindungswillen hinsichtlich der benannten Eingruppierung.

Obwohl auch ein Arbeitgeber der Privatwirtschaft grundsätzlich nur die Vergütung gewähren will, die der für ihn einschlägige Tarifvertrag vorsieht, sucht man eine vergleichbare Rechtsprechung zur Korrektur fehlerhafter Eingruppierungen in der Privatwirtschaft denn auch vergeblich. Schlicht unzutreffend ist zumindest mit Blick auf die Sparkassen die richterliche Argumentation, niemand könne von einem Arbeitgeber des öffentlichen Dienstes eine übertarifliche Vergütung erwarten. Die Realität zur gezielten übertariflichen Vergütung und die fehlende Kompetenz auch des verständigen Erklärungsempfängers zur Beurteilung der komplexen Eingruppierungssystematik des öffentlichen Dienstes sprechen dagegen.

## IV. Zusammenfassung

Auch wenn das Nachweisgesetz kein scharfes Schwert zur verbindlichen Dokumentation der Hauptleistungspflichten ist (dazu oben § 4 III 1 a aa), so sind Sinn und Zweck des Gesetzes – zu helfen, die Kenntnis der Arbeitsvertragsparteien hinsichtlich ihrer beiderseitigen Pflichten zu verbessern –[169] unbestritten sinnvoll. Unabhängig von einer gesetzlichen Vorgabe sollte es daher Anspruch des modernen und wettbewerbsfähigen Arbeitgebers sein, den Arbeitnehmern klar und verbindlich Aufgabenstellungen zuzuweisen und hierfür eine transparente

169 vgl. dazu RegE NachwG, BT-Drucks. 13/668, S. 2.

Vergütung zu versprechen.[170] Der unverbindliche Verweis auf einen undurchsichtigen Tarifdschungel passt ganz sicher nicht zu einem attraktiven Arbeitgeber, der im Wettbewerb um aussichtsreiche Talente bestehen will.[171] Wer an dieser Stelle nur ausufernde Bürokratie und allzu starre Fesseln für die Arbeitsorganisation befürchtet, verkennt zum einen, dass die Personalkosten zumindest in Sparkassen den mit Abstand höchsten Aufwand ausmachen und folgerichtig nicht ohne klare Vorgaben zur Leistungserbringung versehen sein sollten, und zum anderen, dass unklare Regelungen zur geschuldeten Tätigkeit und Vergütung nicht gerade bekanntermaßen der Nährboden für den flexiblen und effizienten Mitarbeitereinsatz sind.[172]

---

170 Auch nach Schaub/*Linck*, Arbeitsrechts-Handbuch, § 25 Rn. 1, sollte die Begründung eines Arbeitsverhältnisses auf einer Personalplanung fußen, die den „gegenwärtigen und künftigen Personalbedarf in quantitativer und qualitativer Hinsicht" beschreibt.

171 Eine Übersicht zu den Ursachen für den zunehmenden *„war for talents"* und zur Herkunft des Begriffs siehe bei *Scholz*, Personallexikon, S. 1194.

172 Laut *Scholz*, Personallexikon, S. 1068 f., helfen Stellenbeschreibungen bei der Vermeidung von Aufgabenüberschneidungen und tragen zur Effizienzsteigerung bei. Lediglich in einem sich ständig verändernden und nur schwer planbaren Arbeitsumfeld zeigen sich die Grenzen der Stellenbeschreibung, so *Scholz*.

# 2. Teil: Modifikation von Arbeitspflicht und Vergütung im bestehenden Arbeitsverhältnis

# § 5 Überblick

## I. Problemstellung

Ein Blick in die Personalakten von langjährigen Mitarbeitern offenbart hinsichtlich der nach § 611 Abs. 1 BGB geschuldeten Hauptleistungspflichten überspitzt nicht selten schreibmaschinenbedrucktes, vergilbtes Papier, statt laufend aktualisierter schriftlicher Anpassungen des Arbeitsvertrags.[173] Regelmäßig dienen diese verstaubten Dokumente Rednern eher als Grundlage für stimmungsvolle Vorträge anlässlich von Firmenjubiläen als zur tagesaktuellen Bestimmung der Hauptleistungspflichten. Die Phase der Begründung des Arbeitsverhältnisses mit Stellenausschreibung, Vertragsanbahnung und im Idealfall Unterzeichnung des Arbeitsvertrages, repräsentiert zeitlich typischerweise nur einen kleinen Ausschnitt im Verhältnis zur gesamten Beschäftigungszeit eines Mitarbeiters.[174] Dies gilt insbesondere dann, wenn Mitarbeiter, wie bei Sparkassen noch immer gängige Praxis, nach Ende der Ausbildungszeit viele Jahre für ihren Arbeitgeber tätig werden.[175]

Aber insbesondere bei einer unbefristeten Einstellung können die anfänglichen Vereinbarungen zum Dauerschuldverhältnis[176] nach § 611 Abs. 1 BGB zur Tätigkeit und Vergütung naturgemäß nur sehr abstrakter Art sein oder aber lediglich auf die Situation zum Beginn der Beschäftigung abstellen und zukünftige Veränderungen, wenn überhaupt, nur im Einzelfall antizipieren. Die vielfache Modifikation von Arbeitspflicht und Vergütung[177] im Verlauf einer

---

173 Laut Eurostat (Europäischer Labour Force Survey) betrug die durchschnittliche Dauer der Betriebszugehörigkeit in Deutschland im Jahr 2008 10,8 Jahre und hatte sich im Vergleich zur Erhebung im Jahr 1992 um durchschnittlich 0,5 Jahre erhöht. Während in Frankreich sogar ein Durchschnittswert von 11,5 Jahren erreicht wird, arbeiten die Dänen durchschnittlich lediglich 7,3 Jahre für ihren Arbeitgeber. Quelle www.statista.de.

174 *Hromadka*, RdA, 1992, 235, spricht zutreffenderweise von Zeiträumen über mehrere Jahrzehnte.

175 Zur konstitutiven Funktion der „Zeit“ für Dauerschuldverhältnisse siehe insbesondere *Oetker*, Das Dauerschuldverhältnis und seine Beendigung, S. 153.

176 Eine Meinungsübersicht zur Dogmatik des Dauerschuldverhältnisses zeigt Staudinger/*Olzen*, BGB, § 241 Rn. 351 ff. Kennzeichen dieser Schuldverhältnisse sei insbesondere, dass sich Leistungs-, Nebenleistungs- und Rücksichtspflichten laufend neu definieren.

177 Gemeint sind hier nicht die regelmäßigen Anhebungen des Tarifentgelts nach entsprechenden Tarifrunden, sondern grundsätzliche Anpassungen der Eingruppierung.

Beschäftigung ist jedoch, nicht zuletzt aufgrund sich laufend verändernder Arbeitsabläufe und fortwährenden Know-how-Aufbaus des Mitarbeiters, der Normfall.[178] Ohne Änderungsvertrag gibt vornehmlich § 106 GewO die Grenzen des Weisungsrechts immer dann vor, wenn der Arbeitsvertrag zur Tätigkeit nur einen allgemeinen Rahmen setzt (vertiefend unten § 8 IV). Je konkreter der ursprüngliche Arbeitsvertrag die Tätigkeit umschreibt, umso kürzer wird aber die Halbwertzeit dieses Papiers.[179]

Die typisierende Darstellung gängiger Fallvarianten im nachfolgenden Abschnitt erhebt keineswegs den Anspruch auf Vollständigkeit, wohl aber auf Berücksichtigung der wesentlichen Einflussfaktoren auf die anfänglich vereinbarten Hauptleistungspflichten. Aufbauend auf diesen Varianten wird jeweils eine rechtliche Betrachtung erfolgen. Dabei wird in § 6 zunächst eine Aufbereitung unter Einbeziehung entsprechender Vertragsmuster vorgenommen, während in § 7 eine rechtliche Bewertung für die Fälle erfolgt, in denen trotz Modifikation der Hauptleistungspflichten keine entsprechende schriftliche Vertragsanpassung erfolgt. Denn nicht selten gilt folgender Grundsatz in Sparkassen: Eine echte Anpassung des Arbeitsvertrages erfolgt nur, wenn die bestehende Eingruppierung abgesenkt werden soll oder eine Beförderung in den übertariflichen Bereich erfolgt. Alle übrigen Änderungen zur Tätigkeit und Vergütung werden ohne explizite Anpassung des Vertrages vorgenommen und jeweils in einem Brief dokumentiert. In diesen Fällen erhält der Mitarbeiter ein Schreiben hinsichtlich der modifizierten Tätigkeit und, bei Bedarf, parallel ein Schreiben hinsichtlich der veränderten Eingruppierung.

## II. Varianten in der Praxis

### 1. Veränderung des Aufgabenzuschnitts

Im Idealfall folgt die Modifikation der ursprünglich ausgeübten Tätigkeit sachgetrieben und in Koordination durch den Vorgesetzten, beispielsweise durch Beachtung sich verändernder Arbeitsprozesslandschaften, besonderer

---

178 *Hromadka*, RdA 1992, 235, spricht daher auch davon, dass Arbeitsverhältnisse nicht wie ein „erratischer Block" versteinern dürfen und zeigt eine Übersicht von Änderungsinstrumenten für das Arbeitsverhältnis auf.

179 Söllner, in: *Hromadka*, Änderung der Arbeitsbedingungen, S. 13, 14, spricht davon, dass die Leistungsverpflichtung gleich einer „Gattung" mehr oder weniger stark durch den Arbeitsvertrag eingegrenzt werden kann und so auch entsprechend unterschiedliche Freiräume für das Weisungsrecht im Rahmen des bestehenden Vertrages einräumt.

Arbeitsspitzen oder der gezielten Ausnutzung spezifischer Kompetenzen der Mitarbeiter. Mit Blick auf den Arbeitsvertrag unkritisch ist die Modifikation der Tätigkeit hinsichtlich der Befugnis des Arbeitgebers, wenn sie im Rahmen der ursprünglichen vertraglichen Absprache bleibt.[180] Folgt man der Rechtsprechung, soll das im öffentlichen Dienst grundsätzlich immer schon dann der Fall sein, wenn die neue Aufgabe zu keiner Veränderung der Eingruppierung führt.[181] Zulässige Weisungen können im öffentlichen Dienst demnach nie Auslöser für einen modifizierten Eingruppierungsanspruch des Mitarbeiters sein (Einzelheiten unter § 9 IV). Welche Rechtsfolgen aber aus der vertraglich eigentlich nicht mehr zulässigen Tätigkeitszuweisung folgen, gilt es aufzubereiten.[182]

Gerade die unterschiedlichen Befähigungen, Neigungen und beruflichen Ambitionen der Mitarbeiter führen aber nicht selten auch zur eigenständigen Interpretation der ursprünglich einheitlichen Aufgabenstellung, ganz ohne explizite Weisung des Vorgesetzten und ohne vorherige Stellenbewertung durch die Personalabteilung.[183] So könnte eine kommunikationsstarke Beraterassistenz mit Freude am direkten Kundenkontakt stärker zur aktiven Terminakquise für die Kundenberater neigen, während ein eher analytisches Pendant aus den vorhandenen Kundendaten gezielt den Finanzproduktbedarf von Verbünden herausarbeitet und dies dem Berater als gezielten Verkaufsansatz vorlegt. Rechtfertigen diese beiden Aufgabenschwerpunkte bereits nur noch schwerlich eine einheitliche Eingruppierung als „Assistenz“, so verdeutlicht die sich ebenfalls als Assistentin bezeichnende und schwerpunktmäßig um die Konferenzraumbewirtung kümmernde Kollegin die Herausforderungen für die tarifgerechte Vergütung bei unterschiedlicher Ausgestaltung einer Tätigkeit. Nicht selten erfolgt eine derartige Arbeitsteilung einvernehmlich zwischen den Mitarbeitern und

---

180 Nach *Reichold*, in: MünchHbArbR, § 36 Rn. 35, soll immer dann, wenn die Tätigkeit vertraglich nur allgemein bestimmt ist, eine gleichwertige andere Tätigkeit zugewiesen werden können. Nach *Hromadka*, RdA 1992, 236, erkennt auch der Arbeitnehmer regelmäßig den Bedarf zur Nachjustage der Tätigkeit. Nach seiner Einschätzung bildet aber neben der „Tarifgruppe“ auch das „soziale Ansehen“ eine Barriere für das Weisungsrecht. Demnach soll auch bei unveränderten Bezügen keine Zuweisung einer eigentlich geringwertigeren Tätigkeit zulässig sein.

181 Siehe nur BAG, Urt. v. 30.08.1995 – 1 AZR 47/95, ZTR 1996, 123 f. = PersR 1996, 74 ff., und *Reichold*, in: MünchHbArbR, § 36 Rn. 35.

182 Nach Schaub/*Linck*, Arbeitsrechts-Handbuch, § 32 Rn. 15 f., ist die Rechtslage umstritten, wenn der Arbeitnehmer unter schlechteren Arbeitsbedingungen widerspruchslos weiterarbeitet.

183 Zum „personalen Charakter“ des Arbeitsverhältnisses siehe *Zöllner/Loritz/Hergenröder*, Arbeitsrecht, § 14 Rn. 41.

zwecks Vermeidung von anstrengenden Diskussionen zumindest auch mit Duldung durch den Vorgesetzten. Die Auswirkungen dieser durch den Arbeitnehmer erfolgten faktischen Modifikation der Tätigkeit auf die vertraglich fixierte Arbeitspflicht und die vertraglich geschuldete Vergütung werden ebenfalls untersucht (unten § 5 II 2 und 3).

## 2. Versetzung

In § 4 Abs. 1 Satz 1 TVöD-S ist bestimmt, dass Beschäftigte einer Sparkasse aus dienstlichen oder betrieblichen Gründen versetzt oder abgeordnet[184] werden können.[185] Ausweislich der entsprechenden Protokollnotiz definieren die Tarifvertragsparteien eine Versetzung wie folgt:[186] „Versetzung ist die Zuweisung einer auf Dauer bestimmten Beschäftigung bei einer anderen Dienststelle oder einem anderen Betrieb desselben Arbeitsgebers unter Fortsetzung des bestehenden Arbeitsverhältnisses."[187] Während § 95 Abs. 3 BetrVG für das Vorliegen einer Versetzung lediglich die Zuweisung eines anderen Arbeitsbereichs fordert,[188] muss im öffentlichen Dienst für die Annahme einer Versetzung gleich ein Wechsel zu einer anderen Dienststelle[189] oder einem anderen Betrieb erfolgen.[190]

Organisationsrechtlich und im Sinne des Versetzungsbegriffs ist eine Dienststelle gleichbedeutend mit einer Behörde, so das Bundesarbeitsgericht.[191] Kennzeichnend für eine Behörde ist nach Auffassung des Bundesarbeitsgerichts wiederum, dass sie neben einer Ausstattung mit Personen und sächlichen

184 Ausweislich der ersten Protokollerklärung zu § 4 Abs. 1 TVöD-S grenzt sich die Abordnung von der Versetzung durch ihre „vorübergehende" Ausgestaltung ab, siehe *Perreng/Wendl*, in: Bepler u. a., TVöD, § 4 TVöD-AT vor Rn. 1; zu den Herausforderungen der Abgrenzung zwischen Versetzung und Abordnung siehe ebenda Rn. 6.

185 Zu den Besonderheiten einer Versetzung im öffentlichen Recht siehe *von Hoyningen-Huene/Boemke*, Die Versetzung, S. 21 f.

186 *Dörring/Kutzki/Polzer*, TVöD, § 4 S. 88.

187 Eine wortgleiche Definition der Versetzung findet sich bereits in BAG, Urt. v. 18.02.1976 – 5 AZR 616/74, DVBl 1977, 454 = EzA § 613a BGB Nr. 5.

188 *Waltermann*, Arbeitsrecht, Rn. 850.

189 Nach OVG des Saarlandes, Beschl. v. 01.02.2002 – 5 P 1/01 in Juris, ist die einzelne Filiale einer Sparkasse keine Dienststelle im Sinne des § 80 Abs. 1 Buchst. b Nr. 4 SPersVG.

190 Für eine umfassende Darstellung zu Rechtsfragen der Versetzung außerhalb des öffentlichen Dienstes siehe insgesamt *von Hoyningen-Huene/Boemke*, Die Versetzung, passim.

191 BAG Urt. v. 22.01.2004 – 1 AZR 495/01, ZTR 2004, 268 ff., und BAG Urt. v. 21.06.1990, ZTR 1990, 526.

Mitteln mit einer „gewissen Selbstständigkeit" ausgestattet ist.[192] Da diese Selbstständigkeit vom Bundesarbeitsgericht bereits für die einzelnen Kliniken eines Universitätsklinikums verneint wurde,[193] wird man auch im Hinblick auf einzelne Filialen einer Sparkasse nicht von dem erforderlichen Mindestmaß an Selbstständigkeit ausgehen dürfen.[194] Neben der Hauptgeschäftsstelle einer Sparkasse mit den zentralen Stab- und Marktfolgebereichen verfügen die über das Geschäftsgebiet verteilten Filialen nicht einmal zwingend über einen eigenen disziplinarischen Leiter vor Ort. Selbst wenn ein entsprechender Leiter vor Ort eingesetzt ist, verfügt dieser aufgrund der engen Bindung an die zentralen Stabs- und Marktfolgebereiche allenfalls über rudimentäre Ansätze einer Selbstständigkeit.[195] Demnach kann die Zuweisung einer anderen Tätigkeit innerhalb einer Sparkasse ganz regelmäßig nicht den tarifvertraglichen Vorgaben nach einem hiermit verbundenen Wechsel der Dienststelle genügen.

Allenfalls unter dem Blickwinkel des Wechsels zu einem anderen Betrieb wäre somit eine Versetzung durch Zuweisung einer neuen Tätigkeit im Sinne des § 4 Abs. 1 Satz 1 TVöD-S noch möglich. Will man die hohe Anforderung für die Annahme einer Versetzung durch den Wechsel der Dienststelle nicht unter Hinweis auf einen „Betriebswechsel" konterkarieren, muss für den Betrieb ebenfalls ein Mindestmaß an Selbstständigkeit eingefordert werden.[196] Nach § 4 Abs. 1

192 BAG Urt. v. 22.01.2004 – 1 AZR 495/01, ZTR 2004, 268 ff.

193 BAG Urt. v. 22.01.2004 – 1 AZR 495/01, ZTR 2004, 268 ff. Zuvor hatte der 1. Senat des BAG, Urt. v. 29.02.2000 – 1 ABR 5/99, DB 2000, 2384 ff., noch für den Stationswechsel einer Altenpflegekraft eine Versetzung angenommen.

194 Eine Versetzung wurde durch das LAG Düsseldorf, Urt. v. 21.12.2011 – 6 TaBV 75/11, abrufbar unter https://www.justiz.nrw.de/nrwe/arbgs/duesseldorf/lag_duesseldorf/j2011/6_TaBV_75_11beschluss20111221.html, ebenfalls für den Fall ausgeschlossen, dass eine Pflegekraft ohne wesentliche Änderung der Tätigkeit auf eine andere Station des Krankenhauses wechselt.

195 Dies sind, neben der Personaleinsatzplanung, typischerweise Mitspracherechte bei der operativen vertrieblichen Arbeit wie zum Beispiel der regionalen/örtlichen Verwendung von Marketing- und Sponsorenmitteln oder der Vergabe von Sonderkonditionen. Alle Maßnahmen müssen aber immer in den durch das zentrale Vertriebsmanagement gesetzten Rahmen passen.

196 Anders als zur Definition der Dienststelle gibt es im Schrifttum nur sehr bedingt Angaben zur Definition des Betriebes im Sinne der Protokollerklärung zu § 4 Abs. 1 TVöD-S. Nach *Dörring/Kutzki/Polzer*, TVöD, § 4 S. 92, ist unter „Betrieb" der Betrieb im Sinne des § 4 BetrVG zu verstehen. Eine Begründung führt der Kommentar nicht an. Die hieraus resultierende Anforderung an die Selbstständigkeit der aufnehmenden Organisationseinheit verträgt sich aber nach Sinn und Zweck der Protokollnotiz gut mit der durch den „Dienststellenwechsel" gesetzten hohen Anforderung.

BetrVG ist ein Betrieb selbstständig, wenn er entweder räumlich weit entfernt vom Hauptsitz belegen ist (§ 4 Abs. 1 Nr. 1 BetrVG) oder aufgrund der Aufgabenstellung und Organisation eigenständig ist (§ 4 Abs. 1 Nr. 2 BetrVG). Da Sparkassen aber regelmäßig keine Filialen als weit entfernte Satelliten außerhalb des eigenen Geschäftsgebietes führen[197] und die Filialen allenfalls rudimentär autonom agieren,[198] ist die Zuweisung einer modifizierten Tätigkeit in aller Regel auch nicht mit einem Wechsel des Betriebes im Sinne der Protokollnotiz zu § 4 Abs. 1 TVöD-S verbunden.[199]

Werden Arbeitnehmern einer Sparkasse demnach neue Tätigkeiten innerhalb ihres Instituts zugewiesen, liegt auch bei der Verlagerung des Arbeitsortes innerhalb des Geschäftsstellennetzes ganz regelmäßig keine Versetzung im Sinne des § 4 Abs. 1 TVöD-S vor.[200]

### 3. Umsetzung

Nachdem zuvor typische Ausgangssituationen für die Modifikation der Arbeitspflicht beschrieben (oben § 5 II 1) und der faktische Ausschluss zur Annahme einer Versetzung nach § 4 Abs. 1 TVöD-S für Tätigkeitszuweisungen innerhalb einer Sparkasse herausgearbeitet wurden (oben § 5 II 2), stellt sich die Frage, unter welchen Voraussetzungen die Veränderung der Tätigkeit den Anforderungen einer Umsetzung entspricht. Rechtliche Relevanz als Auslöser einer Mitbestimmung des Personalrats erlangt die Umsetzung immer dann, wenn sie nach § 75 Abs. 1 Nr. 3 Alt. 2 BPersVG und entsprechender landesgesetzlicher Regelungen[201] mit einem Wechsel des

197 Siehe hierzu Wiese/*Franzen*, GK-BetrVG, § 4 Anm. 10 ff., und *Koch*, in: ErfK/ArbR, § 4 BetrVG Rn. 3.

198 Zum Kriterium der Eigenständigkeit siehe *Koch*, in: ErfK/ArbR, § 4 BetrVG Rn. 4.

199 Zur Umsetzung einer Sparkassenangestellten aus dem Vorstandsekretariat in eine Fachabteilung siehe LAG Brandenburg, Urt. v. 02.06.2006 – 5 Sa 653/05, NZA-RR 2007, 448 (Ls.).

200 Nach den Personalvertretungsgesetzen der Länder können Außen- und Nebenstellen einer Sparkasse unter bestimmten Voraussetzungen zu selbstständigen Dienststellen erklärt werden. Während hierfür teilweise ein mehrheitlicher Beschluss der Arbeitnehmer ausreichend ist (siehe exemplarisch § 9 Abs. 2 LPersVG BW) soll in anderen Bundesländern neben einer mehrheitlichen Entscheidung der betroffenen Mitarbeiter immer eine räumlich weite Entfernung oder organisatorische und inhaltliche Eigenständigkeit Bedingung sein (siehe beispielsweise Art. 6 Abs. 3 BayPVG.

201 Siehe Synopse bei *Altvater*, in: Altvater u. a., BPersVG, § 75 Synopse 1, S. 1356, sowie exemplarisch § 75 Abs. 1 Nr. 4 ThürPersVG.

Dienstortes[202] verbunden ist. Auf die Voraussetzung des Dienstortwechsels wird jedoch in einigen LPersVG verzichtet.[203] Eine Umsetzung erfordert nach dem klaren Wortsinn des Bundespersonalvertretungsgesetzes nicht zwingend den Wechsel des Dienstortes, führt aber nur in diesem Fall zur Mitbestimmung.[204] Nach dem Verständnis des Gesetzgebers inkludiert die Umsetzung folglich nicht zwingend das Moment der örtlichen Verlagerung. Andererseits stellt sich die Frage, ob eine bloße Verlagerung der bestehenden Aufgabe an einen anderen Dienstort automatisch eine mitbestimmungspflichtige Umsetzung ist. Denkbar sind hier insbesondere die Fälle, bei denen eine identische Aufgabe schlicht von einem Dienstort an den anderen verlagert wird. Beispielsweise bei der räumlichen Verlagerung des telefonischen ServiceCenters einer Sparkasse an einen Standort innerhalb einer anderen Gemeinde.

Zur Bestimmung einer Umsetzung stellen *von Hoyningen-Huene/Boemke* auf die Zuweisung eines anderen Arbeitsbereichs ab,[205] *Schaub* spricht von der Zuweisung eines neuen Dienstpostens.[206] Nach der Rechtsprechung des Bundesverwaltungsgerichts ist die Übertragung eines anderen Dienstpostens[207] Ausgangspunkt für eine Umsetzung. Das Bundesarbeitsgericht spricht insoweit

---

202 Durch die Bezugnahme des § 75 Abs. 1 Nr. 3 BPersVG auf das Umzugskostenrecht ist eine Entfernung des neuen Dienstorts von mehr als 30 Kilometer Bedingung; siehe Nachweis bei *Kaiser*, in: Richardi/Dörner/Weber, Personalvertretungsrecht, § 75 Rn. 80.

203 Siehe Nachweis bei *Kaiser*, in: Richardi/Dörner/Weber, Personalvertretungsrecht, § 75 Rn. 95. Neben dem Verzicht auf den Ortwechsel erfolgen teilweise auch ausdrückliche Regelungen zur zeitlichen Dimensionierung vorübergehender Umsetzungen.

204 Zur Frage, welche zeitliche Dimension Voraussetzung für eine Umsetzung ist, siehe Übersicht zur Diskussion bei *Kaiser*, in: Richardi/Dörner/Weber, Personalvertretungsrecht, § 75 Rn. 82. Da das von der herrschenden Meinung eingeforderte Merkmal „auf Dauer" aber aufgrund der laufend notwendigen Weiterentwicklung der Organisationstruktur nie anzunehmen ist und diese Maximalhürde auch nicht dem Schutzzweck der Norm Rechnung trägt, ist mit *Kaiser* u. a. eine Drei-Monats-Grenze anzunehmen.

205 Nach *von Hoyningen-Huene/Boemke*, Die Versetzung, S. 21 und 51, ist eine Umsetzung im öffentlichen Dienst enger zu verstehen als im allgemeinen Arbeitsrecht: Hiernach umfasst der Begriff der Umsetzung „nicht jede Änderung der Tätigkeit, sondern nur die mit der Zuweisung eines anderen Arbeitsbereichs verbundenen."

206 Schaub/*Anuschek/Koch*, Arbeitsrechts-Handbuch, § 269 Rn. 30, allerdings unter Verweis auf BVerwG, Urt. v. 03.07.1990 – BVerwG 6 P 10.87, ZTR 1990, 487, die allerdings einen anderen Dienstposten zur Bedingung machen.

207 BVerwG, Urt. v. 03.07.1990 – BVerwG 6 P 10.87, ZTR 1990, 487 f., und BVerwG, Urt. v. 22.05.1980 – BVerwG 2 C 30.78, BVerwGE 60, 144 ff.

von der Zuweisung eines anderen Arbeitsplatzes.[208] Die vorgenannten Begriffsdefinitionen führen im Fall der schlicht räumlichen Verlagerung des Service Centers bei sonst gleichbleibender Aufgabenstellung nur dann zur Annahme einer Umsetzung, wenn man für die eingeforderte Andersartigkeit, als durchgehendes Merkmal der oben aufgeführten Definitionen, eine schlicht räumliche Verlagerung des Arbeitsplatzes als hinreichende Bedingung erachtet. Allerdings führt eine schlicht räumliche Veränderung in eine andere Etage wohl nicht zu „einem anderen Arbeitsbereich" oder „einem anderen Dienstposten". Zu fragen ist daher, wie Umsetzung nach § 75 Abs. 1 Nr. 3 BPersVG im Sinne des Gesetzgebers zu verstehen ist.

Als Umkehrschluss aus § 75 Abs. 1 Nr. 2 BPersVG unterliegt die Zuweisung einer modifizierten oder auch andersartigen Tätigkeit nur dann einer Mitbestimmung durch den Personalrat, wenn der Wert der Tätigkeit eine Anpassung der Eingruppierung erfordert. Tätigkeitsänderungen ohne Einfluss auf die Eingruppierung sind folglich mitbestimmungsfrei.[209] Wenn das Gesetz nachfolgend in § 75 Abs. 1 Nr. 3 BPersVG die Voraussetzungen an die Mitbestimmung bei Umsetzungen definiert, soll nach dem Wortsinn und der Systematik hier nicht erneut die Änderung der Tätigkeit Ausgangspunkt für die Mitbestimmung sein, sondern die einschneidende Dislozierung des Mitarbeiters.[210] Auch *Reichold* spricht im Hinblick auf die Umsetzung von einem dienstrechtlichen Sprachgebrauch, nachdem hierunter gerade die Zuweisung eines neuen Arbeitsortes, wie zum Beispiel eines neuen Raums oder einer neuen Etage zu verstehen ist.[211]

So verstanden, bauen § 75 Abs. 1 Nr. 2 und Nr. 3 BPersVG überschneidungs- und widerspruchsfrei aufeinander auf und greifen den wirklichen

208 BAG, Urt. v. 22.01.1004 – 1 AZR 495/01, ZTR 2004, 268 ff.

209 In eben dieser Stringenz und in Abgrenzung zur Rechtsprechung des BAG und BVerwG siehe OVG Berlin-Brandenburg, Beschl. v. 07.04.2011 – OVG 62 PV 6.10, abrufbar unter: http://www.gerichtsentscheidungen.berlin-brandenburg.de/jportal/?quelle = jlink&docid = MWRE110002362&psml = sammlung.psml&max = true&bs = 10. Nach den in diesem Urteil zitierten Entscheidungen – BAG, Urt. v. 21.03.1995 – 1 ABR 46/94, ZTR 1995, 569 f., und BVerwG, Beschl. v. 08.12.1999 – BVerwG 6 P 3.98, ZTR 2000, 234 ff. – soll eine Mitbestimmung bei gleicher Stellenwertigkeit immer gleichwohl dann gegeben sein, wenn sich die Stelle „nach dem Gesamtbild verändert" (BAG) oder für die neue Tätigkeit bisher noch keine Stellenbewertung vorliegt (BVerwG).

210 Ebenso *Birk*, Die arbeitsrechtliche Leitungsmacht, S. 402 ff., der ausführt, dass kennzeichnend für eine Umsetzung die Verlegung des Tätigkeitsortes ist.

211 *Reichold*, in: MünchHbArbR, § 36 Rn. 51.

Sprachgebrauch des öffentlichen Dienstes auf.[212] Umsetzung im Sinne des § 75 Abs. 1 Nr. 3 BPersVG und entsprechender landesgesetzlicher Regelungen ist mithin richtigerweise als räumliche Neuzuweisung des Arbeitsortes zu definieren.[213] Mit § 75 Abs. 1 Nr. 3 BPersVG und der Mitbestimmung bei Versetzungen und Umsetzungen will der Gesetzgeber Arbeitnehmer vor unverhältnismäßigen Mehrbelastungen schützen (zu den Zustimmungsverweigerungsgründen siehe § 77 Abs. 2 BPersVG), die gerade aus der Verlagerung des Arbeitsortes resultieren. Auf das zusätzliche Merkmal einer veränderten Aufgabenstellung kommt es nicht an.

## 4. Erfolgreiche Bewerbung auf Stellenausschreibung

Die Modifikation von Arbeitspflicht und Vergütung im bestehenden Arbeitsverhältnis wird nicht ausschließlich durch den Arbeitgeber im Rahmen von gezielten Ver- und Umsetzungen (oben § 5 II 2 und 3) initiiert oder ist zwingend die Folge einer laufenden Evolution der ursprünglich übernommenen Tätigkeit (oben § 5 II 1), sondern beruht nicht untypisch auf der Initiative des Arbeitnehmers und seiner aktiven Beteiligung im Rahmen einer Stellenausschreibung.[214] Dabei ist rein tatsächlich zwischen der ausschließlich dienststelleninternen Arbeitsplatzofferte und der zusätzlich auch extern offerierten Vakanz zu unterscheiden.[215] Im Geltungsbereich des Betriebsverfassungsgesetzes kann der Betriebsrat nach § 93 BetrVG verlangen, dass vor einer Besetzung von freien Arbeitsplätzen eine

---

212 Bemerkenswert insoweit die heterogene Positionierung von *Kaiser* und *Kersten*, beide in Richardi/Dörner/Weber, Personalvertretungsrecht. Beide halten zur Deutung des Begriffs der Umsetzung eine „Anlehnung an den beamtenrechtlichen Begriff" für richtig; *Kaiser*, in: Richardi/Dörner/Weber, Personalvertretungsrecht, § 75 Rn. 79, und *Kersten*, in: Richardi/Dörner/Weber, Personalvertretungsrecht, § 76 Rn. 45; dabei kommt es nach *Kersten*, § 76 Rn. 45, für eine Umsetzung zwingend auf „den Wechsel der Aufgaben" an, während nach *Kaiser*, § 75 Rn. 81, eine Umsetzung auch nicht ausgeschlossen ist, wenn sich an der Tätigkeit „kaum etwas ändert".

213 So im Ergebnis auch HessVGH, Beschl. v. 24.04.2003 – 22 TL 848/02, PersR 2003, 420 f.

214 Zum Recht des Arbeitgebers, ein mittels Stellenausschreibung initiiertes Auswahlverfahren jederzeit aus sachlichen Gründen zu beenden, siehe VG Oldenburg, Urt. v. 28.01.2004 – 6 A 1387/02, abrufbar unter http://www.rechtsprechung.niedersachsen.de/jportal/?quelle = jlink&docid = JURE060014222&psml = bsndprod.psml&max = true.

215 Nach dem BVerwG, Beschl. v. 14.01.2010, BVerwGE 136, 29 ff., ist unter einer Ausschreibung die „allgemeine Aufforderung zu verstehen, sich um *„eine freie Stelle zu bewerben."*

betriebsinterne Stellenausschreibung erfolgt.[216] Nach § 99 Abs. 2 Nr. 5 BetrVG kann der Betriebsrat notfalls eskalieren und der Einstellung die Zustimmung versagen, solange die Ausschreibung nicht korrekt erfolgte.[217]

Im öffentlichen Dienst ist die Position der Arbeitnehmervertreter weniger machtvoll ausgestaltet.[218] In § 75 Abs. 3 Nr. 14 BPersVG und entsprechender landesgesetzlicher Regelungen[219] ist bestimmt, dass der Personalrat mitzubestimmen hat, wenn von der Ausschreibung eines Dienstpostens abgesehen werden soll. Nach der aktuellen Rechtsprechung des Bundesverwaltungsgerichts ist hierin aber keine Begründung einer generellen Verpflichtung des Arbeitgebers zur Ausschreibung zu erblicken und auch keine Mitbestimmung bei der Ableitung des jeweiligen Katalogs an Anforderungskriterien.[220] Nach dem Bundesverwaltungsgericht entfällt die Mitbestimmung beim Absehen von einer Stellenausschreibung im Interesse der Organisations- und Personalhoheit des Dienstherrn immer dann, wenn die Ausschreibung weder in Rechts- noch Verwaltungsvorschriften vorgesehen ist und eine regelmäßige Ausschreibungspraxis in der jeweiligen Dienststelle nicht tradiert ist.[221]

Verläuft die Bewerbung eines Mitarbeiters erfolgreich, weil sich der Arbeitgeber zum Ende des Auswahlprozesses für ihn entscheidet, ändert sich als Konsequenz dieses Stellenbesetzungsprozesses auch die Tätigkeit des Mitarbeiters. Im Regelfall erhält der Sparkassenmitarbeiter zum Abschluss des erfolgreichen Bewerbungsprozesses eine schriftliche Bestätigung über eben diesen Ausgang des Verfahrens. Regelmäßig werden Angaben zur neuen Vergütung in einem zusätzlichen Schreiben an den Mitarbeiter dokumentiert. Schriftliche Anpassungen des Arbeitsvertrages werden typischerweise nur bei einer Herabgruppierung der bestehenden Vergütung als Konsequenz einer erfolgreichen internen

---

216 Nach dem BAG, Urt. v. 01.02.2011 – 1 ABR 79/09, NZA 2011, 703 ff., soll dies auch für den Fall gelten, dass der Arbeitgeber den freien Arbeitsplatz dauerhaft mit Leiharbeitnehmern besetzen will.

217 Siehe hierzu nur Darstellung bei *Löwisch/Kaiser*, BetrVG, § 93 Rn. 1.

218 Ausführlich zum Thema siehe *Rappl*, ZTR 1988, 447 ff., allerdings noch ohne Berücksichtigung der neueren Rechtsprechung des BVerwG, wie zum Beispiel Beschluss vom 14.01.2010 in BVerwGE 136, 29 ff.; siehe hierzu nachfolgende Betrachtungen in diesem Kapitel.

219 Siehe hierzu Darstellung der landesgesetzlichen Regelungen bei *Kaiser*, in: Richardi/Dörner/Weber, Personalvertretungsrecht, § 75 Rn. 495.

220 Zur Entwicklung der Rechtsprechung des BVerwG im Hinblick auf die Mitbestimmung des Personalrats nach § 75 Abs. 3 Nr. 14 BPersVG siehe *Berg*, in: Altvater u. a., BPersVG, § 75 Rn. 235 ff.

221 Siehe Beschluss des BVerwG v. 14.01.2010, BVerwGE 136, 29 ff.

Bewerbung vorgenommen. Motivation für eine Bewerbung auf eine niedriger bewertete Vakanz ist nicht selten eine Vorgabe zur Reduktion des Ressourceneinsatzes einer Abteilung und den hiermit einhergehenden Bedarf nach einer hausinternen Personalmigration. Die schriftliche Anpassung des Arbeitsvertrages erfolgt in diesen Fällen ganz regelmäßig, um spätere Diskussionen hinsichtlich der Konsequenzen für die Vergütung transparent zu dokumentieren. Diese Praxis mag als weiterer Beleg dafür gelten, dass die Einschätzung des Bundesarbeitsgerichts zur lediglich deklaratorischen Wirkung der arbeitsvertraglichen Vergütungsangabe weder dem Verständnis des Arbeitgebers zur rechtlichen Bedeutung seiner Erklärung entspricht, noch dem Verständnis des Arbeitnehmers (ausführliche Kritik oben § 4 III 2).

### 5. Entsendung zu einem Verband

Eher den Charakter einer Randerscheinung als Ausgangspunkt für eine Veränderung der arbeitsvertraglich geschuldeten Tätigkeit haben dann schon die Fälle der Entsendung zum Regional- oder Dachverband der Sparkassenorganisation. Ein typisches Motiv für diese Personalgestellung aus Sicht der Verbände ist der zentrale Bedarf an Personalressourcen zur Mitarbeit im Rahmen eines temporären Projektes. Aus Sicht der unterstützenden Sparkassen werden mit der Entsendung von aufstrebenden Mitarbeitern verschiedene Motive verfolgt.

Zum einen soll im Zuge der Projektarbeit abgesichert werden, dass die zentral entwickelten Vertriebskonzeptionen auch durch eine hinreichende Praktikabilität gekennzeichnet sind und keinesfalls lediglich theoretische Konstrukte ohne hinreichende Relevanz für die alltägliche Arbeit in den Sparkassen sind. Mit der Entsendung von aufstrebenden Mitarbeitern zu Verbänden soll weiterhin das persönliche Netzwerk des Entsandten zum Vorteil des Arbeitgebers weiter ausgebaut werden und der persönliche wie fachliche Horizont des Entsandten weiterentwickelt werden.

Da die Personalkosten während der Entsendung vom Regional- bzw. Dachverband getragen werden, handelt es sich hierbei letztlich um eine kostengünstige und effiziente Form der Personalentwicklung.[222] Überdies unterstützt die Sparkasse so den Wissenstransfer vom Verband in Richtung des eigenen Instituts. Neben der persönlichen Bereitschaft zur intensiven Projektarbeit als auch

222 Zu den im Sparkassenumfeld ganz regelmäßig nicht relevanten Fragen der Rechtsgrundlagen einer Auslandsentsendung und den hiermit einhergehenden Fragen des Steuer- und Sozialrechts siehe Schaub/*Linck*, Arbeitsrechts-Handbuch, § 7 Rn. 20 ff. m. w. N.

der hinreichenden Mobilität des Mitarbeiters ist insbesondere die Organisation der reibungslosen Fortführung der Linientätigkeit in der Sparkasse während der Entsendung eine Herausforderung, die es zu meistern gilt.

## 6. Beförderung

Die wohl für alle Beteiligten schönste Form der Modifikation von Arbeitspflicht und regelmäßig auch der Vergütung dürfte die Beförderung sein. In den einschlägigen Lehrbüchern des Arbeitsrechts finden sich jedoch gleichwohl meist gar keine Ausführungen zur Begriffsdefinition oder zum Rechtscharakter der Beförderung.[223] Vereinzelt wird das Stichwort der Beförderung lediglich im Kontext des Beamtenrechts aufgegriffen.[224] Ursächlich hierfür ist zum einen zweifelsohne die lediglich für das Beamtenrecht vorgegebene Legaldefinition. Nach § 2 Abs. 8 Satz 1 BLV[225] ist unter einer Beförderung die Verleihung eines anderen Amtes mit höherem Endgrundgehalt zu verstehen. Zum anderen greift § 76 Abs. 1 Nr. 2 BPersVG die Mitbestimmung des Personalrats im Falle einer Beförderung ausdrücklich auf, während das Äquivalent des § 99 BetrVG im vergleichbaren Kontext eine Mitbestimmung lediglich bei personellen Einzelmaßnahmen wie der Umgruppierung und Versetzung vorsieht, die Beförderung als eigenständige Fallvariante aber nicht aufgreift. Wenn aber die Beförderung nach dem Beamtenrecht zwingend einhergeht mit der Zuweisung eines höheren Endgrundgehalts, entspricht sie der positiven Variante einer Umgruppierung (Begriffsdefinition oben § 3 I). Mithin begründet das Fehlen der Fallvariante „Beförderung" in § 99 BetrVG keine Verkürzung der betrieblichen Mitbestimmung im Verhältnis zum Mitbestimmungsrecht der Personalräte des öffentlichen Dienstes.

Die im Beamtenrecht zum Ausdruck gebrachte Definition der Beförderung mit ihren Kernelementen „anderes Amt" und Zuweisung eines „höheren Endgrundgehalts" sind nicht exklusiv auf die Rahmenbedingungen des öffentlichen Dienstes zugeschnitten und entsprechen daher auch den elementaren

223 vgl. nur fehlende Aufnahme des Stichwortes „Beförderung" in den entsprechenden Verzeichnissen der Arbeitsrechtslehrbücher von *Brox/Rüthers/Henssler*, Arbeitsrecht, *Dütz/Thüsing*, Arbeitsrecht, *Löwisch/Caspers/Klumpp*, Arbeitsrecht, *Waltermann*, Arbeitsrecht, *Zöllner/Loritz/Hergenröder*, Arbeitsrecht.

224 Schaub/*Anuschek/Koch*, Arbeitsrechts-Handbuch, § 269 Rn. 33.

225 Verordnung über die Laufbahnen der Bundesbeamtinnen und Bundesbeamten (Bundeslaufbahnverordnung – BLV) vom 12.02.2009, BGBl. I S. 284, zuletzt geändert durch Art. 1 der Verordnung vom 02.06.2016, BGBl. I S. 1257.

Kennzeichen einer Beförderung eines Mitarbeiters außerhalb des öffentlichen Dienstes. Als Unterfall zur Umgruppierung ist bei der Beförderung somit die positive Facette der Gehaltserhöhung herauszustellen.[226] Arbeitsorganisatorisch geht einer Beförderung typischerweise[227] ein entsprechendes Auswahlverfahren voraus.[228]

---

226 Zu kurz jedenfalls unter dem Blickwinkel der verbesserten Vergütung daher auch die Definition der Eingruppierung in *Scholz*, Personallexikon, S. 111. Hier wird insbesondere auf den durch einen Zuwachs an Qualifikation, Verantwortung oder Leistung geknüpften „ranghierarchischen Aufstieg" als Merkmal einer Beförderung abgestellt. Die mit der Erhöhung der Komplexität einer Stelle einhergehende erhöhte Stellenwertigkeit führt typischerweise aber gerade auch zur Anpassung der Vergütung.

227 Die feste Zusage einer Beförderung im Arbeitsvertrag, verknüpft mit dem Eintritt bestimmter Voraussetzungen wie einem vorgegebenen Zeitablauf oder dem Nachweis konkret definierter Vertriebserfolge ist vor dem Hintergrund der Vertragsautonomie grundsätzlich zulässig, jedoch aufgrund der weitreichenden Festlegung für den Arbeitgeber eher untypisch.

228 Zu den Voraussetzungen und Grenzen einer Konkurrentenklage siehe nur Schaub/*Koch*, Arbeitsrechts-Handbuch, § 106 Rn. 43 ff. m. w. N.

# § 6 Tätigkeitsänderung mit korrespondierender Vertragsanpassung

## I. Überblick

Die übliche Praxis zur Modifikation bestehender Arbeitsverträge in deutschen Sparkassen ist offensichtlich ganz maßgeblich geprägt durch die langjährige Rechtsprechung des Bundesarbeitsgerichts sowie das Direktionsrecht und das Bestreben der Arbeitgeber nach möglichst optimaler Ausnutzung der offerierten Gestaltungsspielräume (zu den Grenzen des Direktionsrechts im öffentlichen Dienst vertiefend unten § 8 IV). Will der Arbeitgeber in einer Sparkasse den durch den Standardarbeitsvertrag angelegten breiten Ermessensspielraum nicht durch nachfolgende Änderungsverträge einengen (Einzelheiten oben § 4 III 2 und unten § 8 IV), so ist er gut beraten, einen echten Änderungsvertrag nur bei Reduktion oder Anhebung der Entgeltgruppe einzusetzen und auch in diesen Fällen keine konkrete Tätigkeit oder Stellenbezeichnung in den Änderungsvertrag aufzunehmen (kritisch oben unter § 4 III 3 a und b). Folglich finden sich in den Personalakten zum Ende eines Berufslebens eines Sparkassenmitarbeiters trotz kontinuierlicher Weiterentwicklung hinsichtlich der geschuldeten Tätigkeit gleichwohl meist nur eine übersichtliche Anzahl von Änderungsverträgen.[229]

## II. Veränderung des Aufgabenzuschnitts

Die fortwährende Weiterentwicklung der unterstützenden EDV-Systeme,[230] die sich wandelnden Kundenerwartungen,[231] die gesetzlichen Anforderungen

229 Ganz grundsätzlich zum Wesen des Änderungsvertrages siehe *Larenz*, Lehrbuch des Schuldrechts, S. 88 ff.

230 Aktuell wird beispielsweise in einzelnen Sparkassen eine elektronische Archivierung der Kreditakte vorangetrieben. Nahezu sämtliche Tätigkeiten im Kontext der bisher genutzten physischen Aktenschränke entfallen auf diesem Weg. Diese Vorgehensweise reduziert nicht nur den Bedarf an einfachen Sachbearbeitertätigkeiten, sondern beeinflusst auch das Aufgabenfeld der Kundenberater. Denn als Beitrag zur Amortisation der Projektkosten und als Grundvoraussetzung zur Erhöhung der Prozesszeiten wird der Kundenberater durch den elektronischen Zugriff auf die Kreditakte nun in die Lage versetzt, die Suche nach Dokumenten selbst zu übernehmen und auf einen unterstützenden Sachbearbeiter zu verzichten.

231 So wird beispielsweise durch die zunehmende Bedeutung von Baufinanzierungsmaklern wie die Interhyp AG oder die Dr. Klein & Co. AG auf diesem Gebiet – neben den reinen

an den Verbraucherschutz[232] sowie der aus sinkenden Zinsüberschüssen und zunehmendem Wettbewerb mit günstigen Onlineanbietern resultierende Druck zur permanenten Verbesserung der Geschäftsprozesse beschreiben schlaglichtartig wesentliche Treiber für eine ganz oft zu beobachtende kontinuierliche Weiterentwicklung der geschuldeten Tätigkeiten in einer Sparkasse. Da die Notwendigkeit zum Bestehen gegen den Wettbewerb und ein stetes Bemühen zur Verbesserung der Ergebnissituation regelmäßig für Arbeitgeber kennzeichnend ist, beschränkt sich das Phänomen der sich laufend weiterentwickelnden Tätigkeiten selbstredend nicht auf Sparkassen.[233] In Sparkassen führen diese laufenden Weiterentwicklungen im besseren Fall ebenso kontinuierlich zur Adjustage der jeweiligen Stellenbeschreibung des Mitarbeiters.[234]

Eine Anpassung des Arbeitsvertrages ist im Regelfall jedoch nur dann die Konsequenz, wenn die Modifikation der Tätigkeit zu einer Veränderung der Stellenwertigkeit im Hinblick auf die passende Eingruppierung führt (zu den Motiven für dieses Vorgehen unten § 8 IV). Bei der arbeitsvertraglich fixierten Erhöhung der Eingruppierung entstehen über die generelle Bedeutung der Angabe der Entgeltgruppe im Arbeitsvertrag hinaus regelmäßig keine weiteren

---

Finanzierungskonditionen – auch die Bearbeitungsgeschwindigkeit unterschiedlicher Kreditgeber vergleichbarer und somit Ansatzpunkt für eine laufende Optimierung. Aber auch die Anforderungen der Kunden an den Ort der Finanzberatung haben sich gewandelt, da diese längst nicht mehr zwingend in den Geschäftsräumen der Bank stattfindet.

232 War das Bankgeschäft in seinen Anfängen noch vornehmlich geprägt durch die Ermöglichung des Zahlungsverkehrs, die Gewährung von Zinsen auf Spareinlagen und die Bereitstellung von Kreditmitteln, so wird heute nicht zuletzt von Verbraucherschützern eine umfangreiche Beratung in Finanzfragen erwartet. Der Gesetzgeber hat beispielsweise mit der gesetzlichen Verpflichtung zur Erstellung von Beratungsprotokollen bei Wertpapiergeschäften reagiert (vgl. § 34 Abs. 2a WpHG) und die rechtzeitige Einbeziehung von sogenannten Produktinformationsblättern in den Verkaufsprozess vorgeschrieben (vgl. § 31 Abs. 3a WpHG).

233 Besonders die Automobilindustrie ist durch die Verinnerlichung der Notwendigkeit zur unentwegt laufenden Verbesserung sämtlicher Geschäftsprozesse bekannt. Maßgeblichen Anteil an der Entwicklung innerhalb der Automobilindustrie hatte wiederum das sogenannte Toyota-Produktionssystem, das insbesondere von *Womack/Jones/Roos*, The Machine That Changed the World, passim, beschrieben wurde und seitdem gemeinhin als „schlanke Produktion“ bezeichnet wird.

234 Die wenigsten Sparkassen verfügen durchgängig über Stellenbeschreibungen für sämtliche Aufgabenstellungen bzw. Arbeitnehmer des Instituts. Dass die erstellten Stellenbeschreibungen dann auch noch fortlaufend aktuell gehalten werden, gelingt nur ausnahmsweise. Zu den hier unterstellten Motiven für diese Situation vgl. Ausführungen bereits unter § 4 I.

Rechtsfragen. Wird das Ergebnis in der gängigen Form eines Änderungsvertrages dokumentiert, in dem die neue Eingruppierung des Beschäftigten der Sparkasse ausgewiesen wird, ohne im Änderungsvertrag die neue Tätigkeit zu benennen, stellt sich die Frage der rechtlichen Tragweite dieses Änderungsvertrages. Mit der Rechtsprechung des Bundesarbeitsgerichts ist die Angabe der Entgeltgruppe in einem Standardvertrag eines öffentlich-rechtlichen Arbeitgebers eine rechtlich unbeachtliche Wissensbekundung (oben § 4 III 1 a bb), es sei denn, besondere Umstände erfordern ausnahmsweise ein anderes Ergebnis.[235]

Richtigerweise wird man in dieser Erklärung des Arbeitgebers jedoch die rechtlich verbindliche Zusage einer entsprechenden Eingruppierung erkennen können.[236] Will man mit dem Bundesarbeitsgericht auch hier im Regelfall in der Angabe der Eingruppierung lediglich eine rechtlich unverbindliche Erklärung erkennen, so wird man im Interesse einer wirksamen arbeitsvertraglichen Änderungsvereinbarung – und damit zur Vermeidung gänzlicher Unklarheit hinsichtlich der Hauptleistungspflichten – zumindest eine vertragliche Fixierung hinsichtlich der veränderten Tätigkeit annehmen müssen. Schließlich mündete die Veränderung der Tätigkeit in der hier zu diskutierenden Fallvariante ja gerade in einer Anpassung des Arbeitsvertrages und ist damit aus Sicht des verständigen Empfängers zumindest unausgesprochen Grundlage des

---

235 Wesentliche Entscheidungen des BAG im Kontext der korrigierenden Rückgruppierung: BAG, Urt. v. 15.06.2011 – 4 AZR 737/09, ZTR 2012, 26; BAG, Urt. v. 01.07.2009 – 4 AZR 234/08, ZTR 2010, 31 f.; BAG, Urt. v. 14.09.2005 – 4 AZR 348/04, ZTR 2006, 253 f.; BAG, Urt. v. 21.08.2003 – 8 AZR 393/02, AP §§ 22, 23 BAT-O Nr. 27; BAG, Urt. v. 16.02.2000 – 4 AZR 62/99, ZTR 2001, 222 ff.; BAG, Urt. v. 11.06.1997 – 10 AZR 724/95, EzA § 4 TVG Eingruppierung Nr. 7; BAG, Urt. v. 30.08.1995 – 1 AZR 47/95, ZTR 1996, 123 ff. = PersR 1996, 74 ff.; BAG, Urt. v. 23.08.1995 – 4 AZR 352/94, ZTR 1996, 169; BAG, Urt. v. 09.02.1993 – 1 ABR 51/92, BAGE 72, 187 = AP Nr. 103 zu § 99 BetrVG 1972; BAG, Urt. v. 12.01.1993 – 1 ABR 42/92, BAGE 72, 123 = AP Nr. 101 zu § 99 BetrVG 1972; BAG, Urt. v. 28.10.1981 – 4 AZR 244/79, BAGE 36, 392 = AP Nr. 54 zu §§ 22, 23 BAT 1975; BAG, Urt. v. 16.10.1974 – 4 AZR 1/74, AP Nr. 81 zu §§ 22, 23 BAT.

236 Die Kritik an der Rechtsprechung im Hinblick auf den ursprünglichen Arbeitsvertrag zur Begründung des Arbeitsverhältnisses kann im Kern auf die Variante eines Änderungsvertrages übertragen werden. Auch in diesem Fall will der Personalleiter und Vorstand typischerweise im Nachgang zur erfolgreichen Bewerbung eine entsprechend valide Aussage zur zukünftigen Vergütung treffen bzw. darf der Arbeitnehmer mit Blick auf §§ 133, 157 BGB zumindest auf einen entsprechenden Rechtsbindungswillen vertrauen, zumal sein modifizierter Arbeitsvertrag trotz Bewerbung auf eine konkrete Stelle wieder nur die Beschäftigung als Sparkassenmitarbeiter ausweist.

Änderungsvertrages geworden. Andernfalls wäre im Kontext der Änderungsvereinbarung weder eine bestimmte Eingruppierung vereinbart worden, noch eine irgendwie geartete Vereinbarung zur Tätigkeit gelungen – ein für beide Seiten zweifelsfrei unbefriedigendes Ergebnis.

Praxistauglicher und dem Telos der §§ 133, 157 BGB verpflichtet ist dann schon eher die hier vertretene Position nach wirksamer vertraglicher Vereinbarung zur Eingruppierung. Der Arbeitnehmer ist in seinem berechtigten Interesse nach Absicherung seines Vergütungsanspruches geschützt. Der nach möglichst unbeschränktem Direktionsrecht im Rahmen einer Entgeltgruppe strebende Arbeitgeber des öffentlichen Dienstes vereinbart nach dem Wortlaut des Arbeitsvertrages und im Ergebnis keine bestimmte Tätigkeit und bewahrt sich so ein möglichst großzügiges Weisungsrecht.

Folgt man aber der Rechtsprechung hinsichtlich der Unverbindlichkeit der Entgeltgruppe, muss man wie dargelegt zur Vermeidung einer gänzlich fehlenden Vereinbarung zu den Hauptleistungspflichten zumindest die Vereinbarung der neuen Tätigkeit annehmen. Über die Bewertung dieser Tätigkeit nach der jeweils geltenden Entgeltordnung kommt der Arbeitnehmer dann auch wieder zu seiner adäquaten Eingruppierung, respektive der ihm tarifrechtlich zustehenden Vergütung.[237] Dies ist allerdings für den öffentlich-rechtlichen Arbeitgeber mit dem signifikanten Nachteil einer eigentlich nicht gewollten vertraglichen Fixierung der Tätigkeit verbunden.

Gelingt dem Arbeitgeber im Kontext der Zuweisung einer geringwertigeren Tätigkeit eine entsprechende schriftliche Vereinbarung mit dem betroffenen Arbeitnehmer, dies ist insbesondere im Fall der dauerhaften Überforderung des Mitarbeiters ein gar nicht so seltener Fall, resultieren über die soeben skizzierten Problemstellungen hinaus regelmäßig keine weiteren Rechtsfragen. Will der Arbeitgeber die Herabgruppierung allerdings einseitig durchsetzen, muss sich sein Vorgehen letztlich an den Anforderungen an eine Änderungskündigung messen lassen (dazu unten § 9 II 4). Die hier gesetzten Hürden und die mit einem verlorenen Gerichtsprozess einhergehenden hausinternen Diskussionen dürften letztlich ursächlich für die Zurückhaltung beim Ausspruch von Änderungskündigungen sein.

---

237 Da die Tarifvertragsparteien des TVöD seit 2005 keine Einigung zur neuen Entgeltordnung erzielen konnten, gilt über § 12 TVöD und § 17 TVÜ-VKA zur Eingruppierung in Sparkassen noch immer die Entgeltordnung des BAT.

## III. Versetzung

Der Versetzungsbegriff der bundesdeutschen Privatwirtschaft ist ganz maßgeblich durch die Legaldefinition der Versetzung in § 95 Abs. 3 BetrVG geprägt.[238] Versetzung im Sinne des BetrVG ist die Zuweisung eines anderen Arbeitsbereichs, die voraussichtlich die Dauer von einem Monat überschreitet oder die mit einer erheblichen Änderung der Umstände verbunden ist, unter denen die Arbeit zu leisten ist.[239] Liegen die arbeitsorganisatorischen Voraussetzungen des § 95 Abs. 3 BetrVG vor, wird die Mitbestimmung des Betriebsrats nach § 99 Abs. 1 BetrVG im Kontext einer Versetzung ausgelöst.[240] Dies ist vor dem dargelegten Hintergrund einer sich laufend ändernden Arbeitsorganisation ein Ereignis, das Arbeitnehmern im Zuge ihrer Berufstätigkeit wiederholt begegnet (zu Ursachen und Entwicklungen oben § 6 II).

Der Versetzungsbegriff ist im öffentlichen Dienst weitaus enger gefasst (oben § 5 II 2) und aufgrund der gängigen Organisationsstruktur wie auch der räumlichen Ausdehnung einer Sparkasse vor dem Hintergrund der Anforderungen an eine Versetzung im Sinne des öffentlichen Dienstrechts hier ganz typischerweise ausgeschlossen. Anpassungen der Dienstverträge im Kontext einer Versetzung dürften in der täglichen Praxis der Sparkassen somit nahezu nicht stattfinden. Der sicher nicht als Regeltatbestand zu kategorisierende Fall einer Arbeitsaufnahme auf der einzigen deutschen Hochseeinsel mag zur Veranschaulichung dieser Ausnahmesituation dienen.

So betreibt die Sparkasse Südholstein auf Helgoland eine Filiale weit außerhalb ihres eigentlichen Geschäftsgebietes im Süden Schleswig-Holsteins. In diesem Fall dürfte auch nach der engen Definition einer Versetzung gemäß § 4 Abs. 1

---

238 Ergänzt wird die Legaldefinition aus § 95 Abs. 3 BetrVG im Hinblick auf die Beschreibung des Begriffs „Arbeitsbereich“ durch § 81 Abs. 2 i.V.m. Abs. 1 Satz 1 BetrVG. Der „Arbeitsbereich“ wird demnach durch die Aufgabe und Verantwortung des Arbeitnehmers sowie die Art seiner Tätigkeit und ihre Einordnung in den Arbeitsablauf des Betriebes beschrieben; ebenso zuletzt LAG Frankfurt, Beschl. v. 23.08.2012 – TaBV 27/12, in Juris.

239 Nach § 95 Abs. 3 Satz 2 BetrVG werden arbeitsorgaisatorische Maßnahmen dann nicht unter den Versetzungsbegriff subsumiert, wenn es gerade zur Eigenart des Beschäftigungsverhältnisses gehört nicht ständig an einem Arbeitsplatz beschäftigt zu werden.

240 Zur Mitbestimmung im Zuge einer Versetzung nach § 99 BetrVG siehe *Kania/Koch*, in: ErfK/ArbR, § 99 ArbGG Rn. 1 ff. m. w. N. in Literatur und Rechtsprechung.

Satz 1 TVöD-S aufgrund der erheblichen räumlichen Entfernung vom Hauptsitz in Neumünster[241] die formale Anforderung an einen Versetzungstatbestand erfüllt sein (ausführlich zur Kennzeichnung des Betriebswechsels im Kontext eines räumlich weit entfernten Arbeitsplatzes oben § 5 II 2). Mündet diese Versetzung in einer vertraglichen Fixierung und damit Änderung des ursprünglichen Arbeitsvertrages, stellt sich wiederum die Frage nach der Reichweite des vertraglich Fixierten. Wird mit dem gängigen Arbeitsvertragsmuster auch bei einer Versetzung nach Helgoland lediglich die Beschäftigung als Sparkassenmitarbeiter vertraglich festgehalten und die Standardformulierung zur Eingruppierung gewählt, so resultieren ergänzend zur rechtlichen Bewertung (oben § 6 II) im Zuge einer Tätigkeitsänderung keine weiteren Rechtsfragen im Kontext einer entsprechenden Änderungsvereinbarung. Nach der hier vertretenen Auffassung ist die im Arbeitsvertrag neu ausgewiesene Eingruppierung wirksam vereinbart. Folgt man der Rechtsprechung des Bundesarbeitsgerichts zur Unverbindlichkeit der Eingruppierung als Regelfall, wird man zur Vermeidung einer „Hängepartie" (zu den Gründen § 6 II.) hinsichtlich der Hauptleistungspflichten zumindest zu einer wirksamen Vereinbarung der in Aussicht gestellten Tätigkeit auf Helgoland kommen müssen.

## IV. Umsetzung

Umsetzung im Sinne des § 75 Abs. 1 Nr. 3 BPersVG und entsprechender landesgesetzlicher Regelungen ist nach der hier vertretenen Auffassung richtigerweise als räumliche Neuzuweisung des Arbeitsortes zu definieren.[242] In Sparkassen führt diese Situation neben der Anhörung des Personalrats allenfalls zur schriftlichen Mitteilung an den Arbeitnehmer, wonach er ab einem definierten Zeitpunkt seine Arbeit an einem neuen Arbeitsplatz auszuüben hat. Diese einseitige schriftliche Dokumentation soll nach dem Verständnis der handelnden Personalabteilung regelmäßig nicht als Änderung des Arbeitsvertrages dienen, da schon der anfängliche Arbeitsvertrag auf diesen Grad der Konkretisierung bewusst verzichtete. Auch für den Empfänger dieser Äußerung, die mangels

241 Allein von Neumünster an die Nordseeküste in Büsum ist eine Strecke von über 80 Kilometer zurückzulegen. Mehr als weitere 30 Seemeilen müssen dann noch von Büsum in Richtung Hochseeinsel Helgoland auf dem Wasser bzw. in der Luft bewältigt werden, um den neuen Dienstsitz zu erreichen.

242 vgl. ausführliche Herleitung des Umsetzungsbegriffs im öffentlichen Dienst oben unter § 5 II. 3. sowie das ebenfalls dieser Definition HessVGH, Beschl. v. 24.04.2003 – 22 TL 848/02, PersR 2003, 420 f.

Rechtsbindungswillens nicht als Willenserklärung zu qualifizieren ist, wird die fehlende Absicht zur formalen Anpassung des Arbeitsvertrages insbesondere im Mangel einer entsprechend eingeforderten Gegenzeichnung deutlich.

Auch nach §§ 133, 157 BGB, und damit zum Schutz des Rechtsverkehrs, werden diese rein organisatorischen Schreiben folglich ohne ein Hinzukommen weiterer Umstände nicht als Änderungen des ursprünglichen Arbeitsvertrages zu verstehen sein. Wird in einem besonderen Ausnahmefall gleichwohl eine vertragliche Fixierung hinsichtlich des neuen Arbeitsortes von beiden Seiten gewollt, so resultiert aus dieser Vereinbarung zwingend auch eine zukünftige Beschränkung des Direktionsrechtes für den Arbeitgeber (dazu unten § 8 IV). Eine nachfolgende Veränderung des Arbeitsortes bedarf dann einer einvernehmlichen Anpassung oder aber einer entsprechenden Änderungskündigung.[243] Erlauben die gesamten Umstände der Umsetzung nach Treu und Glauben zum Schutz des Rechtsverkehrs ausnahmsweise eine entsprechende Deutung einer arbeitsvertraglichen Fixierung des neuen Arbeitsortes und will sich der Arbeitgeber an diesem für ihn nicht angestrebten Ergebnis nicht festhalten lassen, so setzen die §§ 119 ff. BGB den Rahmen für die Korrektur des vertraglich fixierten Arbeitsortes.[244]

## V. Erfolgreiche Bewerbung auf Stellenausschreibung

Zu besetzende Vakanzen werden in der täglichen Personalarbeit der Sparkassen nicht grundsätzlich ausgeschrieben oder im Gegenteil generell nicht ausgeschrieben. Vielmehr wird die Maßnahme einer internen Ausschreibung in der Regel in jedem Einzelfall gesondert erwogen. Die Motive für die finale Entscheidung sind sehr unterschiedlich und variieren von Fall zu Fall. Einige Verhaltensmuster zeichnen sich jedoch als roter Faden ab: Ist zum Beispiel der interne Wunschkandidat bereits vom Vorgesetzten und dem Personalwesen einvernehmlich auserkoren und wird zudem über den Personalrat keine abweichende Besetzung präferiert, unterbleibt meist eine interne Stellenausschreibung. Machen sich aber mehre interne Kandidaten Hoffnung, die freie Stelle übernehmen zu können, wird zumindest der Personalrat ein transparentes und faires Verfahren einfordern und somit für eine Ausschreibung votieren. Auch wenn der Arbeitgeber des öffentlichen Dienstes bei seiner Entscheidung über

243 Zu den Anforderungen und Grenzen der Änderungskündigung siehe auch oben § 9 II 4 sowie *Berkowsky*, in: MünchHbArbR, § 120 Rn. 1 ff. m. w. N.

244 Zu den Voraussetzungen einer Irrtumsanfechtung nach § 119 BGB vgl. *Müller-Glöge*, in: MüKo-BGB, Band 4, § 611 Rn. 414 m. w. N.

eine interne Stellenausschreibung deutlich freier ist als die unter den Geltungsbereich des Betriebsverfassungsgesetzes fallenden Betriebe (oben § 5 II 4), so folgt er typischerweise dem Leitmotiv des § 2 Abs. 1 BPersVG und seinen entsprechenden landesgesetzlichen Regelungen und strebt im Interesse eines konstruktiven Miteinanders eine einvernehmliche Lösung an. In diesen Fällen erfolgt daher letztlich auch ganz regelmäßig eine Ausschreibung.

Wird das Ergebnis der Ausschreibung wiederum in der gängigen Form eines Änderungsvertrages dokumentiert, in dem die neue Eingruppierung des Beschäftigten der Sparkasse ausgewiesen wird, ohne im Änderungsvertrag die neue Tätigkeit zu benennen, so stellt sich auch hier die Frage der rechtlichen Tragweite dieses Änderungsvertrages. Richtigerweise wird man auch in dieser Erklärung des Arbeitgebers die rechtlich verbindliche Zusage einer entsprechenden Eingruppierung erkennen können.[245] Will man wiederum mit dem Bundesarbeitsgericht auch hier im Regelfall in der Angabe der Eingruppierung lediglich eine rechtlich unverbindliche Erklärung erkennen, so wird man im Interesse einer wirksamen arbeitsvertraglichen Änderungsvereinbarung – und damit zur Vermeidung gänzlicher Unklarheit hinsichtlich der Hauptleistungspflichten – auch in dieser Fallvariante zumindest eine vertragliche Fixierung hinsichtlich der ausgeschriebenen Tätigkeit annehmen müssen. Schließlich hat sich der Arbeitsnehmer ja erfolgreich auf eine bestimmte ausgeschriebene Stelle beworben. Die wesentlichen Aufgabenstellungen und persönlichen wie fachlichen Anforderungen der fraglichen Stelle werden in den Ausschreibungsunterlagen regelmäßig mehr oder weniger dezidiert beschrieben und sind damit aus Sicht des verständigen Empfängers zumindest unausgesprochen Grundlage des Änderungsvertrages geworden. Außerdem wäre andernfalls im Kontext der Änderungsvereinbarung weder eine bestimmte Eingruppierung vereinbart worden, noch eine irgendwie geartete Vereinbarung zur Tätigkeit gelungen, ein für beide Seiten unbefriedigendes Ergebnis (so schon oben § 6 II).

Treffender ist dann schon wiederum die hier vertretene Position einer wirksamen vertraglichen Vereinbarung zur Eingruppierung. Der Arbeitnehmer ist in

---

245 Die Kritik an der Rechtsprechung im Hinblick auf den ursprünglichen Arbeitsvertrag zur Begründung des Arbeitsverhältnisses kann im Kern auf die Variante eines Änderungsvertrages übertragen werden. Auch in diesem Fall will der Personalleiter und Vorstand typischerweise im Nachgang zur erfolgreichen Bewerbung eine entsprechend valide Aussage zur zukünftigen Vergütung treffen bzw. darf der Arbeitnehmer mit Blick auf §§ 133, 157 BGB zumindest auf einen entsprechenden Rechtsbindungswillen vertrauen. Zumal sein modifizierter Arbeitsvertrag trotz Bewerbung auf eine konkrete Stelle wieder nur *die Beschäftigung als Sparkassenmitarbeiter* ausweist.

seinem berechtigten Interesse nach Absicherung seines Vergütungsanspruches geschützt. Der nach möglichst unbeschränktem Direktionsrecht im Rahmen einer Entgeltgruppe strebende Arbeitgeber des öffentlichen Dienstes vereinbart nach dem Wortlaut des Arbeitsvertrages und im Ergebnis keine bestimmte Tätigkeit und bewahrt sich so ein möglichst großzügiges Weisungsrecht.

Folgt man dem Bundesarbeitsgericht hinsichtlich der Bedeutung der arbeitsvertraglich fixierten Entgeltgruppe, muss man zur Vermeidung einer gänzlich fehlenden Vereinbarung zu den Hauptleistungspflichten zumindest die Vereinbarung der ausgeschriebenen Tätigkeit annehmen (oben § 6 II).

## VI. Entsendung zu einem Verband

Im Zuge der Entsendung zum Regional- oder Dachverband der Sparkassen dürfte es im Regelfall zu keinen divergierenden Positionen im Kontext der Vergütungsvereinbarung kommen. Die Entsendungsvereinbarung lässt das Arbeitsverhältnis mit der Sparkasse bis zum Ende der Entsendung ruhen und regelt alle wesentlichen Fragen im Kontext der Entsendung in einem gesonderten Entsendungsvertrag. Auch nach der Rechtsprechung des Bundesarbeitsgerichts dürfte in der Angabe der für die Entsendung maßgeblichen Eingruppierung in dieser besonderen Konstellation ausnahmsweise eine feste Vergütungszusage zu erkennen sein, da die Entsendungsvereinbarung typischerweise auch weitere Zahlungen wie zum Beispiel für Umzüge, Heimfahrten, Verpflegungsmehraufwendungen, Mietkosten usw. ausweist und so zumindest aus dem Blickwinkel des verständigen Empfängers ein Gesamtpaket zur finanziellen Entschädigung für den Zeitraum der Entsendung beschrieben wird.[246]

---

246 Wesentliche Entscheidungen des BAG im Kontext der korrigierenden Rückgruppierung: BAG, Urt. v. 15.06.2011 – 4 AZR 737/09, ZTR 2012, 26; BAG, Urt. v. 01.07.2009 – 4 AZR 234/08, ZTR 2010, 31 f.; BAG, Urt. v. 14.09.2005 – 4 AZR 348/04, ZTR 2006, 253 f.; BAG, Urt. v. 21.08.2003 – 8 AZR 393/02, AP §§ 22, 23 BAT-O Nr. 27; BAG, Urt. v. 16.02.2000 – 4 AZR 62/99, ZTR 2001, 222 ff.; BAG, Urt. v. 11.06.1997 – 10 AZR 724/95, EzA § 4 TVG Eingruppierung Nr. 7; BAG, Urt. v. 30.08.1995 – 1 AZR 47/95, ZTR 1996, 123 ff. = PersR 1996, 74 ff.; BAG, Urt. v. 23.08.1995 – 4 AZR 352/94, ZTR 1996, 169; BAG, Urt. v. 09.02.1993 – 1 ABR 51/92, BAGE 72, 187 = AP Nr. 103 zu § 99 BetrVG 1972; BAG, Urt. v. 12.01.1993 – 1 ABR 42/92, BAGE 72, 123 = AP Nr. 101 zu § 99 BetrVG 1972; BAG, Urt. v. 28.10.1981 – 4 AZR 244/79, BAGE 36, 392 = AP Nr. 54 zu §§ 22, 23 BAT 1975; BAG, Urt. v. 16.10.1974 – 4 AZR 1/74, AP Nr. 81 zu §§ 22, 23 BAT.

Dass es im Ausnahmefall doch einmal zu einem vertraglichen Vergütungsanspruch kommen kann, hat das BAG wiederholt angedeutet.[247] Die Messlatte des BAG für diese besonderen, Vertrauenstatbestände begründenden Umstände, ist allerdings sehr hoch. Wird dieser Vertrauenstatbestand im Einzelfall bejaht, ist es dem Arbeitgeber nach der BAG-Rechtsprechung nach Treu und Glauben verwehrt, sich zur Begründung der Rückgruppierung auf eine fehlende tarifliche Voraussetzung für die bisher gewährte Vergütung zu berufen. Die Annahme einer Verwirkung ist nach dem BAG allerdings nicht allein mit einer Eingruppierung in einer bestimmten Entgeltgruppe über vierzehn Jahre zu begründen. Es müssten vielmehr zusätzliche Umstände hinzukommen, so die Urteilsbegründung der vorgenannten Entscheidung.

Auch mit dem Maßstab des Bundesarbeitsgerichts wird man in den Fällen einer typischen Entsendungsvereinbarung zumindest einen aus Treu und Glauben abgeleiteten Vertrauenstatbestand erkennen können, der den Einwand einer irrtümlich falschen Eingruppierung und einer anschließenden Korrektur ausschließt. Der übersichtliche Zeitraum einer Entsendung von meist 6 bis 24 Monaten, gepaart mit der dezidierten Beschreibung des Vergütungspaketes und der Vereinbarung zur Arbeitsaufnahme in einer anderen Stadt, bei einem anderen Arbeitgeber dürfte in der Gesamtbewertung auch für das Bundesarbeitsgericht einen hinreichenden Vertrauenstatbestand begründen.[248]

Im Regelfall einer Entsendung innerhalb der Sparkassenorganisation muss dieser Vertrauenstatbestand jedoch gar nicht erst bemüht werden, da beide Parteien der Entsendungsvereinbarung mit einem entsprechenden Rechtsbindungswillen hinsichtlich der Eingruppierung und seiner zusätzlichen Entgeltbestandteile handeln.[249] In der betrieblichen Praxis genießen Dispute über

---

247 Siehe hierzu zuletzt BAG, Urt. v. 15.06.2011 – 4 AZR 737/09, ZTR 2012, 26, mit Verweis auf weitere gleichgelagerte Entscheidungen zur Begründung eines Vertrauenstatbestandes.

248 Entsprechende Entscheidungen der Instanzgerichte oder gar des BAG konnte der Verfasser allerdings nicht finden. Dies dürfte jedoch nicht an der fehlerhaften Einschätzung der Position des BAG liegen, sondern eher am Mangel entsprechend gelagerter Gerichtsprozesse und damit letztlich entsprechender Anlässe zur Positionierung des BAG.

249 So richtigerweise zumindest auch das Verständnis einzelner Ministerien in Rheinland-Pfalz. Schließlich ist der Staatssekretär im Umweltministerium dieses Bundeslandes, Herr Dr. Thomas Griese, der Auffassung, dass die Sonderbehandlung des öffentlichen Dienstes zur Unverbindlichkeit der Eingruppierungszusage unvereinbar mit dem tatsächlichen Willen der Arbeitsvertragsparteien nach Verbindlichkeit der Eingruppierung ist; siehe hierzu Küttner/*Griese*, Personalbuch 2016, Eingruppierung Rn. 23,

die Korrektheit der Eingruppierung während der Entsendung daher auch eher Seltenheitswert. Dass in der Regel Potenzialträger im Hinblick auf Führungslaufbahnen in der Sparkassenlandschaft entsandt werden und selbige zur Durchsetzung ihrer Positionen regelmäßig nicht den Klageweg beschreiten, mag dieses Phänomen noch verstärken.

## VII. Beförderung

Auch eine Beförderung geht ganz klassisch mit der Veränderung der bisherigen Tätigkeit einher (grundsätzlich dazu oben § 5 II 6). Führt diese neue Aufgabe, wie im Regelfall üblich, zu einer Anpassung des Arbeitsvertrages, gilt für die Bewertung der hieraus resultierenden Rechtsfragen im Zusammenhang mit dem Einsatz des gängigen Musters zur Fixierung von Änderungen des Arbeitsvertrages auch in der Fallvariante der Beförderung keine abweichende rechtliche Bewertung zu den Ausführungen oben unter § 6 II.

## VIII. Zusammenfassung

Münden Veränderungen in der Arbeitsorganisation oder Varianten der Eingliederung in den Betrieb in einer ausdrücklichen Anpassung des bestehenden Arbeitsvertrages, so führt dies im Regelfall auch zur wirksamen Vereinbarung der im Arbeitsvertrag ausgewiesenen Eingruppierung. Die den öffentlichen Dienst nur auf den ersten Blick privilegierende Rechtsprechung des Bundesarbeitsgerichts führt mit ihrer Unverbindlichkeit der arbeitsvertraglichen Eingruppierungsabrede im Regelfall dann aber richtigerweise zumindest zur wirksamen Vereinbarung der zukünftigen Tätigkeit. Dieses Ergebnis bindet den Arbeitsgeber des öffentlichen Dienstes weit mehr als die für beide Seiten interessengerechte Fixierung der Eingruppierung. Abweichende Ergebnisse zur Verbindlichkeit der Angabe der Eingruppierung mögen nach der hier vertretenen Auffassung allenfalls in den besonderen Umständen des Einzelfalles begründet sein.

---

vgl. zur grundsätzlichen Herleitung des Rechtsbindungswillens auch oben unter § 4 III. 2.

# § 7 Tätigkeitsänderung ohne Vertragsanpassung

## I. Überblick

Die Hauptpflicht zur Leistung der versprochenen Dienste unterliegt in einer sich kontinuierlich wandelnden Arbeitsorganisation zwangsläufig einer permanenten Konkretisierung und Weiterentwicklung im Rahmen der täglichen Arbeit (insbesondere oben § 6 II). Der Arbeitsvertrag als Rechtsgeschäft bildet dabei nach Maßgabe des § 611 BGB die rechtliche Grundlage für die jeweiligen vertragstypischen Pflichten. Nachdem die Auswirkungen der Tätigkeitsänderung auf die Eingruppierung bei gleichzeitiger Anpassung des Arbeitsvertrages beleuchtet wurden (oben § 6), sind nun die Auswirkungen auf die Eingruppierung bei einer Tätigkeitsänderung ohne entsprechende schriftliche Anpassung des Schuldverhältnisses zu betrachten. Die Fallvarianten der Änderungskündigung (ausführlich dazu unten § 9 II 4) und der abändernden Dienstvereinbarung (dazu unten § 10) bleiben hier daher zunächst bewusst außer Acht. Schwerpunkt der Betrachtung ist vielmehr die tagtäglich vielfach eintretende Situation einer Modifikation der Tätigkeit im bestehenden Arbeitsverhältnis durch einseitige Leistungsbestimmung des Arbeitgebers, durch eine schleichende Weiterentwicklung der Tätigkeit oder gar aufgrund Eigeninitiative des Mitarbeiters. Gerade das Fehlen einer ausdrücklichen Anpassung des Arbeitsvertrages wird hierbei unterstellt.

Ausgangspunkt für die nachfolgenden Bewertungen der einzelnen Varianten ist wiederum der in der Sparkassenorganisation übliche Arbeitsvertrag. Hiernach wird der zukünftige Mitarbeiter eine Tätigkeit als Beschäftigter der Sparkasse aufnehmen und ist hierfür ausweislich des Vertrages in eine bestimmte Entgeltgruppe eingruppiert.[250] Folgt man der Rechtsprechung des Bundesarbeitsgerichts zur grundsätzlich lediglich deklaratorischen Wirkung dieser Eingruppierungsvereinbarung, so muss man im Regelfall zumindest von einer wirksamen Vereinbarung der Tätigkeit ausgehen (oben § 4 III 1 a dd).[251] Für die hier auch zu bewertende spätere Änderung der Arbeitsbedingungen im Zuge der

---

250 vgl. hierzu Musterarbeitsvertrag, Anlage 1.

251 Andernfalls müsste ein wirksamer Vertragsschluss gänzlich negiert werden, da ohne Vergütungsvereinbarung und einer arbeitsvertraglichen Konkretisierung der geschuldeten Tätigkeit mit „Beschäftigter der Sparkasse" für einen wirksamen Vertragsschluss wohl nicht ausreichen dürfte; hierzu auch oben § 4 III 2.

einseitigen Leistungsbestimmung durch den öffentlich-rechtlichen Arbeitgeber kann dann entgegen der ständigen Rechtsprechung und herrschenden Lehre (ausführlich oben § 8 IV 1 a und b) aber nicht mehr vornehmlich die vereinbarte Entgeltgruppe als maßgeblicher Rahmen für das Direktionsrecht herangezogen werden. Vielmehr wird mit § 106 GewO die Zuweisung einer veränderten Aufgabenstellung dem Maßstab des billigen Ermessens genügen müssen und wird somit nicht ohne entsprechende Würdigung der ursprünglich arbeitsvertraglich vereinbarten Tätigkeit auskommen können. Dabei entsteht ein relativ enges Korsett für spätere Modifikationen.

Die Annahme einer wirksamen Vereinbarung der Entgeltgruppe in den Fällen der Standarddienstverträge ist interessengerechter und eröffnet für die Weiterentwicklung der geschuldeten Tätigkeit im Verlauf des Arbeitsverhältnisses deutlich mehr Gestaltungsfreiräume (Vorschläge für Neuabschlüsse und Bestandsverträge oben § 4 III 3 a und b). Ändert sich nämlich die Tätigkeit im Verlauf des Arbeitsverhältnisses ohne ausdrückliche Anpassung des Arbeitsvertrages, bleibt aber die Stellenwertigkeit der neuen Aufgabenstellung auf dem Niveau der bisherigen Tätigkeit, so gibt es zumindest keine Veranlassung, über die Angemessenheit der gezahlten Vergütung bzw. die zukünftigen Vergütungsansprüche unterschiedliche Auffassungen zu haben oder über die Zulässigkeit der Aufgabenveränderung zu streiten (zu den Grenzen des Direktionsrechtes unten § 8 IV). Führt aber die neue Aufgabenstellung beispielsweise aufgrund erhöhter inhaltlicher Komplexität oder reduzierter Eigenverantwortung zu einer Auf- bzw. Abwertung der Stelle nach Maßgabe der tarifvertraglichen Eingruppierungslogik, so sind diese Änderungen der Arbeitsbedingungen nicht mehr vom einseitigen Leistungsbestimmungsrecht des Arbeitgebers getragen.

Die Pflicht des Arbeitgebers nach § 611 BGB zur Gewährung der vereinbarten Vergütung ist Kernelement des synallagmatischen Schuldverhältnisses und kann daher nicht ohne Weiteres einseitig modifiziert werden.[252] Liegen ausnahmsweise die Voraussetzungen für eine konkludente Vertragsänderung vor, ist von einer mit den allgemeinen Grundsätzen des Schuldrechts verträglichen Modifikation des Arbeitsverhältnisses auszugehen. Richtigerweise wird die Messlatte für die Annahme einer konkludenten Änderung des Arbeitsvertrages von Rechtsprechung und herrschender Literatur jedoch sehr hoch angesetzt, wenn

---

252 Die weiteren Ansätze zur Anpassung eines arbeitsvertraglich vereinbarten Vergütungsanspruches wie beispielsweise Änderungskündigung, Wegfall der Geschäftsgrundlage und abändernde Dienstvereinbarung werden hier bewusst ausgeklammert; siehe Übersicht der Änderungsinstrumente bei *Hromadka*, RdA 1992, 234, 235.

in jedem Einzelfall an die jeweilige Verkehrssitte sowie Treu und Glauben anzuknüpfen ist.[253] Nicht nur in einer Sparkasse wird man die Erreichung der durch das Bundesarbeitsgericht gesetzten Messlatte für den Regelfall eines Austausches zwischen Vorgesetztem und Mitarbeiter aufgrund des gemeinsamen Verständnisses ausschließen können. Andernfalls würde zumindest bei den langjährigen Beschäftigungsverhältnissen nicht zuletzt regelmäßig Unklarheit über den jeweils aktuellen Stand der arbeitsvertraglichen Vereinbarung herrschen.[254] Dies wäre sowohl für Arbeitgeber als auch Arbeitnehmer ein offensichtlich unbefriedigender Zustand.

Schließlich stellt sich aber noch die bisher kaum beleuchtete Frage, was bei einer tatsächlich umgesetzten und aufgrund der Wertigkeit der neuen Tätigkeit eingruppierungs- bzw. vergütungsrelevanten Veränderung gelten soll, wenn weder ausdrücklich noch konkludent ein entsprechender Änderungsvertrag abgeschlossen wurde.[255] Naheliegend könnte sein, auch in diesen Fällen dem eigentlich für das gänzliche Nichtbestehen einer schuldrechtlichen Vereinbarung

---

253 BAG, Urt. v. 09.03.2005 – 5 AZR 231/04, AP Nr. 70 zu § 611 BGB, Direktionsrecht mit weiteren Hinweisen auf Entscheidungen des BAG. Nach Auffassung des BAG kommt es bei konkludenten Vertragsanpassungen darauf an, wie ein Erklärungsempfänger unter Berücksichtigung der gegebenen Umstände nach Treu und Glauben die Handlung verstehen durfte. Ebenso beispielsweise LAG Schleswig-Holstein, Urt. v. 06.12.2011 – 1 Sa 13 a/11, JurionRS 2011, 33487. Für die Literaturmeinung siehe exemplarisch Schaub/*Linck*, Arbeitsrechts-Handbuch, § 32 Rn. 14 f. Zur konkludenten Abgabe einer Willenserklärung in Abgrenzung zum Erklärungswert des bloßen Schweigens siehe *Boemke/Ulrici*, BGB Allgemeiner Teil, § 5 Rn. 18 bzw. Rn. 20, wonach bei konkludenten Willenserklärungen der Rechtsfolgewille durch schlüssiges Verhalten zum Ausdruck kommt bzw. der Erklärungsinhalt aus dem (aktiven) Verhalten der Sinnträger abgeleitet wird und gerade nicht aus dem Fehlen von Worten.

254 Wenn *Boemke*, Studienbuch Arbeitsrecht, S. 262, Rn. 5, bei einer bewussten Überzahlung durch den Arbeitgeber richtigerweise den Rückgriff auf § 814 BGB ausschließt, da in selbiger und der konkludenten Annahme durch den Arbeitnehmer eine entsprechende vertragliche Grundlage begründet ist, so ist dies nur auf den ersten Blick eine Relativierung der Hürdenhöhe auf dem Weg zur Vertragsänderung. Denn eine bewusste Überzahlung in einem tarifgebundenen Unternehmen ist letztlich die Zuweisung einer übertariflichen Zulage, und hierfür verfügt der Personalleiter einer Sparkasse ganz regelmäßig nicht über eine hinreichende Entscheidungskompetenz, so dass in diesen Fällen die vorherige Einbindung der nächsthöheren Vorgesetzten notwendig ist.

255 Wegen der sechsmonatigen Ausschlussfrist nach § 37 Abs. 1 TVöD-S wird die tatsächliche Brisanz der Fragestellung allerdings wieder etwas relativiert.

entwickelten Grundsatz vom fehlerhaften Arbeitsverhältnis zu folgen.[256] Sofern also der Arbeitnehmer die Veränderung in Richtung höherer Eingruppierung nicht arglistig oder zumindest treuwidrig erwirkt hat, hätte er trotz fehlender Anpassung des Arbeitsvertrages Anspruch auf die höhere Vergütung.[257] Überwiegend werden die besondere Schutzbedürftigkeit des Arbeitnehmers sowie Probleme bei der Rückabwicklung nach Bereicherungsrecht als Argumente für die Lehre vom fehlerhaften Arbeitsverhältnis ins Feld geführt.[258] Folgt man diesen Argumenten, sollte Entsprechendes für die hier fragliche Fallvariante gelten, auch wenn die für das Prinzip des fehlerhaften Arbeitsverhältnisses typische Ausgangslage einer gänzlichen Vertragslosigkeit hier nicht vorliegt.

Die faktische Ausübung einer höherwertigen Tätigkeit ohne entsprechende vertragliche Vereinbarung ähnelt den Herausforderungen, die beim Vollzug eines nichtigen bzw. fehlerhaften Arbeitsverhältnisses auftreten. Der Fortbestand eines „Grundarbeitsverhältnisses" dürfte für die Verfechter der Lehre vom fehlerhaften Arbeitsverhältnis eigentlich nichts an der Notwendigkeit zur Anwendung ihres Prinzips zur Regulierung einer rechtsgrundlos erbrachten Leistung ändern. Genauer müsste dann aber nicht ein von Anfang an unwirksamer Arbeitsvertrag Voraussetzung für die Anwendung der „Rechtsfigur des faktischen Arbeitsvertrages"[259] sein, sondern das Fehlen einer wirksamen vertraglichen Grundlage für die tatsächlich erbrachte Arbeitsleistung.[260] Denn der Fortbestand eines Praktikantenvertrages aufgrund eines nichtigen Änderungsvertrages beispielsweise zur Vollzeitbeschäftigung als Architektin, wird an der

---

256 Siehe zu dieser Thematik grundsätzlich die kritischen Ausführungen von *Boemke*, AR-Blattei 220.5, Rn. 1 ff.

257 Nach der von Rechtsprechung und Literatur überwiegend vertretenen Auffassung des Prinzips vom fehlerhaften Arbeitsverhältnis soll die Nichtigkeit eines entsprechenden Grundverhältnisses für die Phase der bereits erbrachten Arbeitsleistung grundsätzlich unerheblich sein. Bestimmte Konstellationen sollen die Schutzwürdigkeit des Arbeitnehmers dann allerdings wieder ausschließen. Siehe hierzu m. w. N. Staudinger/*Richardi/Fischinger*, BGB, § 611 Rn. 255 ff. bzw. 312 ff.

258 Siehe exemplarisch die Lehrbuchmeinung in *Junker*, Grundkurs Arbeitsrecht, Rn. 193 ff.

259 Zur berechtigten Kritik an der Bezeichnung der Rechtsfigur als „faktischem Vertrag" siehe *Boemke*, AR-Blattei 220.5, Rn. 2 ff.

260 Exemplarisch spricht *Otto*, Arbeitsrecht, Rn. 258, bei der Skizzierung der Voraussetzungen für ein faktisches Arbeitsverhältnis u. a. relativ unspezifisch vom Vorliegen eines „von Anfang unwirksamen Arbeitsvertrages". Ob daneben weitere Arbeitsverhältnisse bestehen dürfen oder gerade die vollständige Absenz von schuldrechtlichen Verträgen zwischen Arbeitgeber und Arbeitnehmer Voraussetzung ist, bleibt offen.

Schutzbedürftigkeit der Praktikantin und den Vor- und Nachteilen des Regelwerks zum Bereicherungsrecht nach §§ 812 ff. BGB nichts ändern.

Da aber die besondere Schutzbedürftigkeit des Arbeitnehmers eher eine Worthülse ist und allein Herausforderungen bei der Anwendung des Bereicherungsrechtes nicht gleich ein Grundprinzip des Schuldrechts ohne gesetzliche Grundlage auf den Kopf stellen dürfen,[261] ist in diesen Fällen vielmehr eine rechtskonforme Lösung zu erarbeiten. Die nachfolgenden Kapitel werden vor dem Hintergrund typischer Varianten der Tätigkeitsänderung entsprechende Lösungen aufzeigen.

## II. Veränderung des Aufgabenzuschnitts

### 1. Zuweisung einer geringwertigeren Tätigkeit

Ausgangskonstellation: Durch den Filialleiter wird dem Mitarbeiter dauerhaft eine modifizierte Tätigkeit zugewiesen, die unter Beachtung der tarifvertraglichen Entgeltordnung gegenüber der Ist-Eingruppierung lediglich eine niedrigere Vergütung rechtfertigt. Die Auswirkung auf die Stellenwertigkeit der modifizierten Tätigkeit wird weder vom Vorgesetzten noch vom Mitarbeiter reflektiert. Eine explizite Anpassung des Vertrages findet nicht statt. Auch erfolgt keine Absenkung der Vergütung, die Personalabteilung bleibt insgesamt unbeteiligt. Die Abweichung von der tarifvertraglich eigentlich korrekten Vergütung wird erst nach mehrjähriger Ausübung der geringwertigeren Tätigkeit festgestellt. Ein plastisches Beispiel zur Verdeutlichung der Praxisrelevanz könnte beispielsweise die ausschließliche Zuschlüsselung von Transfergeldempfängern auf einen Kundenberater(-typus) zur Erhöhung der Prozesseffizienz sein. Da diese Kundengruppe aber typischerweise keine Wertpapiergeschäfte tätigt und auch für Kreditgeschäfte regelmäßig über keine hinreichende Bonität verfügt, ist die Komplexität in der täglichen Kundenbetreuung gegenüber einem regulären Privatkundenberater deutlich reduziert.

### 2. Bewertung bei Standarbeitsvertrag

Geht man im Zuge der Begründung des fraglichen Arbeitsverhältnisses wiederum vom Einsatz eines Standardarbeitsvertrages aus, ist nach der hier vertretenen Auffassung die Eingruppierung für einen regulären Privatkundenberater im ursprünglichen Standardarbeitsvertrag wirksam vereinbart worden (oben § 4

---

261 Ebenso überzeugend *Boemke*, AR-Blattei 220.5, Rn. 89 ff. bzw. Rn. 95.

IV). Auch wenn die Zuweisung einer geringwertigeren Tätigkeit somit über das Direktionsrecht eigentlich nicht möglich ist (ausführlich unten § 8 IV), interessieren an dieser Stelle primär die Konsequenzen für den Vergütungsanspruch bei einer faktischen Umsetzung.

Eine konkludente Anpassung des Arbeitsvertrages dürfte im vorliegenden Fall zu verneinen sein, da der Filialleiter, unabhängig von seiner unzureichenden Befugnis zur Abänderung von Dienstverträgen ohne Einbindung der Personalabteilung,[262] mangels Reflexion über die Stellenwertigkeit keine entsprechende Willenserklärung abgeben wollte und wohl auch aus Sicht des verständigen Erklärungsempfängers im vorliegenden Fall keine konkludente Arbeitsvertragsänderung mit Auswirkungen auf den Vergütungsanspruch angenommen werden kann.[263] Nur wenn beispielsweise die Modifikation der Tätigkeit in einem offensichtlich korrespondierenden Schritt zur entsprechenden Kürzung der monatlichen Vergütung geführt hätte, könnte man nach der hier vertretenen Meinung eine konkludente Anpassung des Arbeitsvertrages erwägen.[264] Ohne

262 Zu den Anforderungen und Grenzen der Duldungs- und Anscheinsvollmacht im Kontext der Zuweisung einer eingruppierungsrelevanten Aufgabe siehe BAG, Urt. v. 24.08.2011 – 4 AZR 565/09, ZTR 2012, 94 f. In der zitierten Entscheidung führt das BAG aus, dass sich der Arbeitgeber eine scheinbare Vertretungsmacht eines leitenden Mitarbeiters vertragsrechtlich zurechnen lassen muss, wenn der leitende Angestellte aus objektiver und berechtigter Sicht des Arbeitnehmers entsprechend auftritt. Auch diesen Anspruch wird man bei der Konkretisierung einer Tätigkeit durch einen Filialleiter und damit regelmäßig einer Führungskraft der 3. Führungsebene verneinen müssen.

263 Bei einer fehlenden Einbindung der zuständigen Personalabteilung wird man einen Vertrauensschutz der Arbeitnehmer einer Sparkasse regelmäßig mit Verweis auf die Verkehrssitte verneinen können, da die Einbindung dieser Abteilung im Zusammenhang mit der Begründung und Modifikation des Arbeitsvertrages den Regelfall darstellt. Vor ähnlichem Hintergrund siehe auch BAG, Urt. v. 05.05.1999 – 4 AZR 360/98, MDR 1999, 1513 f., wonach einer Mitarbeiterin eines öffentlichen Arbeitgebers bekannt sei, dass sämtliche den vertraglichen Status betreffenden Fragen an das Personaldezernat herangetragen werden müssen.

264 Sofern man mit Schaub/*Linck*, Arbeitsrechts-Handbuch, § 32 Rn. 14, in der Regel eine Zustimmung des Arbeitnehmers zur Vertragsänderung erkennen will, wenn sich die veränderten Umstände unmittelbar im Arbeitsverhältnis auswirken, mag dies für die unwidersprochene Absenkung der Vergütung regelmäßig zutreffend und in Gänze unproblematisch sein, allerdings nur solange man nicht auch der Rechtsprechung des BAG zur lediglich deklaratorischen Angabe der Eingruppierung im Arbeitsvertrag des öffentlichen Dienstes folgt. Erkennt der Arbeitnehmer nämlich, wie im vorliegend skizzierten Fall, nicht die Tragweite der Tätigkeitsänderung hinsichtlich

ausdrückliche oder konkludente Anpassung des Vertrages erfolgte die Zahlung der eigentlich zu hohen monatlichen Vergütung nach der hier vertretenen Auffassung dann aber nicht ohne Rechtsgrund, sondern als zwingende Konsequenz aus dem wirksam vereinbarten Vertrag.[265]

Für die entsprechende Anwendung des Prinzips des fehlerhaften Arbeitsverhältnisses oder einer Rückabwicklung nach Bereicherungsrecht bleibt somit kein Raum. Es ist vielmehr die arbeitsorganisatorische Aufgabe des Vorgesetzten, ein entsprechendes Äquivalent an Arbeitsleistung für die vereinbarte Vergütung abzurufen (zu den Voraussetzungen und Grenzen von Jobenrichment und -enlargement unten § 8) oder, sofern dies aufgrund der Arbeitsorganisation und Kundennachfrage nicht erforderlich ist, eine explizite Anpassung des Arbeitsvertrages zu erwirken (zu den rechtlichen Rahmenbedingungen zur Korrektur der Eingruppierung unten §§ 9, 10). Verzichtet der Arbeitgeber hierauf bewusst oder unbewusst auch über einen längeren Zeitraum hinweg, muss er sich dies selbst zurechnen lassen und kann den weisungsgebundenen Arbeitnehmer hierfür nicht nachträglich in Regress nehmen.[266] Nach der hier vertretenen

---

des reduzierten Vergütungsanspruches, wird man dann zumindest nach Treu und Glauben eine konkludente Anpassung des Vertrages hinsichtlich der geschuldeten Tätigkeit, trotz unmittelbar angepasster Leistungserbringung durch den Arbeitnehmer, nicht annehmen können. Andernfalls könnte ein trickreicher Arbeitgeber im öffentlichen Dienst so die Hürde des KSchG auf dem Weg zur Anpassung der vertraglichen Hauptleistungspflichten umgehen: (i.) Zuweisung einer ganz einfachen Tätigkeit zunächst ohne Kürzung der monatlichen Vergütung. (ii.) Anschließend nach einigen Monaten mit Schaub/*Linck* aufgrund der tatsächlichen Anpassung der Tätigkeit eine vertragliche Vereinbarung der einfacheren Tätigkeit feststellen, um dann (iii.) mit der Rechtsprechung des BAG für die Zukunft eine reduzierte tarifvertragliche Eingruppierung und damit Vergütung umzusetzen.

265 Folgt man dem BAG und seiner Rechtsprechung zur lediglich deklaratorischen Wirkung der Eingruppierungsregelung im maßgeblichen Arbeitsvertrag, so muss man aus den oben unter § 4 III 2 ausgeführten Gründen zumindest von der vertraglichen Vereinbarung der Tätigkeit als regulärer Kundenberater ausgehen. Eine konkludente Anpassung dieser vertraglich geschuldeten Tätigkeit wird man schon nach Treu und Glauben aufgrund der fehlenden Klarheit über die Vergütungsrelevanz verneinen müssen. Wird folglich die vertraglich geschuldete Tätigkeit durch die unzureichende Arbeitsorganisation des Arbeitgebers nicht vollumfänglich abgerufen, bleibt kein Raum für eine Rückforderung der Überzahlung nach Bereicherungsrecht.

266 Im Gegenteil hat der Arbeitnehmer vielmehr ein durchsetzbares Recht auf Zuweisung einer vertragskonformen Tätigkeit; siehe zur Klage auf Erfüllung durch den Arbeitnehmer nur *Brox/Rüthers/Henssler*, Arbeitsrecht, Rn. 348; zum verschuldensunabhängigen Risiko des Arbeitgebers, die notwendigen Voraussetzungen für die Erbringung

Auffassung gilt dies auch dann, wenn der Arbeitnehmer selbst die Triebfeder zur Ausübung lediglich geringwertigerer Aufgaben ist.[267] Auch hier ist das Einfordern der vertraglich geschuldeten Tätigkeit Aufgabe der Führungskraft, notfalls auch über den Ausspruch förmlicher Abmahnungen.

## 3. Zuweisung einer höherwertigen Tätigkeit

Bleibt zu klären, wie die Fälle der Zuweisung einer gegenüber dem Arbeitsvertrag höherwertigen Tätigkeit zu beurteilen sind, wenn weder ausdrücklich noch konkludent eine Änderung des Arbeitsvertrages gegeben ist (dazu unten § 8 IV). Wird die höherwertige Tätigkeit lediglich vorübergehend und gleichzeitig aber mindestens einen Monat erbracht, regelt § 14 Abs. 1 TVöD-S die offene Vergütungsfrage.[268] Nach dieser Norm erhält der Beschäftigte der Sparkasse rückwirkend eine entsprechende persönliche Zulage.[269] Verfügte der handelnde Vorgesetzte jedoch für den Mitarbeiter erkennbar ohne die notwendige Vertretungsmacht zur Zuweisung einer Tätigkeit mit erhöhtem Vergütungsanspruch, so kann der Mitarbeiter die Zulage nach § 14 Abs. 1 TVöD-S nicht einfordern, da auch die Voraussetzungen für eine Anscheins- oder Duldungsvollmacht bei dieser Konstellation fehlen.[270]

Somit ist schlussendlich noch offen, wie die Bewertung bei einer nicht nur vorübergehenden, also mithin auf Dauer angelegten Zuweisung einer höherwertigen Tätigkeit ausfallen muss. Um das Beispiel des Kundenberaters aufzugreifen, wäre hier die Konzentration des Beraters auf private Baufinanzierungsanfragen

---

der Arbeitsleistung bereitzustellen, siehe nur LAG Düsseldorf, Urt. v. 02.04.2008 – 12 Sa 1679/07, EzA-SD 17/2008, 5.

267 Ein typischer Fall in Sparkassen ist hierfür die sogenannte Beraterassistenz. Unter Verweis auf die anspruchsvolle Terminvor- und Nachbereitung sowie die eigenständige Kundenkorrespondenz wird hier häufig die Eingruppierung in der Entgeltgruppe 8 nach TVöD-S durchgesetzt. Je nach Potenzial des ausübenden Mitarbeiters wird dann aber tatsächlich häufig „nur" das Rollenmodell der typischen Sekretärin ohne echte inhaltliche Arbeit umgesetzt.

268 Auch ohne entsprechende gewerkschaftliche Organisation des Sparkassenmitarbeiters gewinnt die tarifvertragliche Regelung über die einzelvertragliche Bezugnahme in den Standarddienstverträgen der Sparkasse durchgängig Bedeutung; vgl. hierzu Musterarbeitsvertrag, Anlage 1.

269 Zur Zulässigkeit einer vorübergehenden Zuweisung einer höherwertigen Tätigkeit und der hierfür nach dem BAG erforderlichen doppelten Billigkeitsprüfung siehe BAG, Urt. v. 04.07.2012 – 4 AZR 759/10, ZTR 2013, 24 ff.

270 Ebenso LAG Schleswig-Holstein, Urt. v. 30.09.2008 – 5 Sa 201/08, JurionRS 2008, 47940, mit Verweis auf die entsprechende und ständige Rechtsprechung des BAG.

nach Anweisung des Filialleiters ein denkbares Beispiel aus der Praxis. Bei einer ausschließlich arbeitsorganisatorischen Anweisung durch den Filialleiter ist wiederum nicht von einer konkludenten Anpassung des Arbeitsvertrages auszugehen.[271] § 14 Abs. 1 TVöD-S bietet hier keinen unmittelbaren Lösungsansatz, da die Tarifvertragsparteien nach Wortlaut und Wortsinn persönliche Zulagen nur als Ausgeich für eine temporäre Mehrleistung vorsehen. Die vorliegend beschriebene dauerhafte bzw. langjährige Zuweisung einer höherwertigen Tätigkeit kann hierunter jedenfalls nicht ohne weiteres subsumiert werden. Statt einer entsprechenden Heranzierung des § 14 Abs. 1 TVöD-S sollte hier richtigerweise ein Ausgleich des Differenzbetrages zwischen dem arbeitsvertraglich fixierten Gehalt eines Privatkundenberaters und dem insbesondere aus der Risikodimension des Aktivgeschäfts resultierenden höheren Gehalt eines Baufinanzierungsberaters nach den Regeln des Bereicherungsrechts erfolgen, da in diesem exemplarischen Fall eine vertragliche Übererfüllung ohne entsprechenden Rechtsgrund erbracht wird. Folglich ist mit § 812 Abs. 1 Satz 1 Alt. 1, § 818 Abs. 2 BGB nach der condictio indebiti Wertersatz zu leisten.

Die Anwendbarkeit des Bereicherungsrechtes ist nach der hier vertretenen Auffassung die vom Gesetzgeber gewollte Vorgehensweise und auch das geeignete Instrument zur nachträglichen Regelung von rechtsgrundlos erbrachten Leistungen im Kontext eines Dauerschuldverhältnisses nach § 611 BGB.[272] Raum für eine Rechtsfortbildung besteht folglich nicht. Insbesondere der von den Kritikern der Anwendung des Bereicherungsrechts im vollzogenen Arbeitsverhältnis eingebrachte Hinweis auf die potentielle Einrede der Entreicherung durch den Arbeitgeber überzeugt nicht, weil für ein Dauerschuldverhältnis nach § 611 BGB gerade kein Arbeitserfolg geschuldet ist und mit Blick auf das gewählte Beispiel die Kundenberatung in Baufinanzierungsfragen im Namen der Sparkasse erfolgte und so sehr wohl durch diese angenommen wurde.

Das Bereicherungsrecht hält mit § 814 BGB schließlich auch ein interessengerechtes Instrument für die Fälle einer vom Mitarbeiter erschlichenen

---

271 Insbesondere das Fehlen einer Einbindung der Personalabteilung wird dieses Ergebnis auch für den verständigen Dritten interessengerecht erscheinen lassen. Aufgrund der typischen Arbeitsorganisation ist wiederum bei einer Anpassung der Gehaltszahlung von einer vorherigen Einbindung der Personalabteilung auszugehen, da die Entgeltabrechnung (intern oder durch ausgelagerten externen Dienstleister) ganz regelmäßig von der Personalleitung geführt bzw. gesteuert wird.

272 Siehe grundsätzlich zur berechtigten Kritik an der Nichtanwendung des Bereicherungsrechts bei einem fehlerhaften Arbeitsverhältnis *Boemke*, AR-Blattei 220.5, Rn. 89 ff. bzw. Rn. 95.

höherwertigen Tätigkeit vor. Zur Vermeidung überraschender Nachforderungen sind an dieser Stelle die kurzen Ausschlussfristen des § 37 TVöD-S aufgrund eines fehlenden Anspruches gar nicht erst erforderlich.

## III. Versetzung

Der Versetzungsbegriff im öffentlichen Dienst ist eng gefasst (oben § 5 II 2). Eine Versetzung ist aus diesem Grund und aufgrund der gängigen Organisationsstruktur wie auch der räumlichen Ausdehnung einer Sparkasse vor dem Hintergrund der Anforderungen an eine Versetzung im Sinne des öffentlichen Dienstrechts ganz typischerweise ausgeschlossen. Der folglich auch eher exotische Beispielsfall einer Versetzung nach Helgoland (oben § 6 III) wird hier erneut aufgegriffen, um die rechtlichen Auswirkungen auf den Vergütungsanspruch beim Fehlen einer entsprechenden Vertragsanpassung zu erörtern. Führt die Versetzung ohne explizite Änderung des Arbeitsvertrages aufgrund ihrer konkreten Ausgestaltung durch die handelnden Personen ausnahmsweise zur Annahme einer konkludenten Änderung des Arbeitsvertrages, so ist je nach Situation die Tätigkeit und oder geschuldete Vergütung vertraglich vereinbart worden.[273]

Kann eine konkludente Änderung des Arbeitsvertrages aufgrund der konkreten Ausgestaltung nicht angenommen werden, so ist auch bei Zuweisung einer geringwertigeren Tätigkeit auf der Hochseeinsel der Arbeitgeber aufgrund der arbeitsvertraglich fixierten Vergütung weiter zur entsprechenden Leistung verpflichtet. Dabei muss er (oben § 7 II) seine unwirtschaftliche Arbeitsorganisation gegen sich gelten lassen. Wird auf Helgoland allerdings eine höherwertige Leistung erbracht, hat der Ausgleich der Mehrleistung aufgrund der fehlenden vertraglichen Vereinbarung wiederum nach dem Bereicherungsrecht zu erfolgen.[274]

## IV. Umsetzung

Unter einer Umsetzung im Sinne des § 75 Abs. 1 Nr. 3 BPersVG und entsprechender landesgesetzlicher Regelungen ist richtigerweise eine räumliche Neuzuweisung des

---

273 Zu den Anforderungen an eine konkludente Arbeitsvertragsänderung siehe auch Darstellung bei *Larenz/Wolf*, BGB AT, § 24 S. 439 f., wonach sich beim konkludenten Verhalten der Sinn gerade nicht in der isolierten Betrachtung eines Verhaltens ergibt, sondern sich selbiger gerade erst in Verbindung mit anderen Umständen ergibt.

274 Zur Kritik an der Nichtanwendung des Bereicherungsrechts auf das Dauerschuldverhältnis nach § 611 BGB siehe oben bereits unter § 7 II. mit entsprechendem Verweis insbesondere auf *Boemke*, AR-Blattei 220.5, Rn. 89 ff. bzw. Rn. 95.

Arbeitsortes zu verstehen (oben § 5 II 3). Kommen keine weiteren Anhaltspunkte für eine konkludente Anpassung des Arbeitsvertrages hinzu, wird man bei einer Verlagerung des Arbeitsortes aufgrund einer Anweisung des direkten Vorgesetzten regelmäßig keine konkludente Änderung des Arbeitsvertrages annehmen können. Führt die Tätigkeit am neuen Arbeitsort zu einer eingruppierungsrelevanten Veränderung der ausgeübten Tätigkeit, so gilt für den Ausgleich der entsprechenden Über- bzw. Unterzahlung das gleiche Ergebnis wie für die Tätigkeitsänderung nach einer Versetzung.

## V. Erfolgreiche Bewerbung auf Stellenausschreibung

Am Ende eines internen Verfahrens zur Besetzung einer vakanten Position dokumentiert die Personalabteilung einer Sparkasse in aller Regel gegenüber dem erfolgreichen Mitarbeiter schriftlich den positiven Ausgang des Bewerbungsverfahrens. In einem gesonderten Schreiben wird sodann die neue Eingruppierung, verbunden mit einem Glückwunsch ohne konkreten Bezug zur Stellenbesetzung und unter Verweis auf § 22 BAT mitgeteilt. Geht man mit der hier vertretenen Meinung von einer vertraglichen Fixierung der ursprünglichen Eingruppierung aus, so wird man bei einer Bewertung aller Umstände im Regelfall von einer zumindest konkludenten Anpassung der vertraglichen Vergütungsvereinbarung hin zur neuen Entgeltgruppe ausgehen können. So weisen interne Dokumente zur Stellenausschreibung, neben den Eckpunkten der fraglichen Tätigkeit und den hierfür erforderlichen persönlichen und fachlichen Kompetenzen, ganz regelmäßig auch die Zieleingruppierung der ausgeschriebenen Tätigkeit aus. Andernfalls würden entsprechende interne Bewerbungen ausbleiben bzw. auf direktem Weg oder über die Vorgesetzten unzählige Anfragen bei der Personalabteilung platziert werden. Um diese ineffiziente prozessuale Schleife auszusparen, weisen nicht nur in Sparkassen Dokumente zur internen Stellenausschreibung entsprechende Angaben zur Vergütung aus. Für eine konkludente Anpassung der Vergütungsvereinbarung spricht auch, dass zudem die monatliche Gehaltsabrechnung und Entgeltüberweisung auf das in Aussicht gestellte Monatseinkommen angepasst wird. Nach der hier vertretenen Auffassung gilt dies ausdrücklich auch bei einer Bewerbung auf eine geringer dotierte Position.[275]

275 Das Phänomen einer Bewerbung auf eine niedriger dotierte Position ist neben den Fällen der Überforderung insbesondere auch dann zu beobachten, wenn die Zieldimensionierung einer Abteilung im Zuge eines Restrukturierungsprozesses verkleinert wird und eher leistungsschwächere Mitarbeiter zur Vermeidung einer Versetzung in den internen Arbeitspool die Besetzung einer gesicherten Planstelle anstreben. Häufig wird der Entgeltverlust in diesem Fall zumindest temporär durch einkommenssichernde Dienstvereinbarungen abgesichert.

Rechtfertigen die konkreten Umstände des Einzelfalls bei einer erfolgreichen Bewerbung auf eine Stellenausschreibung ausnahmsweise die Annahme eines ausdrücklichen oder zumindest konkludenten Vertragsschlusses nicht, so gilt auch hier hinsichtlich des Ausgleichs etwaiger Über- und Unterzahlungen das gleiche Ergebnis wie nach einer Versetzung ohne Anpassung des Vertrages.

## VI. Entsendung zu einem Verband

Eine Entsendung zum Sparkassenverband ohne eine entsprechende schriftliche Vereinbarung zur Vergütung, einschließlich einer Regelung zur Kompensation der Mehraufwendungen für doppelte Haushaltsführung und Fahrten zum Einsatzort, zum Ruhen des Arbeitsverhältnisses mit dem eigentlichen Arbeitgeber während der Entsendung, zur Regelung der Altersvorsorgeansprüche während der Entsendung usw. dürfte aufgrund der besonderen Ausnahmesituation für Arbeitgeber, der erheblichen Veränderungen für den Arbeitnehmer und der zahlreichen, hier nur angedeuteten, offenen Fragestellungen die absolute Ausnahme darstellen. Kann in dieser Ausnahmesituation auch aufgrund des schlüssigen Verhaltens der handelnden Personen wie Personalleitung oder Vorstand auf der einen Seite und Mitarbeiter auf der anderen Seite kein konkludenter Vertragsschluss angenommen werden, erfolgt der angemessene Ausgleich der Mehrauslagen richtigerweise über eine analoge Anwendung des § 670 BGB. Der Mitarbeiter handelt mit der Vorfinanzierung seiner Entsendung im Sinne seines Arbeitgebers und erfüllt so letztendlich Pflichten gegenüber seinem Arbeitgeber, die ihm wiederum als Beauftragtem zu erstatten sind.[276]

## VII. Beförderung

Auch bei einer Beförderung ist das Fehlen einer entsprechenden, zumindest konkludenten, vertraglichen Vereinbarung zur Tätigkeit oder Vergütung sicher eher die Ausnahme in der täglichen Personalarbeit deutscher Sparkassen. Kommt es gleichwohl zur Übernahme einer gegenüber der bisherigen Funktion erweiterten Aufgabe und bietet der Arbeitsvertrag keine hinreichende Grundlage für einen funktionsgerechten und somit regelmäßig erhöhten Vergütungsanspruch,

276 Will man alternativ eine Rückabwicklung der Aufwendungen über das Bereicherungsrecht herleiten, sprechen die besseren Argumente für eine Anwendung des § 670 BGB denn für eine ungerechtfertigt erhaltene Leistung des Arbeitgebers, die es rückabzuwickeln gilt. Zur Vorgehensweise bei der condictio indebiti im Mehrparteienverhältnis siehe auch Staudinger/*Lorenz*, BGB, § 812 Rn. 86 ff.

stellt das Bereichungsrecht (§§ 812 ff. BGB) wiederum die Grundlage für einen interessengerechten Ausgleich dar.

## VIII. Zusammenfassung

Vielfach kurzerhand als zum nachträglichen Ausgleich von Ansprüchen im Arbeitsverhältnis ungeeignet verbrämt, können die besprochenen Fallvarianten die weitgehende Negierung des Bereicherungsrechts beim Vollzug des mit Fehlern behafteten Arbeitsverhältnisses nicht bestätigen. Sowohl die tagtäglich häufig eintretende Situation einer Modifikation der Tätigkeit im bestehenden Arbeitsverhältnis durch einseitige Leistungsbestimmung des Arbeitgebers, durch eine schleichende Weiterentwicklung der Tätigkeit oder gar aufgrund vertragswidriger Eigeninitiative des Mitarbeiters können bei einer Auswirkung auf die Vergütung mit der vom Gesetzgeber vorgesehenen condictio indebiti ausgeglichen oder unter Verweis auf § 814 BGB interessengerecht zurückgewiesen werden. Anlass für eine Rechtsfortbildung kann in diesen Fällen jedenfalls nicht erkannt werden.

# 3. Teil: Korrektur der Hauptleistungspflichten

# § 8 Die Zuweisung einer höherwertigen Tätigkeit

## I. Überblick

In der betriebswirtschaftlichen Fachliteratur zur Personalwirtschaft werden die Begriffe des Jobenlargements und Jobenrichments in einem Atemzug mit den Begriffen der Jobrotation und der teilautonomen Arbeitsgruppen als die maßgeblichen Instrumente zur Arbeitsstrukturierung beschrieben.[277] Eine angemessene Würdigung dieser Instrumente in der einschlägigen arbeitsrechtlichen Fachliteratur sollte zumindest reflexartig die logische Konsequenz dieser herausgehobenen Bedeutung für die Strukturierung der Arbeitsinhalte sein. Tatsächlich findet in den arbeitsrechtlichen Standardwerken allerdings ganz überwiegend gar keine Auseinandersetzung mit diesen Begrifflichkeiten statt.[278] Für die Instrumente des Jobenrichments und des Jobenlargements werden die nachfolgenden Kapitel herausarbeiten, inwieweit aus arbeitsrechtlicher Sicht eine gezielte Betrachtung dieser Instrumente angezeigt ist und unter welchem Blickwinkel sie eine sozialverträgliche Auflösung der Diskrepanz zwischen zu hoher Ist-Eingruppierung und tatsächlicher tarifvertraglicher Wertigkeit der aktuell ausgeübten Tätigkeit ermöglichen. Gegenüber einer nominellen Entgeltkürzung ist für viele Arbeitgeber die Zuweisung von zusätzlichen Arbeitsinhalten die gegenüber einer tatsächlichen Entgeltkürzung deutlich präferierte Variante auf dem Weg zur Restrukturierung der Personalkosten.[279]

Während es sich beim Jobenrichment und dem Jobenlargement um eine qualitative respektive quantitative Erweiterung des Aufgabenspektrums handelt (vertiefend unten § 8 II und III), stellt sich das Instrument der teilautonomen

---

277 Siehe exemplarisch nur *Becker*, Personalwirtschaft, S. 121 ff., und *Jung*, Personalwirtschaft, S. 212 ff. Ähnlich auch *Huber*, Personalmanagement, S. 104 f., wonach die Strukturierung der Arbeitsleistung entlang der Prinzipien der Spezialisierung und Generalisierung erfolgt. Die hier relevanten Instrumente des Jobenrichments und des Jobenlargements erlangen nach *Huber* Relevanz erst im Zuge der Arbeitsprozessgestaltung.

278 Siehe beispielhaft die fehlende Auseinandersetzung bei *Brox/Rüthers/Henssler*, Arbeitsrecht; *Junker*, Grundkurs Arbeitsrecht; *Otto*, Arbeitsrecht, und *Schaub*, Arbeitsrechts-Handbuch.

279 Die Verdichtung der Arbeit führt letztlich auch zu einer gesamthaften Absenkung der Personalkosten, da die Nachbesetzung von freiwerdenden Stellen ausgedünnt werden kann.

Arbeitsgruppe nach der hier vertretenen Auffassung als kein eigenständiges Instrument der Arbeitsstrukturierung dar.[280] Bei nüchterner Betrachtung handelt es sich bei dieser Form der Arbeitsorganisation um eine Mischform der Elemente aus Jobenrichment bzw. -enlargement. In den Anfängen wurde diese Form der Arbeitsorganisation insbesondere im skandinavischen und japanischen Automobilbau bis zur Praxistauglichkeit entwickelt. Im Kern wird hierbei einer Gruppe von Arbeitnehmern die Verantwortung für einen bestimmten Fertigungsabschnitt übertragen. Dabei wird zum Beispiel die Verantwortung für die tägliche Verteilung der Arbeit autonom innerhalb der Gruppe geklärt und vor- bzw. nachgelagerte Tätigkeiten wie die Wartung der Produktionshilfsmittel ebenfalls in die Zuständigkeit der Gruppe übertragen. Die hierdurch regelmäßig erhöhte Motivation und die einhergehende konstruktive Verantwortungsübernahme für den jeweiligen Arbeitsabschnitt führt häufig zu einer erhöhten Qualität der Arbeitsergebnisse und zur kontinuierlichen Ableitung von Verbesserungsvorschlägen zur laufenden Erhöhung der Prozesseffizienz und Qualitätssteigerung.[281]

Die Kehrseite dieses Ansatzes zur Arbeitsorganisation ist dann allerdings insbesondere die Auswirkung auf die Personalkosten. Konzeptbedingt erfordert der Ansatz eine relativ breite Qualifikation der Mitarbeiter und hiermit einhergehend eine entsprechend erhöhte Vergütung. Ob die erhöhten Personalkosten insbesondere durch eine reduzierte Absenzrate, bessere Qualität und flexibel einsetzbare Mitarbeiter (über)-kompensiert wird, hängt dann letztlich von der jeweiligen Ausgestaltung ab. Ohne Vorgaben zur Verbindlichkeit der Arbeitsplatzrotation innerhalb des Teams lassen sich aber insbesondere die positiven Effekte auf die Arbeitsplatzergonomie und die aus dem Wechsel resultierende Aufgeschlossenheit für neue Aufgaben häufig

280 Zur Beschreibung der teilautonomen Arbeitsgruppe siehe *Berthel/Becker*, Personal-Management, S. 368, und *Holtbrügge*, Personalmanagement, S. 163 f.

281 *Jung*, Personalwirtschaft, S. 212, erkennt in diesem Kontext insbesondere eine Erhöhung der Arbeitszufriedenheit und hiermit einhergehend eine Förderung des ganzheitlichen und prozessorientierten Denkens und Handelns. *Mattern*, Allgemeine Verwaltungslehre, S. 243, greift die Kritik an der motivierenden Wirkung auf, wonach *die* Zusammenlegung uninteressanter Tätigkeiten die Arbeit kaum interessanter gestalte. Wie *Mattern* kann man dieser Position zahlreiche Studien entgegenhalten oder schlicht die klare Präferenz der Arbeitnehmer im Automobilbau für möglichst ausgedehnte Taktzeiten als plastischen Beispielsfall. Dass die motivierende Wirkung einer Taktzeitverlängerung letztendlich bei überlangen Zeiten einem abnehmenden Grenznutzen unterliegt, dürfte ebenfalls unstreitig sein.

nicht realisieren, weil Mitarbeiter nicht selten der Neigung zum Verharren an einem konkreten Arbeitsplatz nachgeben.[282]

Auch bei dem Instrument der Arbeitsplatzrotation, mithin der laufenden Zuweisung wechselnder Aufgaben, handelt es sich bei Lichte betrachtet nach der hier vertretenen Auffassung nicht um ein selbstständiges Instrument der Arbeitsstrukturierung, sondern vielmehr um ein Instrument der Personalentwicklung und Flexibilisierung des Personalkörpers.[283] Der Ansatz der wechselnden Arbeitsplätze ist überdies als Kernelement im Konzept der teilautonomen Arbeitsgruppen enthalten.[284] Sowohl die teilautonome Arbeitsgruppe als auch die Arbeitsplatz- bzw. Jobration sind folglich richtigerweise unter die Oberbegriffe des Jobenrichments bzw. Jobenlargements zu subsumieren und bedürfen daher nachfolgend keiner vertiefenden Betrachtung.

Zudem ist festzustellen, dass teilautonome Arbeitsgruppen und institutionalisierte Jobrotation in Sparkassen (noch) keine spürbare Verbreitung finden. Gerade aber in den kundenfernen Backofficeabteilungen wie beispielsweise der Kreditsachbearbeitung können die Qualitäts- und Effizienzpotenziale aus der teilautonomen Gruppenarbeit noch realisiert werden. Zur Begründung und Wahrung einer intakten Kunde-Berater-Beziehung sind diese Arbeitsansätze im Vertrieb wohl auch eher ungeeignet.

## II. Jobenlargement

### 1. Begriff und Abgrenzung

Beim Jobenlargement wird die ursprüngliche Tätigkeit im Wege der Hinzufügung von zusätzlichen Arbeitsschritten modifiziert. In Abgrenzung zum Jobenrichment kennzeichnen die neu hinzugefügten Arbeitsumfänge, dass zur Bewältigung dieser ergänzenden Aufgaben keine Erweiterung der fachlichen oder persönlichen Qualifikation des Ausübenden erforderlich ist.[285] Daher stellt

---

282 Ausführlicher zu den notwendigen Voraussetzungen zur Erhaltung der Funktionsfähigkeit einer teilautonomen Arbeitsgruppe siehe insbesondere *Berthel/Becker*, Personal-Management, S. 368 f.

283 Auch nach *Stock-Homburg*, Personalmanagement, S. 182, bieten Maßnahmen der Arbeitsstrukturierung richtigerweise per se eine weitere wichtige Methode der erfahrungsbasierten Weiterbildung.

284 Nach *Olfert*, Personalwirtschaft, S. 182, ist zumindest die Grundform der Job Rotation mit planmäßiger Übernahme gleich- oder ähnlichwertiger Aufgaben dem Jobenlargement zuzurechnen.

285 Siehe stellvertretend Definitionen bei *Stock-Homburg*, Personalmanagement, S. 182, *Schreyögg/Geiger*, Organisation, S. 210, *Mattern*, Allgemeine Verwaltungslehre,

die betriebswirtschaftliche Fachliteratur wohl auch eher auf die bisher tatsächlich ausgeübten Tätigkeiten, Anforderungen und hieraus resultierender Fähigkeiten ab und hat die laut Arbeitsvertrag tatsächlich geschuldete Tätigkeit nicht vor Augen.[286] Im Vordergrund steht vielmehr der arbeitsorganisatorische Ansatz, dem Mitarbeiter ein breiteres Aufgabenfeld zuzuweisen, ohne das bisherige Anforderungsniveau zu verändern. Bleibt ein Mitarbeiter mit seiner aktuell ausgeübten Tätigkeit unter seiner vertraglich eigentlich geschuldeten und wird ihm nun eine höherwertige und gleichsam aber vertragsgerechte Tätigkeit zugewiesen, so wäre nach der gängigen Definition keine Variante des Jobenlargements gegeben. Vielmehr liegt nach der gängigen Sichtweise in diesem Fall wegen der tatsächlichen Erhöhung der Anforderung eine Variante des Jobenrichments vor (vertiefend unten § 8 III 1).

Aus Gründen der Effizienz im Arbeitsprozess kommen als ergänzende Tätigkeiten regelmäßig Arbeitsumfänge in Frage, die den bisherigen Arbeitsinhalten prozessual als Arbeitsschritte unmittelbar vor- oder nachgelagert waren. Dass diese unmittelbare Vor- bzw. Nachlagerung des ergänzten Umfangs Voraussetzung für eine Subsumtion unter den Begriff des Jobenlargements ist, wird teilweise vertreten, hier jedoch nicht geteilt.[287] Im Kern geht es bei diesem Instrument um eine Erweiterung des Aufgabengebiets und hiermit einhergehende Verbesserungen wider die Monotonie und zugunsten des Verständnisses der Gesamtzusammenhänge, der Identifikation mit dem Arbeitsprozess und der Erhöhung der Flexibilität. Hierfür kann, muss aber nicht, ein unmittelbar

---

S. 242 f., *Scholz*, Grundzüge des Personalmanagements, S. 349, *Jung*, Personalwirtschaft, S. 213, *Olfert*, Personalwirtschaft, S. 182, *Berthel/Becker*, Personal-Management, S. 364 f., *Holtbrügge*, Personalmanagement, S. 163. Weniger klar *Becker*, Personalwirtschaft, S. 122, der zwar auch die Anreicherung von höherwertigen Teilaufgaben subsumieren will, dann aber für das Jobenlargement in Summe wohl von einer konstanten Anforderungshöhe ausgeht. Anders *Huber*, Personalmanagement, S. 105 f., der beim Jobenlargement neben gleichwertigen Aufgaben auch die Zuweisung von höherwertigen Aufgaben subsumiert, leider aber ohne vertiefende Erläuterung.

286 Exemplarisch *Stock-Homburg*, Personalmanagement, S. 182, unter Verweis auf Gifford, wonach beim Jobenlargement „die Erweiterung der bisherigen(!) Aufgabe durch Ergänzung qualitativ gleichwertiger Aufgaben, die den bisherigen (!) Aufgaben vor- oder nachgelagert sind, erfolgt".

287 So erkennt *Jung*, Personalwirtschaft, S. 213, als Ergebnis des Jobenlargements einen ganzheitlichen Produktionsprozess. Die Zuweisung unterschiedlichster Tätigkeiten wäre hiervon nicht erfasst.

vor- oder nachgelagerter Prozessschritt zusätzlich übertragen werden.[288] Ebenso ist die Übertragung von Arbeitsgängen aus anderen Abteilungen eine denkbare Umsetzungsform. Praxisvarianten sind beispielsweise die Beherrschung eines bestimmten Montagearbeitsplatzes durch Angestellte aus Stabsbereichen oder die zusätzliche Übernahme von Sachbearbeitungsumfängen außerhalb der angestammten Kreditsachbearbeitung.[289]

Fällt im Kontext der Zuweisung einer zusätzlichen Tätigkeit keine vorherige Aufgabe weg und wird auch die arbeitsvertraglich geschuldete Wochenarbeitszeit nicht erhöht, so tritt durch das Jobenlargement auch eine Arbeitsverdichtung bzw. Erhöhung des erwarteten Pensums ein (dazu unten § 8 II 3). Die Erhöhung des Arbeitspensums ist aber nach der hier vertretenen Auffassung nicht elementarer Bestandteil des Jobenlargements.[290] Als modernes Instrument zur Arbeitsorganisation steht insbesondere eine Erhöhung der Flexibilität des Mitarbeitereinsatzes im Vordergrund, die Schärfung des Blicks für die Gesamtzusammenhänge, hieraus folgende Verantwortungsübernahme für den Arbeitsprozess und eine entsprechende „mentale Beweglichkeit". Die schlichte Arbeitsverdichtung durch Zuweisung von immer mehr Aufgaben innerhalb der arbeitsvertraglich gesetzten Wochenarbeitszeit ist hingegen keineswegs ein neuer Ansatz, der mittels Anglizismus beschrieben werden müsste.

## 2. Rechtsnatur

Die konkrete Ausgestaltung des Arbeitsverhältnisses über den Arbeitsvertrag hinaus durch Zuweisung entsprechend konkreter Arbeitsaufgaben ist ein unverzichtbarer Bestandteil zur Ausgestaltung jedes Arbeitsverhältnisses und findet seinen rechtlichen Rahmen insbesondere in § 106 GewO. Ob die Zuweisung anderer oder zusätzlicher gleichwertiger Arbeitsumfänge noch vom Direktionsrecht umfasst ist oder hierfür bereits eine Änderung

---

288 Tatsächlich wird es sich häufig aus Gründen der Arbeitseffizienz um vor- oder nachgelagerte Tätigkeiten handeln. In diesem Sinn auch *Stock-Homburg*, Personalmanagement, die von einer vielfachen Vor- oder Nachlagerung der zugewiesenen Tätigkeiten spricht.

289 Lehrbuchhaft vor dem Hintergrund der guten Reaktionsmöglichkeiten im Falle einer erhöhten Krankheitsrate der gewerblichen Mitarbeiter und zur Verbesserung des Verständnisses der Produktionsabläufe ist die verpflichtende Einweisung von allen Angestellten aus Stabsbereichen in einen bestimmten Arbeitsplatz in der Fahrzeugmontage des Opel Werks in Eisenach.

290 So aber wohl *Scholz*, Grundzüge des Personalmanagements, S. 349, wonach der Mitarbeiter durch ein Jobenlargement ein höheres Arbeitspensum erhalte.

des Arbeitsvertrages erforderlich ist, wird maßgeblich durch die Bestimmtheit des Arbeitsvertrages determiniert. Das Jobenlargement kann somit den Charakter einer Weisung haben oder Ausdruck des Angebots zum Abschluss eines Änderungsvertrags sein.[291]

## 3. Rechtswirkungen

Die Rechtswirkung einer zulässigen Weisung besteht in erster Linie in der entsprechenden Leistungsverpflichtung des Arbeitnehmers nach § 611 BGB und den resultierenden disziplinarrechtlichen Konsequenzen bei unzureichender Beachtung dieser Vorgabe. Ist die Zuweisung weiterer Tätigkeiten nicht im vertraglich vereinbarten Umfang der geschuldeten Wochenarbeitszeit möglich oder ist der aus Sicht des Arbeitgebers zu ergänzende Umfang unvereinbar mit der vertraglich geschuldeten Tätigkeit, so bedarf es zur Wirksamkeit dieses Jobenlargements zunächst einer vorherigen Anpassung des Arbeitsverhältnisses. Eine konkludente Änderung des Arbeitsverhältnisses ohne Einbindung der Personalabteilung ist danach in Sparkassen in der Regel auszuschließen.[292]

Da beim Jobenlargement gegenüber der bisherigen Aufgabe ausschließlich vergleichbare Tätigkeiten ergänzt werden, stellt sich für den Arbeitnehmer regelmäßig nicht die Frage nach einem finanziellen Ausgleich der dann ungerechtfertigten Bereicherung.[293] In der betrieblichen Praxis herausfordernd könnte dann nur noch der aus der Zuweisung einer gleichwertigen Zusatzaufgabe resultierende zeitliche Mehraufwand sein. Da Arbeitnehmer in Sparkassen fast ausnahmslos ihre Arbeitszeiten in Arbeitszeitkonten erfassen, stellt sich im Regelfall auch hier nicht die Frage des Ausgleichs, sofern im Zuge des Jobenlargements das zeitlich erforderliche Pensum des Arbeitnehmers ausgedehnt

291 Zu den Möglichkeiten und Grenzen des Direktionsrechts in Sparkassen vor dem Hintergrund der Rechtsprechung des Bundesarbeitsgerichts und der hier vertretenen Auffassung nach Vereinbarung zumindest einer konkreten Tätigkeit im Falle des Einsatzes der gängigen Musterarbeitsverträge siehe Ausführungen unten § 8 IV.

292 Zu den möglichen Rechtswirkungen bei einer rein faktischen Änderung der Tätigkeit ohne eigentlich notwendige Anpassung des Arbeitsverhältnisses bereits oben § 7.

293 Die Zuweisung gänzlich gleichwertiger Tätigkeiten ändert nichts an der Bewertung einer Aufgabe, weil der Charakter der Tätigkeit eben gerade nicht verändert wird. Verschiebt sich durch die Zuweisung einer neuen Tätigkeit die Stellenwertigkeit, greift wieder der Automatismus aus § 22 BAT bzw. § 12 TVöD-S?, wonach der Mitarbeiter unmittelbar aufgrund der Ausübung der neuen Tätigkeit eine neue Eingruppierung mit entsprechendem Vergütungsanspruch erhält.

wurde. Um ein Ausufern des Arbeitszeitkontos zu verhindern, wird der Vorgesetzte in diesem Fall über die Personalabteilung eine vertragliche Verlängerung der Wochenarbeitszeit initiieren[294] oder den betroffenen Arbeitnehmer von anderen Arbeiten entlasten.

## 4. Zwischenergebnis

Die Definition des in der arbeitsrechtlichen Literatur wenig Beachtung findenden Begriffs des Jobenlargements sollte aus juristischer Sicht geschärft werden. Wie dargelegt, geht es für die rechtliche Zulässigkeit der Zuweisung von neuen Arbeitsumfängen im Kern immer um die Rahmensetzung durch den Arbeitsvertrag. Alle gängigen Definitionen der betriebswirtschaftlichen Lehrbücher zum Personalmanagement stellen bei der Beurteilung, ob eine gleich- oder höherwertige Tätigkeit zugewiesen wird, allerdings immer auf die aktuell ausgeübte Tätigkeit ab oder definieren den Bezugspunkt für den Vergleich erst gar nicht.[295] Zum einen birgt diese Herangehensweise die Gefahr der Beliebigkeit, weil in Abhängigkeit der gerade tatsächlich ausgeübten Tätigkeit die Ergänzung ein und desselben Zusatzumfangs überspitzt in einer Woche bei einem Mitarbeiter als Jobenlargement und in der nächsten als Jobenrichment bewertet werden muss. Zum anderen leidet die aktuell gängige Definition unter der Unschärfe, dass mit ihr keine Orientierung zur rechtlichen Durchsetzbarkeit verknüpft ist.

Sinnvoller erscheint es daher, der Definition des Jobenlargements eine zusätzliche Facette hinzuzufügen und wie folgt zu formulieren: Mit dem Instrument des Jobenlargements wird dem Arbeitnehmer eine weitere Teilaufgabe übertragen, deren Ausübung dem Arbeitnehmer gegenüber seinen bisherigen Tätigkeiten kein erhöhtes Anforderungsniveau abverlangt und deren Zuweisung vom bestehenden Arbeitsverhältnis abgedeckt ist.

---

294 Bei Mitarbeitern aus dem Tarifbereich deckelt § 6 des TVöD-S die zulässige durchschnittliche Wochenarbeitszeit auf 39 Stunden (Tarifgebiet West) bzw. 40 Stunden im Tarifgebiet Ost. Zum rechtlichen Rahmen im Kontext einer Verlängerung der Arbeitszeit und dem öffnenden Günstigkeitsprinzip nach § 4 Abs. 3 TVG siehe LAG Köln, Urt. v. 26.04.2007 – 6 Sa 208/07, abrufbar unter https://www.justiz.nrw.de/nrwe/arbgs/koeln/lag_koeln/j2007/6_Sa_208_07urteil20070426.html, Rn. 23, mit Verweis auf die einschlägige Kommentierung bei Wiedemann/*Wank*, TVG, § 4 Rn. 479 ff., hier wiederum m. w. N.

295 Dazu oben § 8 II 1.

## III. Jobenrichment

### 1. Begriff und Abgrenzung

Bei der Begriffsdefinition des Jobenrichments finden sich in der betriebswirtschaftlichen Literatur im Kern zwei Definitionen. Während die einen für ein Jobenrichment eine Aufgabenerweiterung in vertikaler Hinsicht[296] als kennzeichnend definieren, stellt eine zweite Definition in Abgrenzung zum Jobenlargement auf die Zuweisung von Tätigkeiten mit erhöhtem Anforderungsniveau ab.[297] Im Kern sollen beide Formen der Beschreibung des Instruments aber vermitteln, dass es in Abgrenzung zum Jobenlargement in diesem Fall nicht lediglich um die Ergänzung einer gleichwertigen Tätigkeit geht, sondern vielmehr die bisherige Aufgabe mit einer höherwertigen Tätigkeit angereichert werden soll. Wiederum stellt die betriebswirtschaftliche Literatur dabei nicht den Bezug zur arbeitsvertraglich geschuldeten Leistung her (zur vergleichbaren Situation beim Jobenlargement oben § 8 II 1), sondern stellt erneut wenig trennscharf auf den bisher tatsächlich ausgeübten Arbeitsauftrag ab.[298]

Nicht hinreichend exakt ist nach der hier vertretenen Auffassung auch die Definition des Jobenrichments mit Bezug auf eine vertikale Aufgabenerweiterung. Da unter vertikal nach dem allgemeinen Sprachverständnis dann sowohl die Zuweisung einer höherwertigen als auch die Zuweisung einer geringwertigeren Tätigkeit zu verstehen ist, beschreibt diese Definition nicht exakt das Instrument des Jobenrichments. Bei diesem geht es nämlich nach einheitlichem Verständnis und in Abgrenzung zum Jobenlargement gerade ausschließlich um die Zuweisung höherwertiger Arbeitsumfänge.

Ebenso geht eine Definition des Jobenrichments fehl, die im Kontext der Zuweisung einer höherwertigen Aufgabe notwendigerweise einen Entscheidungskompetenzzuwachs oder gar einen hierarchischen Aufstieg erwartet.[299] Da aber eine qualitative Anreicherung einer Tätigkeit nicht zwingend mit dem

296 So etwa *Holtbrügge*, Personalmanagement, S. 163, und *Jung*, Personalwirtschaft, S. 212 f.

297 *Olfert*, Personalwirtschaft, S. 183 f.; *Becker*, Personalwirtschaft, S. 122; *Huber*, Personalmanagement, S. 106; *Elert*, Gruppenarbeit, S. 32; *Stock-Homburg*, Personalmanagement, S. 182 f.

298 Nur exemplarisch *Olfert*, Personalwirtschaft, S. 183, wonach beim Jobenrichment den bestehenden Aufgaben neue entsprechend qualitativ höherwertige Aufgaben hinzugefügt werden. Nicht zuletzt, da ein Arbeitsvertrag ganz typischerweise keine konkreten Aufgaben beschreibt, ist der Bezugspunkt die tatsächlich ausgeübte Tätigkeit.

299 *Schreyögg/Geiger*, Organisation, S. 211; *Berthel/Becker*, Personal-Management, S. 366.

Zuwachs an Entscheidungsfreiheiten oder gar hierarchischem Aufstieg verknüpft ist, geht auch diese Definition fehl. Nach der hier vertretenen Auffassung ist es vielmehr Ausdruck eines überholten Personalmanagements, die Aufwertung einer Funktion reflexartig mit dem hierarchischen Aufstieg zu verknüpfen. Richtig verstanden kann dies beim Jobenrichment der Fall sein, muss es aber keineswegs. Übernimmt beispielsweise ein Kundenberater im Retailgeschäft die persönliche Beratung von sehr vermögenden Privatkunden im „Private Banking" ist dies nicht zwingend mit einer Erweiterung seiner formalen Kreditvergabekompetenz verbunden und keineswegs mit einem hierarchischen Aufstieg. Die aus der Verwaltung eines großen Privatvermögens[300] resultierenden Beratungsfragen bewirken allerdings gegenüber den Standardkunden des Retailgeschäfts einen signifikanten Anstieg der Beratungskomplexität und damit eine erhöhte Anforderung an das Know-how des Kundenberaters bei der Ausgestaltung von individuellen Lösungen.

Schon allein, um auch im Hinblick auf die hier relevante Fallgestaltung einer Tätigkeitsaufwertung die Dimension der arbeitsvertraglichen Zulässigkeit der Veränderung bewerten zu können, aber auch, um einen klaren Bezugspunkt für die Beantwortung der Frage nach einer echten Aufwertung der bisherigen Tätigkeit vornehmen zu können, sollte die gängige Definition des Jobenrichments entsprechend geschärft werden. Zudem ist nach der hier vertretenen Auffassung auch eine trennscharfe Abgrenzung zur Beförderung, die typischerweise auch mit der Übertragung höherwertiger Aufgaben verknüpft ist, geboten. So könnte man zur Definition des Jobenrichments wie folgt formulieren: Mit dem Instrument des Jobenrichments wird dem Arbeitnehmer eine weitere Teilaufgabe übertragen, deren Ausübung dem Arbeitnehmer gegenüber seinen bisherigen Tätigkeiten ein erhöhtes Anforderungsniveau abverlangt, ohne den bisherigen Charakter der Tätigkeit grundsätzlich zu verändern[301] und deren Zuweisung vom bestehenden Arbeitsverhältnis nicht abgedeckt ist.

---

300 Sparkassen und Banken betreuen ihre vermögenden Kunden im Private Banking bzw. Wealth Management typischerweise ab einem verfügbaren Vermögen von 500.000 EUR.

301 Eine ist Beförderung durch die „Verleihung eines anderen Amtes" (oben § 6 VII.) gekennzeichnet. Um zwischen einer Beförderung und einer Jobenrichment-Maßnahme überschneidungsfrei zu differenzieren, sollte Letztere folglich den bisherigen Rahmen der Tätigkeit nicht grundsätzlich ändern. Das Aufgabenfeld, die Berichtslinie an den nächsthöheren Vorgesetzten, die eigene Hierarchie-/Führungsebene etc. sollten durch die Funktionsaufwertung nicht tangiert werden. Andernfalls ist die Maßnahme richtigerweise als Beförderung zu klassifizieren.

## 2. Rechtsnatur

Bei der Rechtsnatur der im Kontext des Jobenrichments vorzunehmenden Handlungen ist wiederum der Arbeitsvertrag von entscheidender Relevanz. Nach der hier vertretenen Meinung erhöht das Jobenrichment die Anforderungen an den Stelleninhaber über das bisher vertraglich vereinbarte Maß hinaus. Demnach wären entsprechende Handlungen nicht mehr unter eine Weisung im Sinne des § 106 GewO zu subsumieren, sondern grundsätzlich Angebote zur Änderung des Arbeitsverhältnisses. Will man unter den Begriff des Jobenrichments allerdings alle Handlungen zusammenfassen, die gegenüber der tatsächlich ausgeübten Tätigkeit eine Anhebung des Anforderungsniveaus bewirken, ist je nach Ausgangslage unter bestimmten Voraussetzungen hierin eine schlichte Weisung nach § 106 GewO zu erblicken.

## 3. Rechtswirkungen

Konsequenz des Verhältnisses des Jobenrichments zum Arbeitsvertrag (oben § 8 III 2) ist die primäre Rechtswirkung, dass ein Arbeitnehmer ohne Änderung seines Arbeitsverhältnisses nicht zur Durchführung der höherwertigen Tätigkeit verpflichtet ist (zur berechtigten Kritik an der aktuellen Rechtsprechung des Bundesarbeitsgerichts zum Umgang mit unbilligen Weisungen unten § 8 IV 1 b). Sollten gleichwohl disziplinarische Schritte wegen der Nichtbeachtung einer unzulässigen Weisung ausgesprochen werden, so verstoßen diese gegen das Maßregelungsverbot des § 612a BGB. Übernimmt der Arbeitnehmer diese Aufgaben trotzdem, müssen die hohen Anforderungen für eine konkludente Anpassung der Hauptleistungspflicht überwunden werden oder, weitaus typischer, ein Ausgleich nach Bereicherungsrecht gemäß § 812 Abs. 1 Satz 1 Alt. 1, § 818 Abs. 2 BGB nach der condictio indebiti erfolgen (zu den Anforderungen an einen konkludenten Vertragsschluss und zum nachträglichen Ausgleich nach Bereicherungsrecht im bestehenden Arbeitsverhältnis ausführlich oben § 7 II).

Folgt man der Einschätzung, wonach es für ein Jobenrichment einzig auf das Verhältnis der neuen Aufgabe zur tatsächlich gerade ausgeübten Tätigkeit ankommt, kann je nach Ausgestaltung des arbeitsvertraglich geschuldeten Leistungsniveaus auch eine Maßnahme des Jobenrichments per Weisungsrecht und im Einklang mit § 106 GewO übertragen werden.

## 4. Zwischenergebnis

Um auch beim Jobenrichment einen klaren Bezugspunkt für die Bewertung der Frage zu fixieren, ob eine neue Aufgabe eine erhöhte Anforderung an den

Stelleninhaber stellt oder nicht, ist nach der hier vertretenen Auffassung wiederum auf das Arbeitsverhältnis abzustellen und nicht auf die tatsächlich gerade ausgeübte Tätigkeit. So verstanden führt ein Jobenrichment dann auch immer zur Anhebung des vertraglich geschuldeten Leistungsniveaus und damit zu einer Anhebung des Vergütungsanspruchs.

Setzt eine sozialverträgliche Korrektur der Personalkosten folglich bei der Zuweisung von höherwertigen Tätigkeiten an, um die bisher gezahlte Vergütung mit adäquaten Arbeitsumfängen zu unterlegen, wird man nach dem gängigen Verständnis in diesem Kontext regelmäßig vom Instrument des Jobenrichments sprechen. Der Einsatz des wohlklingenden Instruments mag dann im Zuge einer Restrukturierung auch kurzfristig für zusätzliche Akzeptanz bei Arbeitnehmervertretern und Mitarbeitern führen. Wenn dann die Ausübung von anspruchsvolleren Tätigkeiten nicht zu einer entsprechenden Anpassung der Vergütung führt, wird die Euphorie schnell einer Ablehnung weichen. Schließlich erfährt die bisher ausgeübte Tätigkeit rein tatsächlich eine inhaltliche Aufwertung.

Nüchtern betrachtet wird bei dieser Form der Personalkostenrestrukturierung aber letztlich lediglich die arbeitsorganisatorische Grundlage geschaffen, damit der Arbeitnehmer zukünftig seiner bereits bestehenden vertraglichen Hauptleistungspflicht gerecht werden kann. Aus den zuvor dargelegten Gründen ist diese Variante richtigerweise unter den Begriff des Jobenlargements oder auch einer Umsetzung (zur Definition oben § 6 IV) zu subsumieren und damit Ausgangspunkt für eine aufrichtige Kommunikation mit dem betroffenen Mitarbeiter. Nicht zuletzt um den Erfolgsfaktoren der Klarheit und Authentizität bei einer Restrukturierung Rechnung zu tragen, sollten unaufrichtige Suggestionen durch Euphemismen vermieden werden.

## IV. Direktionsrecht

### 1. Meinungsübersicht

#### *a) Rechtsprechung*

Im Zuge von Restrukturierungen von Sparkassen wird im Hinblick auf die Personalkosten oft auch festgestellt, dass einzelne Mitarbeiter eine Tätigkeit ausüben, die der gewährten Eingruppierung nicht gerecht wird.[302] Sofern auf der Seite der

302 Weitere wesentliche Dimensionen zur Verbesserung der Personalkosten sind dann noch die eingesetzten Mitarbeiterkapazitäten in Summe sowie deren aufbauorganisatorische Aufstellung. Eine kritische Würdigung der sonstigen übertariflichen

Sparkasse arbeitsorganisatorisch möglich und auch aufgrund der persönlichen Eignung und Qualifikation des Mitarbeiters nicht ausgeschlossen, bietet sich die Zuweisung einer höherwertigen Tätigkeit im Zuge des Direktionsrechts als kurzfristig realisierbare und überdies relativ sozialverträgliche Maßnahme an. Die zentrale und einheitliche Normierung des Direktionsrechts für Arbeitgeber in Deutschland formuliert § 106 GewO. Nach § 106 Satz 1 GewO kann der Arbeitgeber Inhalt, Ort und Zeit der Arbeitsleistung nach billigem Ermessen näher bestimmen, soweit diese Arbeitsbedingungen nicht durch den Arbeitsvertrag, Bestimmungen einer Betriebsvereinbarung, eines anwendbaren Tarifvertrages oder gesetzliche Vorschriften[303] festgelegt sind.

Bei einer Sparkasse als Körperschaft des öffentlichen Rechts (oben § 4 III 1 b cc) ist wiederum insbesondere die Rechtsprechung des Bundesarbeitsgerichts zum Direktionsrecht im öffentlichen Dienst relevant. Die ständige Rechtsprechung des Bundesgerichts hierzu lässt sich plastisch am Urteil des 10. Senats vom 17.08.2011 darstellen.[304] Die Entscheidung betraf einen Rechtsstreit zwischen einem Gymnasiallehrer und dem Land Mecklenburg-Vorpommern. Anlass für die Klage des Lehrers war eine Abordnung von einem Gymnasium zu einer Regionalen Schule[305] gegen seinen ausdrücklichen Willen. Der Arbeitsvertrag des Klägers sah relativ unspezifisch eine Beschäftigung als Lehrer vor. Der Vergütungsanspruch auf dem Niveau eines Gymnasiallehrers war mit EG 13 TV-L zwischen den Parteien unstreitig. An der Regionalen Schule wurden auch einzelne Lehrer in der EG 13 TV-L vergütet.

Nach Auffassung des Bundesarbeitsgerichts hat der Kläger keinen Anspruch zur Beschäftigung an einem bestimmten Gymnasium oder zum ausbildungskonformen Unterricht bestimmter Fächer, sondern lediglich einen Anspruch auf

---

Leistungen, d. h. über den tarifvertraglichen Anspruch noch hinausgehende Zahlungen wie zusätzliche Monatsgehälter, Zuschüsse zum Mittagessen, Entschädigungen für Dienstfahrten usw., birgt regelmäßig ebenfalls noch ein erhebliches Potenzial zur Senkung des Personalaufwands.

303 Zu den gesetzlichen Grenzen siehe Beispiele bei *Preis*, Der Arbeitsvertrag, II D 30 Rn. 17.

304 BAG, Urt. v. 17.08.2011 – 10 AZR 322/10, NZA-RR 2012, 106 ff.

305 Regionale Schulen umfassen die Jahrgangsstufen fünf bis zehn in Mecklenburg-Vorpommern. Sie führen mit Ende der Jahrgangsstufe neun zur Berufsreife und mit Ende der Jahrgangsstufe zehn zur mittleren Reife. An Regionalen Schulen sowie den Integrierten und Kooperativen Gesamtschulen bilden die Jahrgangsstufen fünf und sechs die schulartunabhängige Orientierungsstufe. Ab der Jahrgangsstufe sieben verbleiben die Schüler an der Regionalen Schule oder wechseln an ein Gymnasium.

solche Tätigkeiten des allgemein umschriebenen Aufgabenbereichs, welche die Merkmale der Vergütungsgruppe erfüllen, in die der Arbeitnehmer eingestuft ist.[306] Solange also eine Beschäftigung als Lehrer erfolgt und die Anforderung dieser Lehrerstelle eine Vergütung nach EG 13 TV-L rechtfertigt, kann diese Aufgabe zugewiesen werden.[307] Für den öffentlichen Dienst hat das Bundesarbeitsgericht ganz allgemein einen Grundsatz entwickelt, wonach das Direktionsrecht immer schon dann dem Maßstab des billigen Ermessens nach § 106 GewO genügt, wenn die Modifikation der Tätigkeit als Folge des ausgeübten Direktionsrechtes nicht zu einer Absenkung der Eingruppierung führt.[308]

Diese sehr pragmatische Sichtweise hat, anders als die Rechtsprechung des Bundesarbeitsgerichts zur lediglich deklaratorischen Wirkung der Entgeltgruppe im Arbeitsvertrag des öffentlichen Dienstes (oben § 4 III 1 a dd), Einzug in die betriebliche Praxis der Sparkassen gehalten und wird in einschlägigen LAG-Entscheidungen auch bestätigt. So hat das LAG Brandenburg in seinem Urteil vom 02. Juni 2006 beispielsweise die Umsetzung einer Mitarbeiterin nach sechsjähriger Tätigkeit im Vorstandssekretariat auf eine Stelle in der Abteilung Gewerbekunden und Immobiliencenter bestätigt.[309] Da im Arbeitsvertrag lediglich eine Tätigkeit als Angestellte im Sparkassendienst vereinbart war, wird das Direktionsrecht lediglich durch die Vergütungsgruppe begrenzt, so das Landearbeitsgericht.[310] Unter Verweis auf die ständige Rechtsprechung des

---

306 vgl. Orientierungssätze des BAG, Urt. v. 17.08.2011 - 10 AZR 322/10, NZA-RR 2012, 106 ff.

307 Siehe BAG, Urt. v. 17.08.2011 – 10 AZR 322/10, NZA-RR 2012, 106 ff., unter Verweis auf seine ständige Rechtsprechung und BAG, Urt. v. 12.01.2011 – 7 AZR 194/09, NZA 2011, 507, wonach dem Arbeitnehmer andere, dem allgemein umschriebenen Aufgabenbereich zuzuordnende Tätigkeiten nur zugewiesen werden können, soweit sie den Merkmalen dieser Vergütungsgruppe entsprechen.

308 Siehe beispielsweise BAG, Urt. v. 30.08.1995 – 1 AZR 47/95, ZTR 1996, 123 f. = PersR 1996, 74 ff., ebenfalls unter Verweis auf eine entsprechende ständige Rechtsprechung, wonach Angestellten des öffentlichen Dienstes durch Weisungen alle Tätigkeiten übertragen werden können, die die Merkmale der für sie maßgebenden Vergütungsgruppe erfüllen. Ebenso BAG, Urt. v. 24.04.1996 – 4 AZR 976/94, NZA 1997, 104 ff., nachdem ein Arbeitgeber des öffentlichen Dienstes im Weg des Direktionsrechtes nur keine geringerwertigen Tätigkeiten zuweisen darf. Zur entsprechenden Beweislast des Arbeitgebers siehe zuletzt BAG, Urt. v. 18.04.2012 – 10 AZR 134/11, NZA 2012, 927 ff.

309 LAG Brandenburg, Urt. v. 02.06.2006 – 5 Sa 653/05, NZA-RR 2007, 448 (Leitsatz) sowie Langtext in juris.

310 LAG Brandenburg, Urt. v. 02.06.2006 – 5 Sa 653/05, juris, Rn. 18.

Bundesarbeitsgerichts wird durch das Landesarbeitsgericht überdies dargelegt, dass eine Konkretisierung des Arbeitsverhältnisses auf eine bestimmte Stelle, einen bestimmten Arbeitsplatz oder -ort im öffentlichen Dienst nur erfolgt, wenn hierzu eindeutige Absprachen getroffen werden.[311]

### *b) Literatur*

Die einschlägigen Lehrbücher und arbeitsrechtlichen Kommentare bestätigen ganz überwiegend die besondere Rechtsprechung zum Direktionsrecht im öffentlichen Dienst.[312]

Im Schrifttum zuletzt treffend kritisiert wurde insbesondere eine Entscheidung des Bundesarbeitsgerichts zum Umgang mit unbilligen Weisungen.[313] So darf sich nach Auffassung des 5. Senats des Bundesarbeitsgerichts ein Arbeitnehmer nicht ohne Weiteres über eine unbillige Weisung seines Arbeitgebers hinwegsetzen, sondern muss in entsprechender Anwendung des § 315 Abs. 3 Satz 2 BGB zur Klärung den Gerichtsweg beschreiten.[314] Die unbillige Leistungsbestimmung sei nicht nichtig, sondern nur unverbindlich, so das Bundesarbeitsgericht[315]. *Boemke* belegt,[316] dass die vom Bundesarbeitsgericht zum Beweis seiner Rechtsposition angeführten Urteile und Literaturmeinungen nicht überzeugen, sich der 5. Senat schon einen Monat nach diesem Urteil im Widerspruch zu seiner eigenen Rechtsprechung befindet[317] und Leistungsbestimmungen ohne Beachtung des billigen Ermessens richtigerweise vom Arbeitnehmer

---

311 Das LAG Brandenburg verweist in seinem Urt. v. 02.06.2006 – 5 Sa 653/05, NZA-RR 2007, 448 (Leitsatz) sowie Langtext in juris auf BAG, Beschl.v. 21.01.2004 – 6 AZR 583/02, BAGE 109, 207–214. In diesem Beschluss äußert auch das BAG die Position, dass das tarifliche Direktionsrecht des öffentlichen Arbeitgebers bei Einsatz der üblichen Musterverträge nur dann einen eingeschränkten Umfang hat, wenn die Parteien dazu eindeutige Absprachen treffen.

312 Siehe exemplarisch Kittner/*Lakies*, Arbeitsrecht, § 23 Rn. 45, unter Verweis auf die Rechtsprechung des Bundesarbeitsgerichts, wonach einem Arbeitnehmer im öffentlichen Dienst jede Tätigkeit übertragen werden kann, die den Merkmalen der Vergtungsgruppe entspricht, in die der Arbeitnehmer eingestuft ist.

313 *Boemke*, NZA 2013, 6 ff.

314 BAG, Urt. v. 22.02.2012 – 5 AZR 249/11, DB 2012, 1628 ff.

315 BAG, Urt. v, 22.02.2012 – 5 AZR 249/11, DB 2012, 1628 ff.

316 *Boemke*, NZA 2013, 6 ff., und *ders.*, Anmerkung zu LAG Köln, Urt. v. 28.08.2014 – 6 Sa 423/14, jurisPR-ArbR 4/2015.

317 Der 5. Senat des BAG, Urt. v. 21.03.2012 – 5 AZR 651/10, NJW 2012, 1756 ff., hat den Widerruf einer Dienstwagennutzung wegen mangelnden billigen Ermessens nur einen Monat nach der fraglichen Entscheidung als von Anfang unwirksam erklärt.

nicht umgesetzt werden müssen.[318] Die Unbeachtlichkeit der unbilligen Weisung für den Arbeitnehmer ist auch nach der hier vertretenen Auffassung die richtige Konsequenz, da der Gesetzgeber in § 315 Abs. 3 Satz 1 BGB letztlich im Umkehrschluss nach seinem klaren Wortlaut für unbillige Weisungen die Unverbindlichkeit aus Sicht des Weisungsempfängers normiert.[319]

## 2. Kritik mit kurzem Ergebnis

Neben den spezifischen Vorgaben aus den kollektivrechtlichen Regelungen einer Sparkasse sowie den einschlägigen gesetzlichen Regelungen wird das billige Ermessen im Kontext der Zulässigkeit einer Weisung letztlich maßgeblich durch die Regelungen des jeweiligen Arbeitsverhältnisses bestimmt. Eine pauschale Aussage zur Zulässigkeit von Tätigkeiten innerhalb einer Eingruppierung ist daher auch wenig hilfreich. Die Rechtsprechung des Bundesarbeitsgerichts zum Direktionsrecht im öffentlichen Dienst dürfte maßgeblich durch die hier häufig relativ unspezifischen Angaben zur geschuldeten Tätigkeit begründbar sein. Angaben im Arbeitsvertrag zur Tätigkeit wie „Beschäftigter bei der Sparkasse“[320] oder schlicht „Vollbeschäftigter“[321] eröffnen dem Arbeitgeber bei seiner Ermessensentscheidung einen großen Handlungsspielraum, den beide Vertragsparteien bei der Vereinbarung der geschuldeten Tätigkeit im Hinblick auf die oft langjährige Unternehmenszugehörigkeit regelmäßig auch bewusst so offen begrenzt haben. Die hinreichende Billigkeit der Ermessensentscheidung bleibt dann nach der hier vertretenen Auffassung ganz regelmäßig gewahrt, wenn die Ausübung des Direktionsrechtes an der vereinbarten Eingruppierung nichts ändert. Die in der Entscheidung des Bundesarbeitsgerichts im Urteil des 10. Senats vom 17.08.2011 zum Ausdruck kommende ständige Rechtsprechung des Bundesgerichts zum Direktionsrecht im öffentlichen Dienst kann daher grundsätzlich gefolgt werden.[322]

Dies gilt allerdings nur mit einigen Einschränkungen. Zum einen ist nicht ersichtlich, wieso es einer besonderen Rechtsprechung bzw. gesetzlichen

---

318 Ebenfalls kritisch mit Rechtsprechung des BAG im Hinblick auf die von diesem vertretene Auffassung, wonach unzulässige Weisungen bis zur rechtskräftigen Entscheidungsfindung für den Arbeitnehmer verbindlich sein sollen *Preis*, NZA 2015, 1 ff.

319 Insbesondere zu den Konsequenzen, Form, Frist und Geltendmachung der Unverbindlichkeit durch den Arbeitnehmer siehe ausführlich *Boemke*, NZA 2013, 6 ff.

320 vgl. Formulierung im Musterarbeitsvertrag, Anlage 1.

321 vgl. Formulierung im Musterarbeitsvertrag, Anlage 1.

322 BAG, Urt. v. 17.08.2011 – 10 AZR 322/10, NZA-RR 2012, 106 ff.

Regelung zum Direktionsrecht im öffentlichen Dienst bedarf. § 106 GewO regelt den grundsätzlichen Rahmen des Weisungsrechts für alle Arbeitnehmer, mithin auch für die des öffentlichen Dienstes. Die gängigen Arbeitsverträge im öffentlichen Dienst mögen ein zulässiges Direktionsrecht innerhalb einer Vergütungsgruppe regelmäßig erlauben, diese Vertragsgestaltung ist jedoch kein Exklusivrecht der öffentlich-rechtlichen Arbeitgeber. Ist die Kellnerin eines Hotels ausweislich ihres Arbeitsvertrages ganz allgemein als Mitarbeiterin eingestellt, wird man ihr innerhalb des Hauses auch vergleichbare Tätigkeiten beispielsweise an der Rezeption zuweisen dürfen. Die Billigkeit der Ermessensausübung folgt hier gerade aus der Gleichwertigkeit der neuen Tätigkeit, als deren Folge wiederum zwingend auch keine Auswirkungen auf die bestehende Eingruppierung respektive den bisherigen Bruttomonatslohn resultieren dürfen. Billiges Ermessen ist hingegen nicht gewahrt, wenn bei gleicher Bezahlung eine geringwertigere Tätigkeit zugewiesen wird.[323]

Zum anderen muss einschränkend angemerkt werden, dass die Rechtsprechung des Bundesarbeitsgerichts zum Direktionsrecht im öffentlichen Dienst nicht recht passen will zum ebenfalls vom Bundesarbeitsgericht entwickelten Grundsatz, wonach die Angabe der Entgeltgruppe in Arbeitsverträgen des öffentlichen Dienstes regelmäßig lediglich eine deklaratorische Wirkung habe (dazu oben § 4 III 1 a dd). Dreh- und Angelpunkt der Rechtsprechung zum Direktionsrecht im öffentlichen Dienst (dazu oben § 8 IV 1 a) ist gerade die Eingruppierung. Wenn diese Angabe im Vertrag wiederum unverbindlich ist, folgt ein Zirkelschluss. Mangels konkreter Angaben einer geschuldeten Tätigkeit können dem Arbeitnehmer sämtliche Tätigkeiten der vereinbarten Vergütungs-/Entgeltgruppe zugewiesen werden (oben § 4 III 3).[324] Auf diesem Weg ist dann auch der Weg frei für eine Ausrichtung der Ermessensentscheidung an der vertraglich vereinbarten Vergütung.

### 3. Handlungsempfehlungen

Die Sparkasse sollte bei der Ausübung des Direktionsrechts durchgängig beachten, dass neben den einschlägigen Dienstvereinbarungen und Gesetzen insbesondere aus der gewährten Eingruppierung die Messlatte für die Ausübung des

323 BAG, Urt. v. 03.12.2008 – 5 AZR 62/08, DB 2009, 850.

324 In der unter § 8 IV 1 a besprochenen Entscheidung des BAG zur Umsetzung eines Lehrers an eine Regionale Schule, BAG, Urt. v. 17.08.2011 – 10 AZR 322/10, NZA-RR 2012, 106 ff, war die Eingruppierung des Lehrers dann auch zwischen den Parteien im Rechtsstreit unstreitig.

billigen Ermessens erwächst. Aufgrund der bisher sehr unkonkreten Beschreibungen zur geschuldeten Tätigkeit in den Standarddienstverträgen der Sparkassen kann man den Handlungsfreiraum mit Blick auf das Direktionsrecht als sehr komfortabel betrachten. Dieses Vorgehen ist jedoch lediglich auf den ersten Blick personalwirtschaftlich sinnvoll (dazu oben § 4 III 3 a, b) und sollte daher von den öffentlich-rechtlichen Arbeitgebern überdacht werden. Die oben (§ 4 III 3 a, b) für Neuabschlüsse und Bestandsverträge unterbreiteten Vorschläge für Klauseln in den Dienstverträgen führen nicht nur zur betriebswirtschaftlich sinnvollen Schärfung der geschuldeten Tätigkeit, sondern erhalten auch die notwendige Flexibilität für die Zuweisung neuer Aufgaben.

Eine spürbare Veränderung hinsichtlich der eingesetzten Vertragsmuster vor Ort in den Sparkassen dürfte ein entsprechendes Einlenken der jeweiligen Regionalverbände respektive des Deutschen Sparkassen- und Giroverbandes als Dachorganisation voraussetzen, weil diese in aller Regel die entsprechenden Vertragsmuster bereitstellen und den Sparkassen eine eigene juristische Bewertung der Arbeitsvertragsmuster als zentrale Dienstleistung abnehmen.

## 4. Zwischenergebnis

Aus Sicht der Sparkassen eröffnet die Rechtsprechung des Bundesarbeitsgerichts zum Direktionsrecht im öffentlichen Dienst (zu den Gestaltungsspielräumen oben § 8 IV 1 a) mithin einen breiten und höchst praktikablen Rahmen zur Zuweisung von modifizierten Tätigkeiten, solange die Eingruppierung des Mitarbeiters nicht tangiert wird. Für alle Mitarbeiter, bei denen die aktuelle Eingruppierung mit Blick auf die tatsächlich ausgeübte Tätigkeit überhöht ist, eröffnet das Direktionsrecht mithin regelmäßig ein gutes Instrument, zur Verbesserung der wirtschaftlichen Aufstellung der Sparkassen. Die letztlich aktuell gewährte übertarifliche Zahlung kann durch Aufwertung der bisherigen Aufgabenstellung aufgelöst werden (im Einzelnen unter § 9 II und III). Statt einer unwirtschaftlichen Überzahlung des einzelnen Mitarbeiters eröffnet sich so die sozialverträgliche und tarifvertragskonforme Zuweisung einer anspruchsvolleren Aufgabenstellung. Dabei soll nicht verkannt werden, dass hierfür neben einer Verfügbarkeit einer entsprechend komplexen Aufgabenstellung der Arbeitnehmer auch in der Lage sein muss, diese Aufgaben zu erfüllen.

Während es an zahlreichen zusätzlichen und anspruchsvollen Tätigkeiten in Zeiten einer zunehmenden Regulierung des Bankenmarktes auch in Sparkassen nicht mangelt, sind die einschlägigen Mitarbeiter, bei denen gewährte Vergütung und tatsächlich geringwertigere Tätigkeit auseinanderfallen, meist nicht die belastbarsten und leistungsstärksten Kollegen. Die Zuweisung einer höherwertigen Tätigkeit bei Belassung der aktuellen Eingruppierung wird daher ganz regelmäßig eine vorherige oder zumindest prozessbegleitende Qualifikation erfordern. Steht der Aufwand für diese Qualifikation in einem vertretbaren wirtschaftlichen Verhältnis zur bisher gewährten übertariflichen Vergütung, so steht der personalwirtschaftlichen Maßnahme nichts mehr im Weg. Erhöht wird die Wahrscheinlichkeit einer gestaltbaren Anreicherung mit entsprechenden Aufgaben, wenn man bei der Zuweisung von neuen Aufgaben nicht nur den aktuell überzahlten Mitarbeiter und bisher unerledigte Aufgaben betrachtet, sondern auch den gezielten Tausch bzw. die Neuzuweisung von Aufgaben mehrerer Mitarbeiter ins Auge fasst. Die mit der vorliegenden Arbeit insbesondere beleuchtete Möglichkeit zur Korrektur der fehlerhaften Eingruppierung ist aber naturbedingt mit dem Direktionsrecht nicht erreichbar. Eine Verbesserung der wirtschaftlichen und sozialverträglichen Aufstellung wie ausgeführt sehr wohl.

## V. Zusammenfassung

Die von der betriebswirtschaftlichen Fachliteratur als maßgebliche Instrumente zur Strukturierung der Arbeit beschriebenen Ansätze sind nicht überschneidungsfrei und sollten daher auch nicht als gleichrangig verstanden werden (oben § 8 II 1 und III 1). Unter Jobenlargement bzw. -enrichment und der hiermit verbundenen Zuteilung von weiteren gleichrangigen Tätigkeiten bzw. qualitativ höherwertigen Aufgaben können auch sämtliche Fallvarianten der Jobrotation subsumiert werden. Bei teilautonomen Arbeitsgruppen wird dies zumindest typischerweise der Fall sein, andernfalls lässt sich die mit dieser Arbeitsorganisation angestrebte motivierende Wirkung kaum erzielen. Jede Form der Aufgabenverbreiterung wird folglich mit den richtigerweise als Oberbegriffen verstandenen Ansätzen des Jobenlargements bzw. -enrichments erfasst.

Bemerkenswerterweise findet sich im gleichen Atemzug zu diesen beiden Oberbegriffen kein verwandter Begriff zur entsprechend gegenläufigen Fokussierung der Arbeitnehmer auf ausgewählte Aufgaben. Diese bereits betagtere Form der Arbeitsorganisation steht nach dem hier vertretenen Verständnis auf Augenhöhe mit den Oberbegriffen des Jobenrichments bzw. -enlargements. Will man sämtliche Dimensionen der Aufgabenveränderung beschreiben, ist neben der Aufgabenerweiterung auch die Dimension der Fokussierung auf bestimmte Tätigkeiten zur Organisation der Arbeit zu betrachten. Die Etablierung eines äquivalenten Begriffs, wie zum Beispiel „Jobfocusing“, sollte daher nach der hier vertretenen Meinung erwogen werden.

Auch wenn der übermäßigen Arbeitsteilung der Ruf einer Entfremdung von der Arbeit anhaftet und mithin nicht auf den ersten Blick als ein modernes

Instrument erscheint, so führen die ganz aktuell weltweit praktizierten Methoden zur laufenden Verbesserung der Arbeitsorganisation gleichwohl regelmäßig in der aktuellen Arbeitswelt auch zum Entfall von bisherigen Tätigkeiten bei einzelnen Arbeitnehmern. Entstehende Freiräume werden sodann durch Zuweisung anderer, häufig gleichartiger Tätigkeiten genutzt.[325] Diese sehr moderne Arbeitsorganisation lässt sich aber gerade nicht als Aufgabenerweiterung und regelmäßig auch nicht als qualitative Aufwertung der Arbeit im Sinne eines Jobenlargements bzw.- enrichments verstehen. Schließlich wäre noch die Facette der qualitativen Entwertung der geschuldeten Tätigkeit als verbliebene Facette der Arbeitsorganisation begrifflich einzureihen. Mit „Jobenpoorment" könnte ein treffender Anglizismus für diese Variante gewählt werden. Die Definitionen der betriebswirtschaftlichen Literatur zum Jobenlargement und -enrichment (oben § 8 II 1 und III 1) markieren keinen exakt definierten Vergleichspunkt. Wenn diese Instrumente aufgrund ihrer unexakten Bezugnahme zur bisherigen Tätigkeit nicht zu beliebigen Ergebnissen führen sollen, ist aber eben diese Beschreibung des Ausgangspunktes als Bezugsgröße unabdingbar.[326] Nicht zuletzt aufgrund seiner maßgeblichen Bedeutung für die Zulässigkeit einer Aufgabenmodifikation bietet sich als klarer Bezugspunkt für die qualitative Einwertung einer Aufgabenveränderung nach der hier vertretenen Auffassung die arbeitsvertraglich vereinbarte Tätigkeit an. Vorausgesetzt die Verbreiterung des Aufgabenspektrums ist in der arbeitsvertraglich vereinbarten Arbeitszeit leistbar, dürfte ein Jobenlargement regelmäßig im Rahmen des Direktionsrechts umsetzbar sein.

Hingegen wird eine nennenswerte Anreicherung der bisherigen Tätigkeit mit qualitativ höherwertigen Aufgaben regelmäßig zu einer Eingruppierungs- bzw. Vergütungsdiskussion führen, mithin den nach § 611 Abs. 1 BGB gesetzten synallagmatischen Rahmen bzw. die durch die Rechtsprechung gesetzten Grenzen

---

325 Als plastisches Beispiel mag hier exemplarisch die Laufwegoptimierung in der Automobilmontage dienen. Der kontinuierliche Entfall überflüssiger Arbeitswege ist ein ganz alltäglicher Baustein, der im Verlauf eines Lebenszyklusses die Montage eines Fahrzeuges mit immer weniger Bandarbeitern ermöglicht. Wirtschaftlich realisiert wird diese Ablaufoptimierung häufig durch den Abbau von Leiharbeitnehmern im Montageteam oder die Erweiterung der Montageumfänge für ein Team ohne Zuweisung von Zusatzpersonal.

326 Da auch hochqualifizierte Arbeitskräfte wie Chefärzte oder Professoren zumindest im Ausnahmefall einen Kopierer betätigen, würde bei ihnen im Abgleich zur gerade ausgeübten Aufgabe die Zuweisung einer Platzanweisertätigkeit zur widersinnigen Annahme eines Jochenrichments führen.

des Direktionsrechts überdehnen. So verstanden erfordert ein Jobenrichment immer eine Anpassung des Arbeitsvertrages. Wegen der verbindlichen Einigung zu Arbeitsleistung und äquivalenter Vergütung ist auch die nachhaltige Absenkung der geschuldeten Arbeitsleistung („Jobenpoorment") nur bei einer Anpassung des Arbeitsvertrages möglich.

Die unter Beachtung dieser Bewertung weiterentwickelten Definitionen könnten demnach wie folgt lauten:

- Jobenrichment: Erweiterung der bisherigen Aufgabe durch substantielle Ergänzung von Tätigkeiten, die gegenüber der arbeitsvertraglich geschuldeten Aufgabe höherwertiger sind.
- Jobenlargement: Erweiterung der bisherigen Aufgabe durch Ergänzung von Tätigkeiten, die gegenüber der arbeitsvertraglich geschuldeten Aufgabe gleichwertig sind.
- Jobfocusing: Veränderung der bisherigen Aufgabe durch Konzentration auf ausgewählte und bereits ausgeübte Tätigkeiten, im Rahmen der arbeitsvertraglich geschuldeten Aufgabe.
- Jobenpoorment: Veränderung der bisherigen Aufgabe durch substantielle Zuweisung von Tätigkeiten, die gegenüber der arbeitsvertraglich geschuldeten Aufgabe geringwertiger sind.

# § 9 Die Absenkung der Eingruppierung

## I. Problemstellung

Neben der Steigerung der Vertriebsergebnisse und der Senkung der Sachkosten stellt seit jeher der Personalkostenaufwand die dritte Säule zur Ergebnisverbesserung der Sparkassen dar. Wenn sich seit geraumer Zeit als Ausfluss der Niedrigzinsphase eine geringe Marge aus der Fristentransformation zu kontinuierlich sinkenden Erträgen aus der Anlage der Eigenmittel gesellt und der Provisionserlös aus dem Verkauf von Finanzprodukten unter einer anhaltenden Skepsis der Kunden gegenüber der Bankenbranche und einer ungewohnten Regulierung des Gesetzgebers leidet, dann rücken Programme zur Kostensenkung in den Fokus der Sparkassenvorstände.

Neben der schlichten Verkleinerung des Personalkörpers zeigt auch regelmäßig eine tarifliche Eingruppierung oberhalb der tatsächlich geleisteten Arbeit erhebliche Ansätze zur Senkung des Personalaufwands. Die Feststellung einer faktisch übertariflichen Zahlung führt in der Regel in Projekten zur Kostenoptimierung zu einer Diskussion über die rechtliche Zulässigkeit einer Korrektur und mögliche Durchführungswege zur Rückführung dieser Überzahlung.

Ausgangspunkt der Bewertung ist der typische Regelfall, bei dem ein Mitarbeiter der Sparkasse ausweislich seines Arbeitsvertrages relativ unspezifisch „Beschäftigter" seines neuen Arbeitgebers geworden ist und ihm in diesem Arbeitsvertrag auch eine bestimmte Eingruppierung für eine nicht näher beschriebene Tätigkeit genannt wurde.[327] Zudem übt im zu betrachtenden Ausgangsfall der Mitarbeiter tatsächlich eine Tätigkeit aus, die bei korrekter Anwendung des tarifrechtlichen Entgeltgefüges lediglich eine niedrigere Eingruppierung rechtfertigt als die im Arbeitsvertrag genannte und auch monatlich bisher gewährte.

Da Sparkassenvorstände und Personalleiter von Sparkassen regelmäßig von einer rechtsverbindlichen Fixierung der Eingruppierung durch die entsprechende Angabe im Arbeitsvertrag ausgehen (dazu oben § 4 II 2), haben erfolgversprechende Instrumente zur Korrektur einer nicht gewollten Überzahlung eine hohe Praxisrelevanz. Nach einer dezidierten Aufbereitung der tatsächlichen Kostensenkungspotenziale scheitert eine Realisierung dieser Potenziale in der

---

327 vgl. den durchaus repräsentativen Musterarbeitsvertrag, Anlage 1, zur Veranschaulichung des maßgeblichen Ausgangspunktes für die Frage, wie übertarifliche Eingruppierungen korrigiert werden können.

Praxis nämlich nicht selten an der nicht auszuräumenden Skepsis der Sparkassenvorstände gegenüber lediglich deklaratorischen Wissensbekundungen und den hieraus, insbesondere aus der Sicht des Bundesarbeitsgerichts, resultierenden Konsequenzen. Als Reaktion auf die mit dem eigenen Judiz nicht vereinbare Einschätzung, wonach übertarifliche Eingruppierungen im Regelfall für die Zukunft ohne viel Aufhebens zurückgenommen werden können, entsteht eine nachvollziehbare Unsicherheit auf Seiten der Entscheider,[328] die nicht selten eine reale Hebung der vorhandenen Potenziale zur Verbesserung der Kostenstruktur verhindert oder zumindest in einer abgeschwächten Herangehensweise mündet.[329] Einseitige Umsetzungsvarianten können daher auch einen Beitrag zur Erhöhung der Rechtssicherheit im Kontext der Korrekturmöglichkeiten zur Beendigung übertariflicher Eingruppierungen leisten.

## II. Übersicht einseitiger Umsetzungsvarianten

### 1. Faktische Entgeltkürzung

#### *a) Erfolgsaussichten*

Besteht in einer Sparkasse Transparenz über das Ausmaß übertariflicher Eingruppierungen, ist eine zeitnahe Korrektur zumindest unter dem Blickwinkel der zügigen Verbesserung der Gewinn- und Verlustrechnung nicht selten das erklärte Ziel. Unter Beachtung der Rechtsprechung des Bundesarbeitsgerichts[330]

---

328 Aus Sicht des Verfassers wenig überraschend, wird diese Unsicherheit der Vorstände noch verstärkt durch die Diskussion der Frage, welche Bedeutung ein bewusstes Handeln bei erstmaliger Gewährung der übertariflichen Vergütung nach Auffassung der Rechtsprechung hat bzw. welche Qualität den nach der Rechtsprechung erforderlichen Irrtum auszeichnen muss. Zu der von der Rechtsprechung entwickelten Möglichkeit einer Beweisführung des Irrtums über den Nachweis der objektiven Fehlerhaftigkeit vgl. insbesondere unten unter § 9 IV 1 a.

329 Gegenüber der unmittelbaren Kürzung der Eingruppierung regelmäßig moderater wirken die teilweise zum Einsatz kommenden kollektivrechtlichen Regelungen zur Abschmelzung übertariflicher Leistungen. Als Konsequenz schwindet dann aber auch das Potenzial zur kurzfristig spürbaren Ergebnisverbesserung. Eine vertiefte Betrachtung der Dienstvereinbarungen zur Kürzung übertariflicher Zahlungen erfolgt in Kapitel § 10 dieser Arbeit.

330 Wesentliche Entscheidungen des BAG im Kontext der korrigierenden Rückgruppierung: BAG, Urt. v. 15.06.2011 – 4 AZR 737/09, ZTR 2012, 26; BAG, Urt. v. 01.07.2009 – 4 AZR 234/08, ZTR 2010, 31 f.; BAG, Urt. v. 14.09.2005 – 4 AZR 348/04, ZTR 2006, 253 f.; BAG, Urt. v. 21.08.2003 – 8 AZR 393/02, AP §§ 22, 23 BAT-O Nr. 27; BAG,

zum vorgestellten Ausgangsfall hat eine Beendigung der überhöhten Eingruppierung gleich mit der nächsten Entgeltzahlung sehr gute Aussichten, auch im Falle einer arbeitsgerichtlichen Überprüfung Bestand zu haben. Sparkassen mit besonders hohem Ergebnisdruck ist eine forcierte Vorgehensweise zur Personalkostensenkung bei den hier maßgeblichen Standardfällen angeraten. Dass nach der hier vertretenen Auffassung gerade auch im Regelfall eine wirksame arbeitsvertragliche Vereinbarung zur Vergütung getroffen wird und mithin eine schlichte Einstellung der bisher gewährten Vergütung mit den Grundregeln des geltenden Vertragsrechts nicht vereinbar ist, wurde insbesondere in der Kritik zur Maßgeblichkeit des Parteiwillens (§§ 133, 157 BGB) bereits dargelegt (oben § 4 III 2).

### *b) Auffassung des BAG*

Für die Erfolgsaussichten einer faktischen Entgeltkürzung dürfte hingegen die Rechtsposition des Bundesarbeitsgerichts zu dieser Frage von deutlich höherer Relevanz sein. Auch die vorliegende Schrift wird die Entscheidungsfindung der Arbeitsgerichte in erster und zweiter Instanz nämlich voraussichtlich weniger beeinflussen, als die gefestigte Position des Bundesarbeitsgerichts zu dieser Frage. Auch wenn Arbeitsrichter der ersten und zweiten Instanz bei ihrer freien Urteilsfindung unter dem Schutz des Art. 97 Abs. 1 GG stehen und folglich auch in der vorliegenden Fragestellung keine unmittelbare Verpflichtung zur Adaption der Rechtsposition des Bundesarbeitsgerichts gegeben ist,[331] forciert nicht zuletzt die explizite Möglichkeit zur Einlegung von Rechtsmitteln gemäß § 511 Abs. 4 Satz 1 ZPO mit Blick auf die vom Gesetzgeber angestrebte einheitliche

---

Urt. v. 16.02.2000 – 4 AZR 62/99, ZTR 2001, 222 ff.; BAG, Urt. v. 11.06.1997 – 10 AZR 724/95, EzA § 4 TVG Eingruppierung Nr. 7; BAG, Urt. v. 30.08.1995 – 1 AZR 47/95, ZTR 1996, 123 ff. = PersR 1996, 74 ff.; BAG, Urt. v. 23.08.1995 – 4 AZR 352/94, ZTR 1996, 169; BAG, Urt. v. 09.02.1993 – 1 ABR 51/92, BAGE 72, 187 = AP Nr. 103 zu § 99 BetrVG 1972; BAG, Urt. v. 12.01.1993 – 1 ABR 42/92, BAGE 72, 123 = AP Nr. 101 zu § 99 BetrVG 1972; BAG, Urt. v. 28.10.1981 – 4 AZR 244/79, BAGE 36, 392 = AP Nr. 54 zu §§ 22, 23 BAT 1975; BAG, Urt. v. 16.10.1974 – 4 AZR 1/74, AP Nr. 81 zu §§ 22, 23 BAT.

331 Für die im Ausnahmefall greifende Bindungswirkung finden sich dezidierte Normen des Verfassungs- bzw. Gesetzgebers. Verwiesen sei an dieser Stelle insbesondere auf die Bindungswirkung von Entscheidungen des BVerfG (§ 31 BVerfGG), an Verweisungsbeschlüsse nach § 17a Abs. 2 Satz 3 GVG, sowie für die betroffenen Instanzgerichte an die rechtliche Beurteilung des zurückverweisenden Gerichtes (vgl. § 563 Abs. 2 ZPO).

Rechtsprechung eine starke Orientierung der erstinstanzlichen Arbeitsgerichte an Entscheidungen der Bundesgerichte.[332]

Insbesondere weil der Vergütungsanspruch im hier relevanten Standardfall nach Auffassung des Bundesarbeitsgerichts unmittelbarer aus dem Tarifvertrag folgt,[333] eine Nichtigkeit der Vergütungskorrektur wegen Formverstoßes aufgrund der Regelung zu einer Hauptleistungspflicht ausscheidet (dazu oben § 4 III 1 a aa) und auch die fehlende Einbindung des Personalrats nach Auffassung des Bundesarbeitsgerichts immer dann unschädlich ist, wenn Tarifrechte nicht beschnitten werden (oben § 4 III 1 a cc), dürfte die faktische Entgeltkürzung auf das richtige Tarifniveau im Regelfall erfolgreich sein. Ein derartiges Vorgehen bei übertariflicher Eingruppierung birgt im hier besprochenen Regelfall folglich erst dann ein relevantes Prozessrisiko für die agierende Sparkasse, wenn das Bundesarbeitsgericht seine ständige Rechtsprechung hierzu korrigiert.

### *c) Vorherige Mitteilung*

Losgelöst von der juristischen Bewertung der rechtlichen Zulässigkeit einer faktischen Entgeltkürzung und der Einschätzung des Prozessrisikos im Falle einer arbeitsgerichtlichen Überprüfung dürfte wohl keine noch so dramatische gesamtwirtschaftliche Schieflage einer Sparkasse eine Entgeltkürzung ohne vorherige Mitteilung an die Betroffenen in der Praxis sinnvoll erscheinen lassen. Wenn schon die Umsetzung einer nachteiligen Veränderung von einer für den Arbeitnehmer sehr wesentlichen Determinante seines Anstellungsverhältnisses

---

332 Zur grundgesetzlich geschützten richterlichen Unabhängigkeit und zur gleichsam angestrebten „Sicherung einer angestrebten Einheitlichkeit" der Rechtsprechung siehe Ausführungen von *Classen*, in: v. Mangoldt/Klein/Starck, GG, Art. 97 Abs. 1 Rn. 20 ff.

333 vgl. insbesondere BAG zur lediglich deklaratorischen Wirkung der Angaben zur Eingruppierung und Vergütung in den Arbeitsverträgen des öffentlichen Dienstes: BAG, Urt. v. 15.06.2011 – 4 AZR 737/09, ZTR 2012, 26; BAG, Urt. v. 01.07.2009 – 4 AZR 234/08, ZTR 2010, 31 f.; BAG, Urt. v. 14.09.2005 – 4 AZR 348/04, ZTR 2006, 253 f.; BAG, Urt. v. 21.08.2003 – 8 AZR 393/02, AP §§ 22, 23 BAT-O Nr. 27; BAG, Urt. v. 16.02.2000 – 4 AZR 62/99, ZTR 2001, 222 ff.; BAG, Urt. v. 11.06.1997 – 10 AZR 724/95, EzA § 4 TVG Eingruppierung Nr. 7; BAG, Urt. v. 30.08.1995 – 1 AZR 47/95, ZTR 1996, 123 ff. = PersR 1996, 74 ff.; BAG, Urt. v. 23.08.1995 – 4 AZR 352/94, ZTR 1996, 169; BAG, Urt. v. 09.02.1993 – 1 ABR 51/92, BAGE 72, 187 = AP Nr. 103 zu § 99 BetrVG 1972; BAG, Urt. v. 12.01.1993 – 1 ABR 42/92, BAGE 72, 123 = AP Nr. 101 zu § 99 BetrVG 1972; BAG, Urt. v. 28.10.1981 – 4 AZR 244/79, BAGE 36, 392 = AP Nr. 54 zu §§ 22, 23 BAT 1975; BAG, Urt. v. 16.10.1974 – 4 AZR 1/74, AP Nr. 81 zu §§ 22, 23 BAT.

auch nach erfolgter Erläuterung regelmäßig zu einer erheblichen Belastung des Arbeitsverhältnisses führt, gilt dies bei einer unvermittelten Anpassung der Eingruppierung ganz besonders. Da es für einen Verzicht auf eine Erläuterung im Regelfall aber keinen sachlogischen Grund geben dürfte und Arbeitgeber regelmäßig ein Interesse an möglichst motivierten Mitarbeitern haben, genießt eine faktische Entgeltkürzung wohl auch eher lediglich eine theoretische Relevanz.

## 2. Änderungsmitteilung

### *a) Anforderungen*

Die juristische Bedeutung einer Änderungsmitteilung über eine geplante Absenkung der Eingruppierung ist zum einen abzugrenzen von einer Anfechtung des gesamten Arbeitsvertrages einschließlich seiner Eingruppierungszusage im Sinne der §§ 119 ff. BGB (dazu unten § 9 II 3) sowie ebenso von einer Änderungskündigung nach § 2 Satz 1 KSchG (dazu unten § 9 II 4). Ausgangspunkt für die Bewertung der Frage ist folgende beispielhafte hausinterne schriftliche Mitteilung an einen Mitarbeiter, die dem Empfänger eine gegenüber dem Status quo abgesenkte Eingruppierung zuweist. Hierbei wird zusätzlich angenommen, dass die in der Mitteilung benannte neue Eingruppierung unter Beachtung der ausgeübten Tätigkeit und der tarifvertraglichen Vorgaben zur Stellenbewertung tarifrechtlich korrekt ist:

> *„Betreffzeile: Eingruppierung nach § 22 BAT und § 17 TVÜ-VKA*
> *Sehr geehrte(r)Herr/Frau …,*
> *Sie sind mit Wirkung vom xx.xx.2015 in Vergütungsgruppe 7 Stufe 3 eingruppiert. Die sich aus Ihrer neuen Eingruppierung ergebenden Bezüge können Sie der nächsten Gehaltsabrechnung entnehmen. Zu weiteren Fragen, die im Zusammenhang mit Ihrer Eingruppierung bzw. Ihrer Gehaltsabrechnung stehen, wird Sie die Personalabteilung auf Anfrage gerne informieren.*
> *Mit freundlichen Grüßen*
> *Sparkasse XY*
> *Der Vorstand*
> *Originalunterschrift“*

Will man in diesem Schreiben eine Anfechtungserklärung gemäß § 143 Abs. 1 BGB erkennen, bedarf es auf der Seite des Erklärenden mithin eines entsprechenden Gestaltungswillens mit dem Ziel, die ursprüngliche Eingruppierungsvereinbarung der anfänglichen Nichtigkeit nach § 142 Abs. 1 BGB zuzuführen.[334] Nach § 142 Abs. 1 BGB erfolgt die Anfechtung durch Erklärung gegenüber dem

---

334 *Boemke/Ulrici*, BGB Allgemeiner Teil, § 14 Rn. 5, sprechen im Zusammenhang mit einer Anfechtung von der „Gestaltungserklärung einer Partei“.

Anfechtungsgegner. Wenn eine Willenserklärung immer schon unspezifisch die auf eine Rechtsfolge abzielende Äußerung des Willens ist,[335] dann kann die Anfechtungserklärung folglich als spezifische Variante der Willenserklärung beschrieben werden.[336] Vorliegend müsste demnach durch die Änderungsmitteilung der rechtsgestaltende Wille zur rückwirkenden Auflösung einer Eingruppierungszusage zum Ausdruck kommen.

Hieran bestehen berechtigte Zweifel: Die Änderungsmitteilung müsste als potentielle Anfechtungserklärung den Tatbestandsmerkmalen der Willenserklärung hinsichtlich ihrer Dimensionen Erklärung und Willen genügen.[337] Mit Blick auf die notwendige Erklärung einer Anfechtung ist zunächst festzuhalten, dass sich in der eingangs dargestellten Änderungsmitteilung kein Hinweis auf einen Irrtum hinsichtlich des bisherigen Vertragsverhältnisses findet[338] und auch kein der Anfechtung typischerweise innewohnender Regelungsanspruch für die Zukunft zum Ausdruck kommt. Mit Blick auf den inneren Tatbestand der Willenserklärung, dem Willen nach Anfechtung einer bestehenden vertraglichen Beziehung, ist anzumerken, dass diese innere Tatbestandsebene ebenfalls im vorliegenden Beispielsfall nicht angenommen werden kann. Die in der Betreffzeile deutlich herausgestellte Bezugnahme auf § 22 BAT schließt den Absatz 2 Satz 1 ein, wonach der Angestellte in der Vergütungsgruppe eingruppiert ist, deren Tätigkeitsmerkmalen die gesamte von ihm nicht nur vorübergehend auszuübende Tätigkeit entspricht. Hierdurch will die Sparkasse erkennbar die Brücke zur ständigen Rechtsprechung des Bundesarbeitsgerichts mit der nach seiner Auffassung lediglich deklaratorischen Wirkung der Eingruppierungszusage im Arbeitsvertrag schlagen.[339]

---

335 Siehe zur Definition der Willenserklärung hier nur in *Brox/Walker*, BGB AT, Rn. 82, wonach eine Willenserklärung eine private Willensäußerung ist, die auf die Erzielung einer Rechtsfolge gerichtet ist.

336 vgl. ebenso exemplarisch *Köhler*, BGB Allgemeiner Teil, § 7, Rn. 36, S. 83, wonach die Anfechtung durch eine formlose empfangsbedürftige Willenserklärung erfolgt.

337 Zur Struktur der Willenserklärung mit inneren und äußeren Tatbestandsmerkmalen siehe Schaubild bei *Brox/Walker*, BGB AT, Rn. 91.

338 Allenfalls konkludent aufgrund der erfolgten Zuweisung einer neuen, niedrigeren Entgeltgruppe für die Zukunft, ohne gleichzeitige Aussage zu einer veränderten Tätigkeit. Hierin könnte man die Aussage einer irrtümlich zu hohen Vergütung in der Vergangenheit erblicken.

339 Wesentliche Entscheidungen des BAG im Kontext der korrigierenden Rückgruppierung: BAG, Urt. v. 15.06.2011 – 4 AZR 737/09, ZTR 2012, 26; BAG, Urt. v. 01.07.2009 – 4 AZR 234/08, ZTR 2010, 31 f.; BAG, Urt. v. 14.09.2005 – 4 AZR 348/04, ZTR 2006, 253 f.; BAG, Urt. v. 21.08.2003 – 8 AZR 393/02, AP §§ 22, 23 BAT-O Nr. 27; BAG,

Die weitere nüchterne Ausgestaltung der Mitteilung ohne einen Bezug zum Auslöser der veränderten Eingruppierung unterstreicht weiter die in diesem Fall offensichtlich angestrebte schlichte Information über die veränderte Eingruppierung. Schließlich kann die in der Betreffzeile zusätzlich vorgenommene Verweisung auf die aus § 17 Abs. 3 Satz 1 TVÜ-VKA resultierende Unverbindlichkeit der neuen Eingruppierung als unzweifelhaftes Indiz für einen mangelnden Rechtsgestaltungswillen herangezogen werden.[340] Diese Einschätzung dürfte auch von einem verständigen Mitteilungsempfänger nicht anders eingeschätzt werden.

### b) *Fehlender Rechtsgestaltungswille*

Als Konsequenz eines fehlenden Rechtsgestaltungswillens und einer korrespondierenden nüchternen Mitteilung scheidet für die vorliegende Änderungsmitteilung auch das Vorliegen einer Änderungskündigung aus (dazu unten § 9 II 4).

Wird die Änderungsmitteilung im Beispiel nach Vereinbarung eines Standardarbeitsvertrages versandt, ändert sie ohne rechtsgestaltenden Charakter nichts an der nach der hier vertretenen Auffassung im Regelfall durch den Arbeitsvertrag bereits wirksam vereinbarten Eingruppierung (oben § 4 III 2). Mit der Rechtsprechung des Bundesarbeitsgerichts hingegen folgt der Eingruppierungsanspruch unmittelbar aus dem Tarifvertrag (dazu oben § 4 III 1 a dd). Der Arbeitgeber kann dann auch eine überhöhte Eingruppierung durch schlichte Änderungsmitteilung für die Zukunft korrigieren.[341] Dieses Vorgehen ist der

---

Urt. v. 16.02.2000 – 4 AZR 62/99, ZTR 2001, 222 ff.; BAG, Urt. v. 11.06.1997 – 10 AZR 724/95, EzA § 4 TVG Eingruppierung Nr. 7; BAG, Urt. v. 30.08.1995 – 1 AZR 47/95, ZTR 1996, 123 ff. = PersR 1996, 74 ff.; BAG, Urt. v. 23.08.1995 – 4 AZR 352/94, ZTR 1996, 169; BAG, Urt. v. 09.02.1993 – 1 ABR 51/92, BAGE 72, 187 = AP Nr. 103 zu § 99 BetrVG 1972; BAG, Urt. v. 12.01.1993 – 1 ABR 42/92, BAGE 72, 123 = AP Nr. 101 zu § 99 BetrVG 1972; BAG, Urt. v. 28.10.1981 – 4 AZR 244/79, BAGE 36, 392 = AP Nr. 54 zu §§ 22, 23 BAT 1975; BAG, Urt. v. 16.10.1974 – 4 AZR 1/74, AP Nr. 81 zu §§ 22, 23 BAT.

340 Nach § 17 Abs. 3 Satz 1 TVÜ-VKA sind mit Ausnahme der Eingruppierung in die Entgeltgruppe 1 und der Eingruppierung von Ärzten alle zwischen dem 01.10.2005 und dem Inkrafttreten der neuen Entgeltordnung stattfindenden Eingruppierungsvorgänge (Neueinstellungen und Umgruppierungen) vorläufig und begründen keinen Vertrauensschutz und keinen Besitzstand.

341 Die vom BAG, Urt. v. 23.08.2006 – 4 AZR 417/05, DB 2007, 139 ff., verworfene Rückgruppierung einer Lohnbuchhalterin zum 01.01.1993 nach einer Mitteilung vom 18.12.1992 (!) scheitert folglich auch nicht an der unzureichenden Form oder einem unverhältnismäßigem Vorlauf, sondern weil in diesem besonderen Fall aufgrund der wiederholten Korrektur der Eingruppierung durch das Gericht ein Fall des „venire

oben (§ 8 II 1) dargestellten Vorgehensweise einer schlichten faktischen Entgeltkürzung offensichtlich überlegen. Während beide Varianten bei einer korrekten Herleitung der tarifvertraglich angemessenen Vergütung einer gerichtlichen Überprüfung standhalten werden, besticht die hier dargestellte Variante durch ihre vorbereitende Erklärung gegenüber dem Mitarbeiter.

Das im vorliegenden Fall noch recht förmliche Schreiben kann in der Praxis weiter angereichert werden durch erläuternde Ausführungen zum Motiv des Vorgehens. Neben dem Verweis auf sinkende Margen, zunehmenden Wettbewerbsdruck und dem unablässigen Streben nach Sicherung der Unabhängigkeit und Überlebensfähigkeit des eigenen Kreditinstituts empfehlen sich an dieser Stelle zusätzlich Ausführungen zur Bedeutung einer leistungsgerechten Vergütung für eine erfolgreiche Unternehmung und die in diesem Kontext kontraproduktive Wirkung von erratischen übertariflichen Leistungen.

### *c) Einbindung des Personalrats*

Auch wenn die gesetzeskonforme Einbindung des Personalrats trotz des bestehenden Mitbestimmungsrechts (vgl. § 75 BPersVG und die entsprechenden Landespersonalvertretungsgesetze der Länder) für eine gerichtsfeste Anpassung der Vergütung nicht relevant ist,[342] gebietet die vertrauensvolle Zusammenarbeit zwischen Arbeitgeber und Arbeitnehmervertretung einen hinreichenden Austausch zu dieser Maßnahme bereits im Vorfeld der Kommunikation an die Mitarbeiter.[343] Da kritische Mitarbeiter vor der Konsultation eines Rechtsanwalts zunächst den Austausch mit der Arbeitnehmervertretung suchen, empfiehlt sich dieses Vorgehen auch aus taktischen Erwägungen. Kennt der Personalrat durch einen gemeinsamen Austausch die Rechtsposition des Arbeitgebers, so kann er

---

contra factum proprium“ und mithin ein Verstoß gegen Treu und Glauben nach § 242 BGB angenommen wurde.

342 Die Nichtigkeit einer Maßnahme würde aufgrund Nichtbeachtung der gesetzlichen Mitbestimmungsrechte nach Auffassung des BAG immer dann einem unzulässigen Eingriff in die grundgesetzlich geschützte Tarifautonomie gleichkommen, wenn die fragliche Maßnahme der Umsetzung des vereinbarten Tarifrechts entspricht (dazu oben § 4 III 1 a cc).

343 Siehe zum Gebot der vertrauensvollen Zusammenarbeit nach dem Personalvertretungsrecht der einzelnen Bundesländer exemplarisch die Vorgabe nach § 2 Abs. 1 SächsPersVG, wonach Dienststelle und Personalvertretungen unter Beachtung der Gesetze und Tarifverträge vertrauensvoll zusammenarbeiten sollen und hierbei sowohl die berechtigten Interessen der Beschäftigten als auch die der Dienststelle beachten sollen.

dieser regelmäßig nicht ausdrücklich zustimmen, wohl aber dem Arbeitnehmer eine erste Einschätzung zu den Erfolgsaussichten einer gerichtlichen Überprüfung mit auf den Weg geben und so einen übermäßigen Ansturm auf Rechtsbeistände und Gerichte bremsen. Der frühzeitige inhaltliche Austausch mit der Arbeitnehmervertretung zu Fragen der Vergütung stellt ganz regelmäßig auch die indirekte Einbindung der Gewerkschaften über ihre in der Sparkasse vertretenen Vertrauensleute sicher und trägt somit ebenfalls zu einer Deeskalation zwischen den Tarifvertragsparteien bei, was andernfalls bei einer unangekündigten Vorgehensweise alles andere als unwahrscheinlich wäre.[344]

## 3. Anfechtung

Nach § 119 Abs. 1 BGB kann derjenige, der bei der Abgabe einer Willenserklärung über deren Inhalt im Irrtum war oder eine Erklärung dieses Inhalts überhaupt nicht abgeben wollte, die Erklärung anfechten, wenn anzunehmen ist, dass er sie bei Kenntnis der Sachlage und bei verständiger Würdigung des Falles nicht abgegeben haben würde.[345]

Nach der hier vertretenen Auffassung besteht im Regelfall kein Raum für eine Irrtumsanfechtung (dazu oben § 4 III 2), weil die Sparkassen die im Standardarbeitsvertrag genannte Eingruppierung sowohl in der Höhe, als auch in der Verbindlichkeit tatsächlich vertraglich zusagen wollen.[346] Gerade bezogen auf die Angabe der Vergütung wird folglich mit dem für eine Willenserklärung typischen Erklärungsbewusstsein gehandelt. Raum für eine irrtumsbedingte Anfechtung resultiert folglich nicht.

### *a) Eingruppierungszusage als unverbindliche Wissensbekundung*

Geht man mit dem Bundesarbeitsgericht von der untypischen Fallvariante aus, wonach die unterzeichnenden Vertreter der Sparkasse tatsächlich lediglich eine unverbindliche Wissensbekundung im Hinblick auf die Eingruppierungszusage

---

344 Zu der per Haustarifvertrag ausgestaltbaren Rechtsstellung gewerkschaftlicher Vertrauensleute siehe LAG Düsseldorf, Urt. v. 25.08.1995 – 17 Sa 324/95, ArbuR 1996, 238 ff.

345 Zur Möglichkeit der Teilanfechtung siehe BGH, Urt. v. 05.04.1973 – II ZR 45/71, WM 1973, 637 ff., wonach eine Teilanfechtung begrifflich nur möglich ist, wenn der nach Wegfall des angefochtenen Teils verbleibende Rest bei objektiver, vom Willen der Beteiligten absehender Betrachtung als selbständiges, unabhängig von den anderen Teilen bestehendes Rechtsgeschäft denkbar ist.

346 vgl. Musterarbeitsvertrag, Anlage 1.

fixieren wollten (oben § 4 III 1 a dd), ist nach der überzeugenden Rechtsprechung des Bundesgerichtshofs als Folge der Lehre von der Erklärungsfahrlässigkeit auch in diesen Fällen regelmäßig eine wirksame Willenserklärung anzunehmen,[347] weil ein verständiger Erklärungsempfänger bei einer so essentiellen Frage von einer ernstgemeinten Angabe seines zukünftigen Arbeitgebers ausgehen darf. Dies gilt in besonderem Maße bei einem Arbeitgeber des öffentlichen Dienstes.[348]

Befindet sich der Arbeitgeber des öffentlichen Dienstes bei der Konkretisierung der Eingruppierung im Zuge des Arbeitsvertrages im Irrtum gemäß § 119 BGB, so kann er grundsätzlich auch eine Anfechtung erklären, weil er eine Willenserklärung abgeben hat oder sich zumindest sein Handeln als Willenserklärung zurechnen lassen muss.[349] Vertippt sich andererseits beispielsweise der Personalleiter bei der Ausgestaltung des Standardvertrages,[350] indem er statt der gewollten 1 eine 11 als Entgeltgruppe einsetzt, liegt ein zur Anfechtung berechtigender Erklärungsirrtum nach § 119 Abs. 1 Alt. 2 BGB vor.[351]

Das von der Rechtsprechung des Bundesarbeitsgerichts entwickelte Konstrukt einer lediglich deklaratorischen Wissensbekundung ist für den Regelfall abzulehnen (oben § 4 III 2), weil beide Vertragsparteien gerade auch zur Vergütung eine verbindliche Vereinbarung treffen wollen. Handelt der Arbeitgeber aber im Ausnahmefall tatsächlich einmal im Sinne des Bundesarbeitsgerichts, will er also mit der Angabe der Eingruppierung keine rechtsverbindliche Erklärung über die Eingruppierung abgeben sondern lediglich auf die geltende Tarifsystematik

---

347 vgl. BGH, Urt. v. 11.06.2010, NJW 2010, 2873 ff., wonach einem tatsächlichem Verhalten auch ohne Erklärungsbewusstsein oder Rechtsbindungswillen die Wirkung einer Willenserklärung zum Schutz des Rechtsverkehrs zugesprochen wird, wenn ein Zurechnungsgrund vorliegt. Dieser liegt nach dem BGH immer dann vor, wenn ein sich in missverständlicher Weise Verhaltender bei Anwendung der im Verkehr erforderlichen Sorgfalt hätte erkennen und vermeiden können, dass die in seinem Verhalten liegende Äußerung nach Treu und Glauben und der Verkehrssitte als Willenserklärung aufgefasst werden durfte, und wenn der Empfänger sie auch tatsächlich so verstanden hat.

348 Übergreifend zu den intentionalen Voraussetzungen einer Willenserklärung und insbesondere kritisch zur Lehre von der Erklärungsfahrlässigkeit des BGB siehe *Wolf/Neuner*, BGB AT, § 32 S. 350 ff.

349 Zum Verhältnis geschäftsähnlicher Handlungen zu Willenserklärungen und zur Anfechtbarkeit selbiger siehe *Ulrici*, NJW 2003, 2054 f.

350 Siehe Musterarbeitsvertrag, Anlage 1.

351 Siehe zum Erklärungsirrtum nach § 119 Abs. 1 Alt. 2 BGB nur *Wolf/Neuner*, BGB AT, § 41 Rn. 37 f. m. w. N.

verweisen (zu Beweislastfragen unten § 9 IV), ohne dass dies für den verständigen Erklärungsempfänger erkennbar wird, so bietet das Anfechtungsrecht nach § 119 Abs. 1 Alt. 1 BGB aufgrund eines Inhaltsirrtums die interessengerechte Möglichkeit zur Korrektur.[352] Die Rückabwicklung ist dann mit einer nach § 121 Abs. 1 BGB gebotenen Unverzüglichkeit vorzunehmen,[353] angemessene Rechtssicherheit schafft die Verjährungsregel nach § 119 Abs. 2 BGB,[354] und ein kompensatorischer Schadensersatzanspruch für den von der Anfechtung Betroffenen resultiert aus § 122 Abs. 1 BGB.[355]

### *b) Fehleinschätzung des Arbeitgebers*

Vor dem Hintergrund des Anfechtungsrechts bleibt schließlich als wesentliche Fallvariante noch zu bewerten, welche Konsequenzen eine Fehleinschätzung des Arbeitgebers zur tarifvertraglichen Wertigkeit der ausgeübten Tätigkeit hat. Geht der Arbeitgeber beispielsweise vor der Vertragsunterzeichnung davon aus, dass der Mitarbeiter zur Bewältigung einer neugeschaffenen Stelle über Kenntnisse aus einer abgeschlossenen bankfachlichen Berufsausbildung verfügen muss, so weist er dem Mitarbeiter in der Entgeltsystematik des TVöD-S bzw. BAT mindestens eine Eingruppierung in der Entgeltgruppe 5 zu. Stellt sich dann nach der Arbeitsaufnahme heraus, dass beispielsweise eine zur Verfügung gestellte EDV-Unterstützung die Ausübung der Tätigkeit auch ohne abgeschlossene Berufsausbildung erlaubt, ist eine Anfechtung nach § 119 BGB aufgrund eines verdeckten Motivirrtums ausgeschlossen.[356]

---

352 Allgemein zum Irrtum über rechtlich relevante Inhalte einer Willenserklärung siehe *Wolf/Neuner*, BGB AT, § 41 Rn. 43 ff. m. w. N.; zur analogen Anwendung der §§ 116–124 BGB auf bloße Wissenserklärungen siehe *Armbrüster*, in: MüKo-BGB, Band 1, Vor § 116 Rn. 18.

353 Siehe hierzu BGH, Urt. v. 15.12.1987 - X ZR 10/87, WM 1988, 502–504.

354 Siehe hierzu OLG München, Beschl. v. 28.07.2015 – 31 Wx 54/15, NJW-RR 2015, 1418–1419.

355 Siehe hierzu LG Koblenz, Urt. vom 28.07.2011 – 9 O 353/10, MMR 2011, 657–659.

356 Gemäß BGH, Urt. v. 07.07.1998 – X ZR 17/97, NJW 1998, 3192 ff., berechtigt ein Kalkulationsirrtum selbst dann nicht zur Anfechtung, wenn der Erklärungsempfänger diesen erkannt oder die Kenntnisnahme treuwidrig vereitelt hat. Die fehlerhafte Einwertung der Tätigkeit in das Tarifvertragsgefüge ist den Klassikern einer fehlerhaften Willensbildung durch Verrechnen gleichzusetzen. In beiden Fallvarianten entsteht der Irrtum nicht im Zuge der Willenserklärung, sondern nach § 119 BGB unbeachtlich bereits vorgelagert im Zuge der Willensbildung. Mit Blick auf das oben zitierte Urteil des BGH und die dort diskutierte Frage einer Kenntnis vom Kalkulationsirrtum hat dies in den vorliegend relevanten Fallgestaltungen aufgrund einer typischerweise

## 4. Änderungskündigung

### *a) Erfolgswahrscheinlichkeit*

Die Zurückführung von übertariflichen Zahlungen leistet regelmäßig einen erheblichen Beitrag zur Verbesserung der Ergebnissituation von Sparkassen[357] und berücksichtigt zudem die motivationssteigernde Wirkung einer leistungsgerechten Vergütungsstruktur. Eine Entscheidung des Bundesarbeitsgerichts vom 03.07.2003 zur Vergütung eines nach einem Arbeitsunfall leistungsgeminderten Rangierleiters in einem kommunalen Hafenbetrieb verdeutlicht exemplarisch, dass die Zurückführung von übertariflichen Leistungen auch die Erfolgswahrscheinlichkeit von Änderungskündigungen mit dem Ziel einer Vergütungsreduktion erhöht.[358] In der erwähnten Entscheidung genügte die Änderungskündigung mit Vergütungsreduktion vom Rangierleiter zum Hilfsgärtner aufgrund posttraumatischer Belastungsstörungen nicht den Anforderungen an den Gleichbehandlungsgrundsatz und damit der gebotenen Verhältnismäßigkeit, da der Arbeitgeber in vergleichbaren Fällen der Vergangenheit auf eine Entgeltkürzung verzichtet hatte.[359] Die fehlende Stringenz bei der Anwendung der Vergütungssystematik holte den Arbeitgeber in diesem Fall folglich berechtigterweise auch im Zuge einer gerichtlichen Überprüfung der Änderungskündigung wieder ein und unterstreicht die Bedeutung einer tarifvertragskonformen Eingruppierung weiter.

Im Hinblick auf die hier maßgebliche Problemstellung einer übertariflichen Eingruppierung im öffentlichen Dienst auf der Grundlage der in Sparkassen üblichen Standardarbeitsvertrages[360] ist für die Absenkung der Vergütung auf das tarifvertragliche Niveau nach Auffassung des Bundesarbeitsgerichts regelmäßig

eingeschränkten Kenntnis des Arbeitnehmers von der Eingruppierungssystematik des TVöD-S bzw. BAT keine Relevanz.

357 Nach eigener mehrjähriger Projekterfahrung des Verfassers sind übertarifliche Vergütungen in einer Größenordnung von 5–8 % des gesamten Personalaufwands eine typische Ausgangssituation für Projekte in Sparkassen zur Korrektur der übertariflichen Leistungen.

358 BAG, Urt. v. 03.07.2003 – 2 AZR 617/02, DB 2004, 655 f.

359 Das BAG, Urt. v. 03.07.2003 – 2 AZR 617/02, DB 2004, 655 f. stellt allerdings auch klar, dass der Arbeitgeber seine bisherige Praxis zur Gewährung von übertariflichen Zahlungen bei krankheitsbedingter Leistungsminderung für die Zukunft ändern könne und Maßnahmen nach diesem Umsetzungszeitpunkt nicht mehr zwangsläufig wegen einer abweichenden Beurteilung zu älteren Vorgängen unverhältnismäßig sind.

360 vgl. hierzu Musterarbeitsvertrag, Anlage 1.

keine Veranlassung gegeben, den Ausspruch einer Änderungskündigung zu erwägen.[361] Nach der hier vertretenen Auffassung hingegen wird in Sparkassen gerade im Regelfall eine verbindliche Vereinbarung zur Eingruppierung getroffen.[362] Gelingt keine einvernehmliche Anpassung zur Vergütungsabrede und liegen auch die Voraussetzungen einer Irrtumsanfechtung nach §§ 119 ff. BGB nicht vor, kann eine Korrektur der vertraglichen Hauptleistungspflicht zur Vergütungshöhe nach der hier vertretenen Auffassung nur noch einvernehmlich oder durch eine Änderungskündigung erreicht werden.[363]

---

361 Nach der Rechtsprechung des BAG soll das angestrebte Ergebnis im Regelfall schlicht durch eine Anpassung der Eingruppierung möglich sein. Für Nachweise der Rechtsprechung zur sogenannten deklaratorischen Wirkung der Eingruppierungsangabe in Dienstverträgen des Öffentlichen Dienstes: BAG, Urt. v. 15.06.2011 – 4 AZR 737/09, ZTR 2012, 26; BAG, Urt. v. 01.07.2009 – 4 AZR 234/08, ZTR 2010, 31 f.; BAG, Urt. v. 14.09.2005 – 4 AZR 348/04, ZTR 2006, 253 f.; BAG, Urt. v. 21.08.2003 – 8 AZR 393/02, AP §§ 22, 23 BAT-O Nr. 27; BAG, Urt. v. 16.02.2000 – 4 AZR 62/99, ZTR 2001, 222 ff.; BAG, Urt. v. 11.06.1997 – 10 AZR 724/95, EzA § 4 TVG Eingruppierung Nr. 7; BAG, Urt. v. 30.08.1995 – 1 AZR 47/95, ZTR 1996, 123 ff. = PersR 1996, 74 ff.; BAG, Urt. v. 23.08.1995 – 4 AZR 352/94, ZTR 1996, 169; BAG, Urt. v. 09.02.1993 – 1 ABR 51/92, BAGE 72, 187 = AP Nr. 103 zu § 99 BetrVG 1972; BAG, Urt. v. 12.01.1993 – 1 ABR 42/92, BAGE 72, 123 = AP Nr. 101 zu § 99 BetrVG 1972; BAG, Urt. v. 28.10.1981 – 4 AZR 244/79, BAGE 36, 392 = AP Nr. 54 zu §§ 22, 23 BAT 1975; BAG, Urt. v. 16.10.1974 – 4 AZR 1/74, AP Nr. 81 zu §§ 22, 23 BAT.

362 Siehe insbesondere Ausführungen hierzu oben unter § 4 III 2. Dabei ist das Ergebnis zur Bedeutung des Parteiwillens nach §§ 133, 157 BGB im Kern nicht auf Sparkassen als Sonderfall innerhalb des öffentlichen Dienstes beschränkt, sondern auf den gesamten öffentlichen Dienst übertragbar, mithin ein Sonderweg für den öffentlichen Dienst abzulehnen.

363 Im Prinzip ebenso vHH/L/*Linck*, KSchG, § 2 Rn. 68 ff. Auch nach *Linck* sind zwei Fallgruppen zu unterscheiden. Wurde der Arbeitnehmer bewusst übertariflich eingruppiert, kam es zu einer entsprechenden vertraglichen Vereinbarung mit der Konsequenz, dass eine einseitige Absenkung der Vergütung eine Änderungskündigung erfordert. Erfolgte die zu hohe Eingruppierung allerdings irrtümlich, dann soll nach *Linck* eine korrigierende Rückgruppierung möglich sein, mit der Besonderheit, dass die Angabe der Vergütungsgruppe in Arbeitsverträgen des öffentlichen Dienstes gerade keinen selbständigen arbeitsvertraglichen Anspruch begründe. Hier folgt *Linck* der langjährigen Rechtsprechung des BAG. Nachweise zu dieser Rechtsprechung: BAG, Urt. v. 15.06.2011 – 4 AZR 737/09, ZTR 2012, 26; BAG, Urt. v. 01.07.2009 – 4 AZR 234/08, ZTR 2010, 31 f.; BAG, Urt. v. 14.09.2005 – 4 AZR 348/04, ZTR 2006, 253 f.; BAG, Urt. v. 21.08.2003 – 8 AZR 393/02, AP §§ 22, 23 BAT-O Nr. 27; BAG, Urt. v. 16.02.2000 – 4 AZR 62/99, ZTR 2001, 222 ff.; BAG, Urt. v. 11.06.1997 – 10 AZR 724/95, EzA § 4 TVG Eingruppierung Nr. 7; BAG, Urt. v. 30.08.1995 – 1 AZR 47/95,

### b) *Anforderungen*

Die zentrale Normierung zur Änderungskündigung findet sich seit 1969 in § 2 Satz 1 KSchG.[364] Fällt danach die Kündigung mit dem Angebot zur Fortsetzung des Arbeitsverhältnisses zu geänderten Arbeitsbedingungen zusammen, so kann der Arbeitnehmer die Fortsetzung der Beschäftigung zu den geänderten Konditionen unter Vorbehalt annehmen. Gleichzeitig kann er die soziale Rechtfertigung der Kündigung nach § 1 Abs. 2 Sätze 1–3, Abs. 3 Sätze 1 und 2 KSchG gerichtlich überprüfen lassen. Nach dieser Regelung besteht eine Änderungskündigung mithin aus zwei rechtsgestaltenden Akten: der Kündigung des ursprünglichen Arbeitsverhältnisses und dem Angebot zur Vereinbarung einer Beschäftigung zu modifizierten Konditionen.[365] Gemäß § 2 Satz 1 KSchG in Verbindung mit § 1 Abs. 2 Sätze 1–3 und Abs. 3 Satz 1 und 2 KSchG ist eine Änderungskündigung nur dann gerechtfertigt und damit wirksam, wenn sie durch Gründe in der Person, im Verhalten des Arbeitnehmers oder durch dringende betriebliche Erfordernisse begründet ist. Bei der letztgenannten Fallvariante ist gemäß § 1 Abs. 3 KSchG zusätzlich die Anforderung der Sozialauswahl zu beachten.

Geht man hinsichtlich der Eingruppierungsangabe in den Standardverträgen der Sparkasse richtigerweise von einer vertraglichen Fixierung der entsprechenden Vergütung aus,[366] muss sich die Korrektur der Eingruppierung als einseitiger

---

ZTR 1996, 123 ff. = PersR 1996, 74 ff.; BAG, Urt. v. 23.08.1995 – 4 AZR 352/94, ZTR 1996, 169; BAG, Urt. v. 09.02.1993 – 1 ABR 51/92, BAGE 72, 187 = AP Nr. 103 zu § 99 BetrVG 1972; BAG, Urt. v. 12.01.1993 – 1 ABR 42/92, BAGE 72, 123 = AP Nr. 101 zu § 99 BetrVG 1972; BAG, Urt. v. 28.10.1981 – 4 AZR 244/79, BAGE 36, 392 = AP Nr. 54 zu §§ 22, 23 BAT 1975; BAG, Urt. v. 16.10.1974 – 4 AZR 1/74, AP Nr. 81 zu §§ 22, 23 BAT. Warum richtigerweise im Regelfall eine vertragliche Abrede zur Vergütung anzunehmen ist, siehe insbesondere Ausführungen oben unter § 4 III 2. Sofern eine vertragliche Abrede zur Vergütung vorliegt, bestätigt das LAG Sachsen, Urt. v. 28.07.1999 – 4 Sa 826/98, in juris, dass in diesem Fall lediglich Änderungskündigung oder Änderungsvertrag eine rechtswirksame Korrektur der Eingruppierung bewirken können.

364 Die erstmalige Normierung der Änderungskündigung im (west-)deutschen Arbeitsrecht erfolgte durch das Gesetz zur Änderung des Kündigungsrechtes und anderer arbeitsrechtlicher Vorschriften (Erstes Arbeitsrechtsbereinigungsgesetz) vom 14.08.1969, BGBl. I S. 1106; zur Relevanz der Änderungskündigung vor der erstmaligen Normierung siehe vHH/L/*Linck*, KSchG, § 2 Rn. 1 m. w. N.

365 Siehe hierzu nur *Löwisch/Caspers/Klumpp*, Arbeitsrecht, Rn. 799; Schaub/*Linck*, Arbeitsrechts-Handbuch, § 137 Rn. 1, sowie BAG, Urt. v. 16.09.2004 – 2 AZR 628/03, DB 2005, 395 ff.

366 vgl. hierzu Musterarbeitsvertrag, Anlage 1, sowie Ausführungen unter § 4 III 2.

Eingriff in den Kernbereich des Vertragsverhältnisses – mit dem invasiven Ziel einer Absenkung der Vergütung – am Grundsatz von pacta sunt servanda und den von der Rechtsprechung berechtigterweise gesetzten beachtlichen Hürden messen lassen.[367] Die von der Rechtsprechung für eine betriebsbedingte Änderungskündigung zur Absenkung der Vergütung entwickelten Anforderungen werden vom Schrifttum im Kern mitgetragen. Sollen betriebliche Gründe die Anpassung der Vergütung sozial rechtfertigen, fordert die Rechtsprechung einen umfassenden Sanierungsplan, der alle gegenüber der Änderungskündigung milderen Mittel bereits ausschöpft, sowie eine Darlegung, dass ohne die zusätzliche, mit der Änderungskündigung angestrebte Personalkostensenkung betriebsbedingte Beendigungskündigungen zur Aufrechterhaltung des Betriebes unvermeidbar wären.[368] Diese Anforderungen können im Fall der finanziellen Schieflage einer Sparkasse und eines entsprechend breiten Projektaufsatzes zur konsequenten Sanierung durchaus erfüllt werden.[369] Soll hingegen in einem Projekt singulär das vorhandene Potenzial zur Ergebnisverbesserung aus einer Senkung der übertariflichen Zahlungen durch den Ausspruch von betriebsbedingten Änderungskündigungen realisiert werden, bleiben die gesetzten Hürden

---

367 Aus dem unserer Zivilrechtsordnung zugrunde liegenden Grundsatz „pacta sunt servanda“, wonach einmal geschlossene Verträge grundsätzlich einzuhalten sind, folgt auch das Grundprinzip, dass schlichter Geldmangel den Schuldner nicht entlastet; hierzu nur BAG, Urt. v. 12.01.2006 – 2 AZR 126/05, BB 2006, 1115 ff.; zur Rechtsprechung hinsichtlich betriebsbedingter Änderungskündigungen mit dem Ziel, unter Beibehaltung der übrigen Arbeitsbedingungen gezielt die Vergütung zu reduzieren siehe BAG, Urt. v. 26.06.2008 – 2 AZR 139/07, NZA 2008, 1182 ff., mit Verweisen auf weitere Entscheidungen des BAG zu dieser Frage.

368 Um die Verknüpfung zu andernfalls drohenden Beendigungskündigungen nachvollziehbar zu gestalten, muss die mit der Maßnahme angestrebte Personalkostensenkung auch einen entsprechend signifikanten Einfluss auf die weitere Geschäftsentwicklung des Betriebes haben; siehe hierzu BAG, Urt. v. 12.01.1961 – 2 AZR 171/59, BAGE 10, 288, in dem das Gericht die Wirksamkeit einer Entgeltreduktion u. a. unter Verweis auf die geringe wirtschaftliche Bedeutung zurückwies.

369 Die Relevanz solcher Sanierungsfragen sei exemplarisch durch den Artikel in der Frankfurter Allgemeinen Sonntagszeitung vom 01.02.2015, Nr. 5, S. 23 belegt. Unter der Schlagzeile „Wann schließen die ersten Sparkassen?“ werden Ursachen der aktuellen wirtschaftlichen Schieflage von Sparkassen treffend beschrieben. Ähnlich das Magazin Stern am 02.02.2015 (online abrufbar unter: http://www.stern.de/wirtschaft/geld/zu-niedrige-zinsen--droht-sparkassen-die-schliessung--3972950.html) in dem Artikel „Wenn Sparkassen ums Überleben kämpfen“ sowie das Handelsblatt vom 23.02.2015, in seinem Artikel „Kleine Geldhäuser, große Sorgen“.

zum Nachweis einer sozial gerechtfertigten Kündigung regelmäßig nicht zuletzt mit Blick auf das Ultima-ratio-Prinzip der Kündigung unüberwindbar.[370]

Anders gelagert ist hingegen die Situation, wenn eine nachvollziehbare unternehmerische Entscheidung zur Arbeitsorganisation eine Absenkung des Anforderungsniveaus bestehender Tätigkeiten bewirkt. Eine der aktuellen Diskussion in Sparkassen zur Vereinfachung der Beratungssystematik im Privatkundengeschäft vergleichbare Situation lag der Entscheidung des Bundesarbeitsgerichts zur betriebsbedingten Änderungskündigung von Fachverkäufern eines Einzelhandelsunternehmens aufgrund eines veränderten Beratungsangebots der Verkäufer zugrunde.[371] Die Sozialverträglichkeit der Änderungskündigung resultiert hier im Kern aus der überzeugenden Herleitung des Arbeitgebers, alles Zumutbare unternommen zu haben, die aus der Änderung der Arbeitsbedingungen für die Mitarbeiter resultierenden Anpassungen zur Vergütung auf ein unbedingt erforderliches Maß zu beschränken.[372] Bei einer Abkehr des Bundesarbeitsgerichts von der lediglich deklaratorischen Wirkung von Eingruppierungen könnte diese Fallvariante der betriebsbedingten Änderungskündigung zur Entgeltkorrektur nach einem organisatorischen Neuzuschnitt von Funktionen richtigerweise eine Bedeutungszunahme erfahren.

Da die Gewährung einer Eingruppierung oberhalb der tatsächlich erbrachten Leistung in der Praxis auch das Ergebnis einer in der Person des Arbeitnehmers begründeten schleichenden oder auch schlagartigen tatsächlichen

---

370 Aufgrund der aktuellen Rechtsprechung des BAG zur lediglich deklaratorischen Wirkung der Eingruppierung verlaufen entsprechende Kündigungsschutzfragen gleichwohl regelmäßig erfolgreich. Exemplarisch erwähnt sei hier LAG Mecklenburg-Vorpommern, Urt. v. 07.11.2002 – 5 Sa 277/01, veröffentlicht in juris. Auf die soziale Rechtfertigung der Änderungskündigung kam es hier nach Auffassung des Gerichts nicht an, da im Fall der klagenden Schulleiterin einer Sonderschule die Zuweisung einer geringwertigeren Tätigkeit bereits über das Direktionsrecht erfolgen durfte und die Vergütung Ausfluss der Tarifsystematik sei. Wenn offensichtlich weder Tätigkeit noch Vergütung durch den Arbeitsvertrag dieser Schulleiterin bestimmt werden, fragt sich, welchen Charakter der Arbeitsvertrag der Schulleiterin hat. Bezeichnenderweise befasste sich das LAG in dem hier zitierten Urteil gar nicht mit dem konkreten Arbeitsvertrag der Schulleiterin. Einen Lichtblick stellt in diesem Prozess lediglich die Position des erstinstanzlichen Arbeitsgerichts dar, ArbG Rostock, Urt. v. 14.06.2001 – 2 Ca 5/01. Dieses erkennt für die Korrektur der Eingruppierung im Fall der Schulleiterin die Voraussetzung einer Änderungskündigung, um sodann – unter Verweis auf das BAG – leider vom LAG seinerseits korrigiert zu werden.

371 BAG, Urt. v. 23.06.2005 – 2 AZR 642/04, NZA 2006, 92 ff.

372 Siehe hierzu BAG, Urt. v. 03.04.2008 – 2 AZR 500/06, NZA 2008, 812 ff.

Leistungsreduktion sein kann, ist auch eine Auseinandersetzung mit den Anforderungen an die Sozialverträglichkeit gemäß §§ 1, 2 KSchG im Hinblick auf eine personenbedingte Änderungskündigung zur Gehaltsreduktion geboten. Im Kern geht es bei diesen Fallvarianten allerdings nicht um eine Änderungskündigung hinsichtlich der bisherigen Vergütung, sondern um die Zuweisung einer neuen, weniger herausfordernden Tätigkeit aufgrund einer dauerhaften Leistungseinschränkung.[373] Die Sozialverträglichkeit einer derartigen Änderungskündigung steht und fällt maßgeblich mit dem Nachweis der dauerhaften und in der Person begründeten Minderleistung im Hinblick auf die im Kontext der Eingruppierung eigentlich geschuldete Aufgabe sowie der nachvollziehbaren Argumentation im Hinblick auf die neue Tätigkeit. So muss die neue Tätigkeit unter Beachtung der vorhandenen Einsatzmöglichkeiten und der Qualifikation des Mitarbeiters möglichst minimalinvasiv sein.[374] Dies ist für entsprechende Einzelfälle mithin ein relevantes Szenario zur Personalkostensenkung in Sparkassen.[375]

---

373 Zur Veranschaulichung der höchstrichterlichen Rechtsprechung siehe BAG, Urt. v. 03.11.1977 – 2 AZR 277/76, DB 1978, 1135 f. In diesem Fall wurde die Zuweisung einer Tätigkeit als Küchenhilfe als sozial gerechtfertigt bewertet, da die Klägerin als Näherin mit Wollallergie ihre ursprüngliche Arbeit nicht mehr ausüben konnte und die Tätigkeit als Küchenhilfe die einzige alternative Einsatzmöglichkeit darstellte.

374 Interessant ist auch die Bewertung der Frage, ob das Angebot zur Fortsetzung des Beschäftigungsverhältnisses zu deutlich schlechteren Rahmenbedingungen (Wertigkeit der Aufgabe, Umfang der Beschäftigung o. ä.) uneingeschränkt einer Beendigungskündigung vorgeht. Oder anders gefragt, ob das Angebot einer geringwertigeren Funktion ab einer bestimmten Schwelle entbehrlich ist; siehe hierzu BAG, Urt. v. 21.04.2005 – AZR 244/04, NZA 2005, 1294 ff. Da die Frage der Zumutbarkeit nur individuell beantwortet werden kann und dem betroffenen Arbeitnehmer immer die Möglichkeit der Ablehnung bzw. späteren Kündigung offensteht, sollte nach der hier vertretenen Auffassung das Angebot zur Fortsetzung zu veränderten Konditionen bei einer entsprechenden Vakanz immer einer Beendigungskündigung vorgehen und bei Nichtbeachtung zur Unwirksamkeit der Kündigung führen. Um im Bild der zuvor zitierten Entscheidung zu bleiben, ist es schlicht die Entscheidung des Personalchefs, ob er zukünftig als Pförtner arbeiten möchte. Die von der Rechtsprechung entwickelte Schwelle der „offensichtlichen völligen Unterwertigkeit" birgt lediglich Prozessrisiken für den Arbeitgeber und nimmt dem Arbeitnehmer, wenn auch geringe, Handlungsoptionen.

375 Gerade im Bereich der verhaltensbedingten Änderungskündigung erlangt nicht selten der tarifvertragliche Sonderkündigungsschutz Relevanz. Zum Sonderkündigungsrecht in Sparkassen für über 40jährige mit Beschäftigungszeit von über 15 Jahren siehe § 34 Abs. 2 TVöD-S. Eine noch in § 55 Abs. 2 BAT vereinbarte Regelung, wonach langjährige Mitarbeiter im Zuge einer betriebsbedingten Änderungskündigung lediglich eine Herabstufung um maximal eine Vergütungsgruppe erfahren dürfen, ist nicht in

## 5. Zwischenergebnis

Die faktische Entgeltkürzung ist aus juristischer Perspektive in den Fällen der Standarddienstverträge aufgrund der einschlägigen Rechtsprechung des Bundesarbeitsgerichts ein sehr erfolgversprechender Ansatz zur zeitnahen Korrektur der übertariflichen Vergütungsbestandteile, allerdings um den Preis eines personalwirtschaftlichen Erdbebens. Ebenfalls mit Blick auf beherrschbare Prozessrisiken interessant und zudem weniger konfrontativ ist die Umsetzung der Entgeltkürzung nach einer vorherigen Mitteilung an die betroffenen Mitarbeiter (dazu oben § 9 II 1). Dieses Vorgehen ist insbesondere dann ein geeigneter Ansatz, und mithin zuvor eine geeignete Drohkulisse, sollte sich die Arbeitnehmervertretung einer Sparkasse einer konstruktiven Auseinandersetzung zur Rückführung von übertariflichen Zahlungen dauerhaft verweigern (zur möglichen Einflussnahme der Personalräte auf eine sozialverträgliche Rückführung von übertariflichen Leistungen unten § 10).

Nach der hier vertretenen Auffassung kommt es im Regelfall zum wirksamen Vertragsschluss hinsichtlich der geschuldeten Vergütung (oben § 4 III 2). Je nach Ausgangslage kann dann für die einseitige Korrektur durch den Arbeitgeber eine irrtumsbedingte Anfechtung nach §§ 119 ff. BGB zur interessengerechten Korrektur führen (oben § 9 II 3) oder eben eine Änderungskündigung nach § 2 KSchG erforderlich sein (oben § 9 II 4).

Sollte tatsächlich einmal ein Arbeitgeber hinsichtlich der Eingruppierungsangabe im Arbeitsvertrag eine unverbindliche Wissensbekundung abgeben wollen, so ist die Anwendung des Anfechtungsrechts nach §§ 119 ff. BGB interessengerecht (oben § 9 II 3). Die aktuelle Rechtsprechung erlaubt Sparkassen und den übrigen Arbeitgebern im öffentlichen Dienst heute eine jahrelange Kenntnis hinsichtlich der übertariflichen Zahlungen ohne eine Verwirkung des Rechts zur einseitigen Korrektur. Die zumindest entsprechende Anwendung des Anfechtungsrechts würde hier zu einem fairen Ausgleich zwischen den Interessen von Arbeitgebern auf der einen Seite und an Klarheit hinsichtlich ihres tatsächlichen Vergütungsanspruches berechtigterweise interessierten Arbeitnehmern auf der anderen Seite schaffen (zu den Grenzen aus Treu und Glauben aus Sicht der Rechtsprechung unten § 9 III 1 a).

---

den TVöD übernommen worden und gilt folglich aktuell nicht mehr als Beschränkung. So auch richtigerweise das BAG, Urt. v. 27.11.2008 – 2 AZR 757/07, MDR 2009, 700.

## III. Grenzen aus Treu und Glauben

### 1. Meinungsübersicht

#### *a) Rechtsprechung*

Nach § 242 BGB hat der Schuldner die Leistung so zu bewirken, wie Treu und Glauben es mit Rücksicht auf die Verkehrssitte erfordern. Für ein Beschäftigungsverhältnis folgt hieraus für den Arbeitgeber als Schuldner des Arbeitsentgelts die Anforderung, als Schuldner der Entgeltzahlung der Leistungspflicht so nachzukommen, wie es Treu und Glauben mit Rücksicht auf die Verkehrssitte erfordern. Ein grundsätzliches Recht zur Rücknahme einer übertariflichen Eingruppierung kann nach Einschätzung der Rechtsprechung nach § 242 BGB verwirken, wenn zum einen seit der Entstehung des Anspruchs eine längere Zeit verstrichen ist (Zeitmoment) und zum anderen besondere Umstände hinzutreten, die die verspätete Geltendmachung als Verstoß gegen Treu und Glauben erscheinen lassen (Umstandsmoment).[376] Das Erfordernis des Umstandsmoments als eigenständige Grundvoraussetzung für eine Anspruchsverwirkung entfällt nach Auffassung der Rechtsprechung in Fällen der übertariflichen Vergütung auch dann nicht, wenn der Anspruch bereits seit über einer Dekade gewährt wird.[377] Geeignete Umstandsmomente in der vorliegenden Fragestellung können nach Auffassung des Bundesarbeitsgerichts wiederholte Bestätigungen des Arbeitgebers nach der Arbeitsaufnahme zum Beispiel durch „Nachträge zum Arbeitsvertrag" oder „arbeitgeberseitige Schreiben" sein.[378] Gegen den Grundsatz von Treu und Glauben nach § 242 BGB soll nach Auffassung des Bundesarbeitsgerichts in diesem Sinne dann auch verstoßen, wer seinem Arbeitnehmer mehrfach die Richtigkeit der Eingruppierung bestätigt, dann aber zur Verhinderung eines anstehenden Bewährungsaufstiegs nach mehr als zwanzig Jahren erstmals die Fehlerhaftigkeit der Eingruppierung ins Feld führt.[379]

---

376 So zuletzt der BGH, Urt. v. 07.05.2014 – IV ZR 76/11, NJW 2014, 2646 ff.

377 vgl. BAG, Urt. v. 15.06.2011 – 4 AZR 737/09, ZTR 2012, 26 ff. In dem hier beurteilten Fall sollte ein Zeitraum von 14 Jahren nicht ausreichend sein, um die zusätzliche Komponente des Umstandsmoments für die Annahme einer Verwirkung nach § 242 BGB entbehrlich zu machen.

378 BAG, Urt. v. 15.06.2011 – 4 AZR 737/09, ZTR 2012, 26 ff., unter Verweis auf BAG, Urt. v. 08.10.1997 – 4 AZR 167/96, ZTR 1998, 31 f.

379 BAG, Urt. v. 08.10.1997 – 4 AZR 167/96, NZA-RR 1998, 231 ff.

Auch eine wiederholte korrigierende Rückgruppierung eines Arbeitnehmers soll bei unveränderter Tätigkeit und Tarifrechtslage regelmäßig unzulässig sein, so das Bundesarbeitsgericht.[380] Im Kern stützt das Bundesgericht seine Rechtsposition der Annahme eines treuwidrigen „venire contra factum proprium" und eines resultierenden Vertrauensschutzes – in der hier maßgeblichen Fallgestaltung – insbesondere auf den Umstand, dass der Arbeitnehmer „mit Fug und Recht" erwarten könne, der Arbeitgeber habe im Rahmen der ersten Korrektur mit besonderer Sorgfalt gearbeitet.[381]

### *b) Literatur*

Eine breite Diskussion zu dieser Fragestellung lässt sich in der Literatur bisher nicht finden. Die wenigen dezidierten Stimmen verlieren sich lediglich in einer deskriptiven Wiedergabe der Rechtsprechung.[382]

## 2. Kritik

Die Rechtsprechung des Bundesarbeitsgerichts zum Vertrauensschutz nach § 242 BGB im Kontext der korrigierenden Rückgruppierung[383] führt zu interessengerechten Ergebnissen. Der Arbeitnehmer als Laie im Gefüge der tarifvertraglichen Entgeltsysteme nach BAT bzw. TVöD muss auf eine Eingruppierungszusage seines Arbeitgebers nach langjähriger Gewährung (Zeitmoment) und zusätzlichen Umständen vertrauen dürfen (Umstandsmoment). Richtigerweise entsteht dieser Vertrauenstatbestand regelmäßig aber bereits beim ursprünglichen Vertragsschluss, bei dem es nach Auffassung des Bundesarbeitsgerichts hingegen lediglich zu rechtlich unerheblichen Wissensbekundungen des öffentlich rechtlichen Arbeitgebers kommt.[384] Mit der Auffangnorm des § 242 BGB versucht das

---

380 BAG, Urt. v. 23.08.2006 – 4 AZR 417/05, DB 2007, 291 ff. m. w. N. zur Rechtsprechung im Kontext des Vertrauensschutzes aufgrund des Verstoßes gegen den Grundsatz des Verbotes widersprüchlichen Verhaltens; ebenso BAG, Urt. v. 23.09.2009 – 4 AZR 220/08, ZTR 2010, 298 ff.

381 BAG, Urt. v. 23.08.2006 – 4 AZR 417/05, DB 2007, 291 ff., und BAG, Urt. v. 23.09.2009 – 4 AZR 220/08, ZTR 2010, 298 ff.

382 Siehe exemplarisch *Müller-Uri*, ZTR 2004, 173 ff.

383 vgl. exemplarisch BAG, Urt. v. 23.09.2009 – 4 AZRr 220/08, ZTR 2010, 298 ff.

384 Exemplarisch für die besondere Bedeutung der Eingruppierungsangaben für Arbeitnehmer soll an dieser Stelle die Einlassung des Klägers aus dem Tatbestand des BAG, Urt. v. 08.10.1997 – 4 AZR 167/96, NZA-RR 1998, 231 ff., zitiert werden: „Bei meiner Einstellung vor fast zwei Jahren wurde mir zugesagt, daß ich nach der Probezeit in die 4 a aufrücken werde und bei Einarbeitung die Sachgebietsleitung übernehmen

Bundesarbeitsgericht dann, lediglich eklatante Spitzen zu glätten, dies allerdings um den Preis der offensichtlichen Inkonsistenz der eigenen Argumentation.

Dieser Umstand wird besonders augenfällig bei Betrachtung der Rechtsprechung zur wiederholten korrigierenden Rückgruppierung und dem hier regelmäßig angenommenem Vertrauenstatbestand.[385] Der Argumentation des Bundesarbeitsgerichts im Kern folgend, müsste der von einer Rückgruppierung erstmalig betroffene Arbeitnehmer doch gerade besonders eindrücklich die Auswirkungen einer lediglich rechtlich unverbindlichen Wissensbekundung und des Strebens nach Vollzug des Tarifvertrages erfahren und nachvollzogen haben und in der Konsequenz für die Zukunft erst Recht keinen vertraglichen Eingruppierungsschutz erwarten dürfen. Anders sieht es das Bundesarbeitsgericht: Während man bei der Begründung des Arbeitsverhältnisses hinsichtlich der Eingruppierungsangabe noch kein Vertrauen hinsichtlich der Validität der Eingruppierungsangabe haben dürfe,[386] solle dies bei der erstmaligen Korrektur der Eingruppierung nach erfolgter Arbeitsaufnahme „mit Fug und Recht“ der Fall sein, so dass nachfolgende Korrekturen, bei ansonsten unveränderten Rahmenbedingungen, regelmäßig am Grundsatz des § 242 BGB scheitern.[387]

Dem Bundesarbeitsgericht ist zuzustimmen, dass der Arbeitnehmer von einer validen und belastbaren Prüfung seines Arbeitgebers ausgehen kann,

---

könne. … Das mir von seiten der Stadt unterbreitete Angebot hat mich vor zwei Jahren bewogen, auf andere finanziell bessere Stellen zu verzichten.“ Im Übrigen siehe Ausführungen des Verfassers oben unter § 4 III 2.

385 Wesentliche Entscheidungen des BAG im Kontext der korrigierenden Rückgruppierung: BAG, Urt. v. 15.06.2011 – 4 AZR 737/09, ZTR 2012, 26; BAG, Urt. v. 01.07.2009 – 4 AZR 234/08, ZTR 2010, 31 f.; BAG, Urt. v. 14.09.2005 – 4 AZR 348/04, ZTR 2006, 253 f.; BAG, Urt. v. 21.08.2003 – 8 AZR 393/02, AP §§ 22, 23 BAT-O Nr. 27; BAG, Urt. v. 16.02.2000 – 4 AZR 62/99, ZTR 2001, 222 ff.; BAG, Urt. v. 11.06.1997 – 10 AZR 724/95, EzA § 4 TVG Eingruppierung Nr. 7; BAG, Urt. v. 30.08.1995 – 1 AZR 47/95, ZTR 1996, 123 ff. = PersR 1996, 74 ff.; BAG, Urt. v. 23.08.1995 – 4 AZR 352/94, ZTR 1996, 169; BAG, Urt. v. 09.02.1993 – 1 ABR 51/92, BAGE 72, 187 = AP Nr. 103 zu § 99 BetrVG 1972; BAG, Urt. v. 12.01.1993 – 1 ABR 42/92, BAGE 72, 123 = AP Nr. 101 zu § 99 BetrVG 1972; BAG, Urt. v. 28.10.1981 – 4 AZR 244/79, BAGE 36, 392 = AP Nr. 54 zu §§ 22, 23 BAT 1975; BAG, Urt. v. 16.10.1974 – 4 AZR 1/74, AP Nr. 81 zu §§ 22, 23 BAT.

386 Zuletzt BAG, Urt. v. 20.03.2013 – 4 AZR 521/11, ZTR 2013, 615 ff.

387 Siehe BGH, Urt. v. 07.05.2014 – IV ZR 76/11, NJW 2014, 2646 ff; BAG, Urt. v. 15.06.2011 – 4 AZR 737/09, ZTR 2012, 26 ff.; BAG, Urt. v. 23.09.2009 – 4 AZR 220/08, ZTR 2010, 298 ff.; BAG, Urt. v. 23.08.2006 – 4 AZR 417/05, DB 2007, 291 ff.; BAG, Urt. v. 08.10.1997 – 4 AZR 167/96, ZTR 1998, 31 f.

wenn dieser eine Korrektur seiner Eingruppierung zu seinem Nachteil vornimmt. Diese Erwartungshaltung besteht allerdings „mit Fug und Recht" auch im Hinblick auf die erstmalige Begründung eines Arbeitsverhältnisses. Die Frage der zukünftigen Vergütung hat für den Arbeitnehmer im Vorfeld einer Arbeitsaufnahme eine besondere Bedeutung. Gerade bei einem Arbeitgeber des öffentlichen Rechts darf der Arbeitnehmer eine verlässliche Äußerung zur Eingruppierung erwarten. Aber gerade im Hinblick auf öffentlich-rechtliche Beschäftigungsverhältnisse wird die Rechtsprechung des Bundesarbeitsgerichts zum Vertrauenstatbestand nach § 242 BGB dieser berechtigten Erwartungshaltung nicht gerecht. Dogmatisch wenig überzeugend, stellt sie lediglich einen unzureichenden Versuch der Schadensbegrenzung dar.

### 3. Zwischenergebnis

Die Rechtsprechung des Bundesarbeitsgerichts zu den Grenzen der Korrektur der Eingruppierung unter Verweis auf den allgemeinen Grundsatz von Treu und Glauben wirkt in Summe wie der Versuch einer Schadensbegrenzung. Weil der Schaden in diesen Fällen für die betroffenen Arbeitnehmer tatsächlich begrenzt wird, ist diese Rechtsprechung letztlich zu begrüßen. Die Argumentation des Gerichts zum entstehenden Vertrauenstatbestand bei erstmaliger Korrektur erschüttert aber im Kern die langjährige Rechtsprechung zur regelmäßig lediglich deklaratorischen Wirkung der Eingruppierungsangabe.

## IV. Anforderungen an die Darlegungs- und Beweislast

### 1. Meinungsübersicht

#### *a) Rechtsprechung*

Zur Einordnung der Rechtsprechung des Bundesarbeitsgerichts zur Beweislast bei einer gerichtlichen Auseinandersetzung über eine korrigierende Eingruppierung muss zunächst die regelmäßige Ausgangslage eines entsprechenden Prozesses gewürdigt werden. So ist es in der Regel der Arbeitnehmer, der sich auf dem Gerichtsweg gegen eine entsprechende Maßnahme wehren will. Nach den allgemeinen Grundsätzen zur Beweislast im Zivilprozess müsste nun der Arbeitnehmer sämtliche Umstände beibringen, die eine entsprechend höhere Eingruppierung rechtfertigen. Die Rechtsprechung des Bundesarbeitsgerichts weicht bei Eingruppierungsfragen von diesem Grundsatz ab. Danach muss im Rahmen eines Rechtsstreits um die Eingruppierung eines Arbeitnehmers immer derjenige entsprechende Tatsachen vortragen und im Bestreitensfalle auch unter Beweis stellen, der die Modifizierung der Eingruppierung gerichtlich bestätigt wissen will.[388]

Eine grundlegende Darstellung der Rechtsposition des Bundesarbeitsgerichts bei einer typischen Ausgangssituation im Rahmen eines Prozesses zur korrigierenden Rückgruppierung eines Arbeitnehmers im öffentlichen Dienst findet sich im Urteil des vierten Senats vom 16.02.2000.[389] Nach dieser Entscheidung kann sich der Arbeitnehmer erst einmal auf die von seinem Arbeitgeber mitgeteilte Vergütungsgruppe berufen.[390] Der Arbeitgeber muss hierauf die „objektive Fehlerhaftigkeit der mitgeteilten Vergütungsgruppe darlegen und beweisen".[391] Diese objektive Fehlerhaftigkeit liegt nach Einschätzung des Bundesarbeitsgerichts immer schon dann vor, wenn lediglich eine tarifliche Voraussetzung fehlt.[392] Erst wenn der Arbeitgeber diesen Umstand mit Tatsachen belegt und unter Beweis stellt, ist es die Aufgabe des Arbeitnehmers, den Gegenbeweis anzutreten.[393] Der von einer korrigierenden Eingruppierung betroffene Arbeitnehmer erfährt somit nach dem Willen des Bundesarbeitsgerichts eine Privilegierung gegenüber den allgemeinen Grundsätzen zur Beweislast. Diesen

---

388 Siehe im Kontext der Eingruppierungsfrage zuletzt BAG, Urt. v. 20.03.2013 – 4 AZR 521/11, ZTR 2013, 615 ff. Vor dem Hintergrund der hier fraglichen Fallgestaltung reicht nach Auffassung des BAG im Hinblick auf die Beweislast des Arbeitgebers immer dann nicht allein die Darstellung der Tätigkeit, wenn es zur Rückgruppierung des Arbeitnehmers gerade maßgeblich auf das Fehlen eines Heraushebungsmerkmals ankommt. Hier muss nach Einschätzung des BAG vielmehr ein expliziter Vergleich der „Normaltätigkeit" mit der nach Auffassung des Arbeitgebers nicht geleisteten herausgehobenen Tätigkeit erfolgen. Ähnlich, für den Fall des Nachweises einer besonders verantwortungsvollen Tätigkeit durch den Arbeitnehmer, siehe BAG, Urt. v. 15.02.2006 – 4 AZR 645/04, ZTR 2006, 491 ff. Umfassender Nachweis zur Rechtsprechung des BAG in dieser Frage findet sich in *Uttlinger u. a.*, BAT, Ordner 1, § 22 S. 74 ff.

389 BAG, Urt. v, 16.02.2000 – 4 AZR 62/99, DB 2001, 596 f. = NZA-RR 2001, 216 ff.

390 BAG, Urt. v. 16.02.2000 – 4 AZR 62/99, DB 2001, 596. = NZA-RR 2001, 216 ff.

391 BAG, Urt. v. 16.02.2000 – 4 AZR 62/99, DB 2001, 596 = NZA-RR 2001, 216 ff. Gemäß BAG, Urt. v. 18.11.2009 – 4 AZR 498/08, ZTR 2010, 301 ff., führt der Verweis des Klägers auf die Eingruppierung anderer vergleichbarer Arbeitnehmer nicht zu einer Beweislastumkehr oder Beweiserleichterung. Wohl aber können diese Hinweise Ausgangspunkt für die Begründung eines Anspruchs auf Basis des arbeitsrechtlichen Gleichbehandlungsgrundsatzes sein, so das BAG.

392 BAG, Urt. v. 16.02.2000 – 4 AZR 62/99, DB 2001, 596 = NZA-RR 2001, 216 ff.

393 BAG, Urt. v. 16.02.2000 – 4 AZR 62/99, DB 2001, 596 = NZA-RR 2001, 216 ff.

Grundsätzen zur Beweisführung in Eingruppierungsfragen folgten zwischenzeitlich weitere Entscheidungen des vierten Senats.[394]

Über diesen Grundsatz hinaus führen nach Auffassung des Bundesarbeitsgerichts das Nachweisgesetz und die EG-Nachweisrichtlinie im Hinblick auf die korrigierende Rückgruppierung allerdings weder zu einer weitergehenden Darlegungs- und Beweislast für den Arbeitgeber noch zu einer Erleichterung der Darlegungs- und Beweislast für den Arbeitnehmer.[395]

### b) *Literatur*

In der Literatur werden die vom Bundesarbeitsgericht weiterentwickelten Grundsätze zur Beweislastverteilung im Kontext der Korrektur der Eingruppierung weitgehend kritiklos übernommen.[396] Als ein Argument für die Richtigkeit der von der Rechtsprechung entwickelten Beweislasterleichterung für den betroffenen Arbeitnehmer wird angeführt, dass der Arbeitgeber hinsichtlich der Tarifsystematik über eine höhere Beurteilungskompetenz als der Arbeitnehmer verfüge.[397] Erfolgte die zu hohe Eingruppierung durch einen Arbeitgeber des öffentlichen Dienstes allerdings willentlich, soll eine Änderungskündigung zur Anpassung der Eingruppierung erforderlich sein und die

394 Mit expliziter Bezugnahme auf die Grundsätze zur Beweisführung gemäß BAG, Urt. v. 16.02.2000 – 4 AZR 62/99, DB 2001, 596 = NZA-RR 2001, 216 ff., siehe nur BAG, Urt. v. 17.05.2000 – 4 AZR 237/99, NZA 2001, 1316 ff., BAG, Urt. v. 07.05.2008 – 4 AZR 206/07, ZTR 2008, 553 f., und BAG, Urt. v. 15.06.2011 – 4 AZR 737/09, ZTR 2012, 26 ff.

395 BAG, Urt. v. 16.02.2000 – 4 AZR 62/99, DB 2001, 596 = NZA-RR 2001, 216 ff. Wenn das BAG hier explizit die Beweislast im Rahmen von Eingruppierungen nach dem BAT anspricht, so kann diese Position auch nach Einführung des TVöD auf aktuelle Rechtsstreitigkeiten bei der Eingruppierung von Sparkassenmitarbeitern weiter unmittelbare Geltung beanspruchen, da es gemäß § 12 TVöD in Verbindung mit § 17 TVÜ-VKA bis zum Inkrafttreten von neuen Eingruppierungsvorschriften bei der Ableitung der Eingruppierung grundsätzlich unverändert auf die Regelung des § 22 BAT ankommt. Im Übrigen dürfte der vom BAG formulierte Grundgedanke sachlogisch aufgrund im Kern unveränderter Rahmensetzung auch bei Ausgestaltung der neuen Entgeltordnung nach dem TVöD gelten.

396 Exemplarisch siehe Henssler/Willemsen/Kalb/*Henssler*, Arbeitsrecht, § 1 TVG, Rn. 119; Kittner/*Mayer*, Arbeitsrecht, § 132 Rn. 108; *Wirges*, ZTR 1998, 65; *Schaub/Treber*, Arbeitsrechts-Handbuch, § 64 Rn. 86 f.

397 Bergwitz, ZTR 2001, 540, wonach vom Arbeitnehmer nicht verlangt werde könne, „... klüger zu sein und von Anbeginn an Vollbeweis für sämtliche Tätigkeitsmerkmale der geltend gemachten Vergütungsgruppe zu erbringen."

reguläre Darlegungs- und Beweislast gelten. Mithin trifft in diesen Fällen denjenigen die vollumfängliche Darlegungs- und Beweislast, der eine Änderung durchsetzen will.[398]

## 2. Kritik

Die Rechtsprechung des Bundesarbeitsgerichts zur Beweislastverteilung in Prozessen zur Korrektur einer Eingruppierung durch den Arbeitgeber des öffentlichen Dienstes überzeugt. Für den Arbeitnehmer muss es im Zuge einer Feststellungsklage ausreichen, die äußeren Umstände der bisherigen Vergütung darzulegen und bei Bedarf unter Beweis zu stellen, dass er bisher gemäß einer höheren Eingruppierung vergütet wurde. Warum diese Eingruppierung für die Zukunft nicht mehr angemessen sein soll, muss richtigerweise der Arbeitgeber darlegen und beweisen.

## 3. Handlungsempfehlungen

Arbeitgeber suchen in Fällen einer übertariflichen Eingruppierung richtigerweise eine einvernehmliche Lösung mit dem betroffenen Arbeitnehmer, so dass die sich im Zuge einer prozessualen Auseinandersetzung ergebenden Fragen der Darlegungs- und Beweislast typischerweise keine Relevanz haben. Bevor eine Sparkasse die Korrektur einer aus ihrer Sicht unangemessen hohen Eingruppierung gegen den Willen eines Arbeitnehmers durchsetzt, muss sie die Voraussetzungen zur Beweislastführung nach der Rechtsprechung des Bundesarbeitsgerichts bedenken und sich insbesondere fragen, ob Vertreter und Zeugen der Sparkasse bei einer kritischen Befragung im Arbeitsgerichtsprozess wahrheitsgemäß bezeugen können, dass das Ergebnis der ursprünglichen Eingruppierung tatsächlich ein auf einem Irrtum basierender Fehler war und nicht etwa eine bewusst großzügige Auslegung des tarifvertraglichen Entgeltsystems.

## 4. Zwischenergebnis

Die Rechtsprechung und die ihr folgende Literaturmeinung zur Darlegungs- und Beweislastverteilung in Eingruppierungsfragen überzeugen in Summe. Im Zuge einer Feststellungsklage kann es nicht die Aufgabe des Arbeitnehmers sein, den Nachweis einer bisher angemessenen Eingruppierung zu führen. So kann der Arbeitnehmer zweifelsohne den Charakter seiner Tätigkeit beschreiben und unter Beweis stellen, eine Einordnung dieser Tätigkeit in das komplexe

---

398 *Schaub/Treber*, Arbeitsrechts-Handbuch, § 64 Rn. 86 f.

Regelwerk der Eingruppierungssystematik des öffentlichen Dienstes kann ihm und seinem Rechtsbeistand mangels Einblick vernünftigerweise nicht zugemutet werden. Die von der Rechtsprechung für die hier relevanten Fälle richtigerweise entwickelte Erleichterung der Darlegungs- und Beweislast für den Arbeitnehmer ist dann aber immer auch im Kontext der sehr arbeitgeberfreundlichen Rechtsprechung zur Korrekturmöglichkeit der Eingruppierung einzuordnen. Müsste der Arbeitgeber im Regelfall eine Anfechtung erklären oder eine Änderungskündigung aussprechen, läge auch die Last der Darlegung und der Beweisführung gleich bei der richtigen Partei.

## V. Zusammenfassung

Die Rechtsprechung des Bundesarbeitsgerichts zu den Korrekturmöglichkeiten des öffentlich-rechtlichen Arbeitgebers im Hinblick auf eine fehlerhaft zu hohe Eingruppierung räumt dem Arbeitgeber einen großzügigen Gestaltungsspielraum ein, den Sparkassen bei einer weiteren Verschärfung der Marktlage auch zunehmend nutzen werden. Die arbeitgeberfreundliche Rechtsprechung wird in ihrer negativen Wirkung auf den Arbeitnehmer durch die Rechtsprechung zur Unzulässigkeit von wiederholenden Rückgruppierungen bzw. durch eine modifizierte Beweislast in Feststellungsprozessen etwas relativiert.

Da Arbeitnehmer im öffentlichen Dienst die Angabe der Eingruppierung im Arbeitsvertrag bzw. die Bezifferung des Grundgehalts im Zuge der Einstellungsgespräche nicht anders bewerten als Arbeitnehmer in der Privatwirtschaft, entsteht der Vertrauenstatbestand hinsichtlich der Eingruppierung nicht erst bei einer erfolgten ersten Korrektur der Eingruppierung, sondern gerade bei der Begründung des Arbeitsverhältnisses. Aufzulösen sind die in der Folge entstehenden Vertragsansprüche dann richtigerweise nur noch über Anfechtungen oder Änderungsklagen.

# § 10 Die Dienstvereinbarung zur Absenkung der Eingruppierung

## I. Problemstellung

Gleichen Sparkassen die aktuellen Tätigkeiten und Eingruppierungen ihrer Mitarbeiter systematisch mit dem Anforderungssystem des TVöD ab, resultiert regelmäßig die Erkenntnis, dass eine erhebliche Anzahl von Mitarbeitern zu hoch eingruppiert ist.[399] Nach einer gemeinsamen Diskussion und Bewertung dieser Erkenntnis im Führungskreis folgt typischerweise eine Sondierung mit dem Personalrat zur Abstimmung der weiteren Vorgehensweise.[400] An einer möglichst sozialverträglichen Realisierung des Potenzials zur Verbesserung des Ergebnisses interessiert, strebt der Vorstand einer Sparkasse in diesen Fällen regelmäßig den Abschluss einer Dienstvereinbarung zur sukzessiven Abschmelzung der faktisch übertariflichen Vergütung an.[401] In einer entsprechenden Dienstvereinbarung wird in diesen Fällen typischerweise geregelt, dass der Differenzbetrag zwischen der bisherigen Eingruppierung und der richtigerweise zu zahlenden niedrigeren Eingruppierung als Zulage ausgewiesen wird (z. B. Differenz zwischen EG 6 Stufe 6 und EG 5 Stufe 6). Im Zuge der nächsten Tariferhöhung wird lediglich die neue Entgeltgruppe des Mitarbeiters erhöht (z. B. Erhöhung der EG 5 Stufe 6 um 2 %). Die Zulage wird dann entsprechend so gekürzt, dass die Gesamtsumme aus neuer Eingruppierung und Zulage unverändert bleibt. Erst wenn die neue Entgeltgruppe über Tarifrunden die bisherige Gesamtsumme erreicht bzw. übersteigt, erfolgt keine Verrechnung mehr, und die Ergebnisse aus den Tarifrunden führen wieder unvermindert zur absoluten Erhöhung der Bezahlung.

---

399 Da die Tarifvertragsparteien des TVöD seit 2005 keine Einigung zur neuen Entgeltordnung erzielen konnten, gilt über § 12 TVöD und § 17 TVÜ-VKA zur Eingruppierung in Sparkassen noch immer die Entgeltordnung des BAT.

400 Da mit der Anpassung der Vergütung ein Eingriff in den Kern zahlreicher Beschäftigungsverhältnisse bevorsteht, erfolgt in diesen Fällen regelmäßig zunächst eine informelle Sondierung der Problematik und möglicher Konsequenzen zwischen Geschäftsleitung und der Spitze der Personalvertretung.

401 Das systematische Angebot von Jobenrichment oder Jobenlargement muss nach der Projekterfahrung des Verfassers aktuell noch eher als Ausnahme eingeordnet werden. Dies gilt in besonderem Maße aber auch für die nach Auffassung des BAG zulässige sofortige Kürzung der Überzahlung. Zur entsprechenden Rechtsprechung siehe Ausführungen oben unter § 4 III. 1. a) dd).

Losgelöst von der rechtlichen Zulässigkeit zahlreicher einzelvertraglicher Korrekturen haben Dienstvereinbarungen mit dem Personalrat den Vorteil, dass sie gemäß § 77 Abs. 4 Satz 1 BetrVG zwingend gleich für alle betroffenen Arbeitnehmer gelten. Ausgenommen sind nur leitende Angestellte. So wird auf diesem Weg eine gegenüber zahlreichen einzelvertraglichen Anpassungen deutlich effizientere Vorgehensweise ermöglicht.[402] Nach den maßgeblichen Normierungen der Bundesländer zum Personalvertretungsrecht sind Dienstvereinbarungen allerdings unzulässig, soweit sie Arbeitsentgelte oder sonstige Arbeitsbedingungen betreffen, die durch Tarifvertrag geregelt sind oder üblicherweise geregelt werden.[403] Im Hinblick auf die vorliegend relevante Fragestellung ist folglich zu erörtern, ob dieses Regelungsverbot auch den Umgang mit Entgeltbestandteilen umfasst, die aufgrund einer fehlerhaften Eingruppierung faktisch zu übertariflichen Zahlungen führten und daher im engeren Sinn gerade eben nicht auf einer tarifvertraglichen Regelung beruhen.

## II. Regelungskompetenz nach dem Tarifvertragsgesetz und Landespersonalvertretungsgesetzen

### 1. Meinungsübersicht

#### *a) Rechtsprechung*

Die Rechtsprechung des Bundesarbeitsgerichts zur Mitbestimmung bei der Anrechnung freiwilliger übertariflicher Zulagen auf Tariflohnerhöhungen basiert bis heute maßgeblich auf den Beschlüssen des Großen Senats des Bundesarbeitsgerichts vom 03.12.1991.[404] Nach Auffassung des Bundesarbeitsgerichts können Tariflohnerhöhungen mit übertariflichen Zulagen verrechnet werden, und zwar ohne dass hierfür eine entsprechende arbeitsvertragliche Regelung zur

---

402 *Hromadka*, RDA 1992, 234 ff., nennt Vertragsänderungen im Kontext einer breiten Umstrukturierung „ein mühsames und unsicheres Unterfangen".

403 vgl. exemplarische Normierung in Nordrhein-Westfalen. Laut § 70 Abs. 1 LPVG NRW sind Dienstvereinbarungen nur zulässig, „soweit nicht gesetzliche oder tarifliche Regelungen entgegenstehen. Sie sind unzulässig, soweit sie Arbeitsentgelte oder sonstige Arbeitsbedingungen betreffen, die durch Tarifvertrag geregelt sind oder üblicherweise geregelt werden; dies gilt nicht, wenn ein Tarifvertrag ergänzend Dienstvereinbarungen zulässt."

404 BAG, Beschl. v. 03.12.1991 – GS 01/90, DB 1991, 2593, und BAG, Beschl. v. 03.12.1991 – GS 2/90, NZA 1992, 749 ff.

Anrechenbarkeit vorliegen muss.[405] Nur wenn eine individualvertragliche Vereinbarung zum Ausschluss der Anrechnung vorliegt, soll dies nicht gelten.[406] Diese vertragliche Abrede zum Ausschluss der Anrechenbarkeit soll sich nach Auffassung des Bundesarbeitsgerichts grundsätzlich auch stillschweigend ergeben können, nicht jedoch allein aus dem Umstand der tatsächlichen Zahlung einer übertariflichen Leistung über einen längeren Zeitraum hinweg.[407]

Nach der Rechtsprechung des Bundesarbeitsgerichts hat der Personalrat bei der Anrechnung einer Tariflohnerhöhung auf eine übertarifliche Zulage grundsätzlich mitzubestimmen.[408] Dieses Mitbestimmungsrecht erfordert aus Sicht des Bundesarbeitsgerichts allerdings einen Dreiklang: So muss eine „generelle Maßnahme“ vorliegen, aus der Anrechnung muss eine Änderung der bisherigen Verteilungsgrundsätze resultieren, und der Arbeitgeber muss über einen grundsätzlichen Gestaltungsfreiraum verfügen.[409] An einem Gestaltungsfreiraum mangelt es nach Auffassung des Bundesarbeitsgerichts immer dann schon, wenn durch die Anrechnung das Volumen der Zulagen völlig aufgezehrt wird. Dem Grundprinzip des § 87 Abs. 1 Nr. 10 BetrVG folgend, entscheidet der Arbeitgeber hier nach Auffassung des Bundesarbeitsgerichts autonom über die Frage des „Ob“.

Die Mitbestimmung soll nach Einschätzung des Bundesarbeitsgerichts auch entfallen, wenn sich aufgrund einer gleichmäßigen Kürzung der Zulagen keine Veränderung der Verteilungsgrundsätze ergibt.[410] Hierfür ist maßgeblich, ob sich das relative Verhältnis der einzelnen Zulagen zueinander durch die Anrechnung verändert – dann soll eine Mitbestimmung greifen – oder stabil bleibt und in diesem Fall eine Mitbestimmung ausschließt.

Damit unterliegt der oben (§ 10 I) beschriebene Standardfall einer Abschmelzung von Zulagen nach einer Korrektur der Eingruppierung der Mitbestimmung

---

405 Siehe BAG, Urt. v. 22.09.1992 – 1 AZR 235/90, DB 1993, 280 ff., unter Verweis auf die ständige Rechtsprechung des Gerichts in dieser Frage.

406 BAG, Urt. v. 22.09.1992 – 1 AZR 235/90, DB 1993, 280 ff.

407 BAG, Urt. v. 22.09.1992 – 1 AZR 235/90, DB 1993, 280 ff.

408 Siehe exemplarisch BAG, Urt. v. 22.05.2012 – 1 AZR 94/11, NZA 2012, 1234 ff. Ausgangspunkt für die Argumentation des Bundesarbeitsgerichts ist die ständige Rechtsprechung zur Regelung in § 75 Abs. 3 Nr. 4 BPersVG bzw. § 87 Abs. 1 Nr. 10 BetrVG, deren Regelungsgehalt sich wiederum inhaltsgleich in den Personalvertretungsgesetzen der Länder wiederfindet, so beipielsweise in § 72 Abs. 4 Nr. 5 LPVG-NRW.

409 BAG, Urt. v. 22.05.2012 – 1 AZR 94/11, NZA 2012, 1234 ff.

410 vgl. BAG, Urt. v. 22.05.2012 – 1 AZR 94/11, NZA 2012, 1234 ff., unter Verweis auf BAG, Urt. v. 08.06.2004 – 1 AZR 308/03, DB 2005, 168 ff.

im Sinne der Rechtsprechung des Bundesarbeitsgerichts, wie nachfolgender Beispielsfall veranschaulicht:

> Mitarbeiter A erhielt vor der Korrektur seiner Eingruppierung einen monatlichen Bruttolohn von 4.000 EUR. Aufgrund einer Einordnung in eine niedrigere Entgeltgruppe beträgt sein neues Grundgehalt nur noch 3.000 EUR, die Differenz wird als freiwillige Zulage in Höhe von anfänglich 1.000 EUR ausgewiesen. Mitarbeiter B erhielt anfänglich einen Bruttomonatslohn von 5.000 EUR. Aufgrund der Zuordnung einer deutlich niedrigeren Entgeltgruppe als bisher bekommt er ein neues Grundgehalt von 2.000 EUR zuzüglich einer entsprechenden Zulage von 3.000 EUR. Die Zulagen stehen folglich im anfänglichen Verhältnis von 1: 3.
> Bei einer Tariflohnerhöhung von 5 % wird nun im oben (§ 10 I) skizzierten Standardfall für A das Grundgehalt auf 3.150 EUR steigen und die Zulage auf 850 EUR abgesenkt. Bei B steigt das Grundgehalt auf 2.100 EUR und die Zulage sinkt auf 2.900 EUR. Beide Mitarbeiter beziehen so unverändert weiterhin 4.000 bzw. 5.000 EUR pro Monat. Das Verhältnis der Zulagen hat sich aber in Richtung 1: 3,4 verändert.

Durch diese relative Veränderung der Zulagen zueinander wird nach Auffassung des Bundesarbeitsgerichts eine Mitbestimmung ausgelöst. Die Mitbestimmung in dieser Frage kann der Arbeitgeber auch nicht umgehen, indem er zahlreiche einzelvertragliche Vereinbarungen zur Abschmelzung trifft, so der Große Senat des Bundesarbeitsgerichts in seiner grundlegenden Beschlussfassung zu dieser Fragestellung.[411]

### *b) Literatur*

In der Literatur findet sich zunächst Kritik an der Rechtsprechung des Bundesarbeitsgerichts, wonach der Ausschluss der Anrechenbarkeit übertariflicher Leistungen den Nachweis einer entsprechenden vertraglichen Abrede erfordert.[412] So wird teilweise vertreten, dass die bei einer fehlenden vertraglichen Abrede resultierende Handlungsfreiheit des Arbeitgebers nicht vereinbar mit dem Transparenzgebot aus § 307 Abs. 1 Satz 2 BGB ist, da der Wille zur jederzeitigen Anpassung der übertariflichen Zulage ohne expliziten Vorbehalt nicht selbstverständlich und mithin für den Arbeitnehmer überraschend bzw. intransparent ist.[413] Diesem Grundgedanken folgend, fordern andere Stimmen in der Literatur für die individualrechtliche Zulässigkeit der Anrechnung einer

411 BAG, Beschl. v. 03.12.1991, GS 2/90, NZA 1992, 749 ff.
412 *Kania*, in: ErfK/ArbR (14. Aufl. 2014), § 87 BetrVG Rn. 111.
413 *Kania*, in: ErfK/ArbR (14. Aufl. 2014), § 87 BetrVG, Rn. 111.

Tariflohnerhöhung auf übertarifliche Zulagen einen entsprechenden ausdrücklichen Widerrufsvorbehalt.[414]

Die maßgeblich auf der Rechtsprechung des Großen Senats basierende Rechtsprechung zur Anrechnung übertariflicher Zulagen erfährt in der Literatur auch ausdrückliche Zustimmung, wobei ihr von einzelnen Stimmen der Charakter „eines praktikablen und nachvollziehbaren Leitfadens" attestiert wird.[415] Ohne eine eigene überzeugende Lösung vorzuhalten wird von Teilen der Literatur kritisch angemerkt, dass der Große Senat des Bundesarbeitsgerichts lediglich die einheitliche Anrechnung bezogen auf alle Arbeitnehmer des Betriebes thematisiert habe und keine Vorgaben für die Ausklammerung einzelner Betriebsteile oder Mitarbeitergruppen entwickelt habe.[416] Ferner wird formuliert, dass eine Mitbestimmung bei einer vollständigen Verrechnung der Zulagen entgegen dem Großen Senat nicht aufgrund einer fehlenden Gestaltungsmöglichkeit entfällt,[417] sondern aufgrund des Nichtbestehens eines Mitbestimmungsrechts in der Frage der Erbringung einer zusätzlichen Leistung.[418] Zudem wird dem Großen Senat in dieser Fragestellung vorgehalten, eine wirklichkeitsferne Beurteilung vorgenommen zu haben, indem er mit Blick auf die übertariflichen Zulagen eines Betriebes irrigerweise von einem gesamthaften Sozialtopf ausgehe.[419] Außerdem komme es bei der Beurteilung der Frage nach einer bestehenden Mitbestimmung entgegen der Entscheidung des Großen Senats nicht auf das Verhältnis der Höhe der Zulagen zueinander an, sondern auf das Verhältnis der Gehälter zueinander.[420]

In der Literatur wird aber auch vertreten, dass entgegen der Auffassung des Bundesarbeitsgerichts und wohl auch der herrschenden Meinung in der Literatur bei einer vollständigen und gleichmäßigen Anrechnung der freiwilligen

---

414 *Boemke/Seifert*, BB 2001, 985. Nach Wiese/*Wiese*, GK-BetrVG, § 87 Rn. 872, können individualrechtlich entstandene Rechte nur mit individualrechtlichen Mitteln beseitigt werden.

415 *Weber/Hoß*, NZA 1993, 632 ff. Ebenfalls kritiklose Adaption bei Schaub/*Koch*, Arbeitsrechts-Handbuch, § 235 Rn. 106 ff. Eine Übersicht zur Kritik an der Rechtsprechung des BAG in der Literatur findet sich bei *Boemke/Seifert*, BB 2001, 985 ff. Eine Darstellung der Entwicklung der Rechtsprechung bis zur Entscheidung des Großen Senats findet sich bei *Weyand*, AuR, 1 ff.

416 *Schukai*, NZA 1992, 967 ff.; mit ähnlicher Tonalität: *Richardi*, NZA 1992, 961 ff.

417 BAG, Beschl. v. 03.12.1991 – GS 01/90, DB 1991, 2593, und BAG, Beschl. v. 03.12.1991 – GS 2/90, NZA 1992, 749 ff.

418 *Richardi*, NZA 1992, 961 ff.

419 *Hromadka*, DB 1992, 1573 ff.

420 *Hromadka*, DB, 1992, 1573 ff.

Zulagen sehr wohl ein Mitbestimmungsrecht der Arbeitnehmervertretung bestehen kann.[421] So soll eine Mitbestimmung danach in diesen Fällen nur entfallen, wenn ein dezidierter Anrechnungsvorbehalt besteht. Bei einem weniger eng gefassten freien Widerrufsvorbehalt verbleibt für den Arbeitgeber ein Gestaltungsspielraum, der wiederum ein Mitbestimmungsrecht der Arbeitnehmervertretung auslöst.[422]

## 2. Kritik

Die Differenzbeträge zwischen der eigentlich tarifvertragskonformen richtigen Entgeltgruppe und der tatsächlich gewährten Eingruppierung sind richtig verstanden regelmäßig gerade keine freiwilligen Zahlungen des Arbeitgebers, sondern echter Bestandteil des Arbeitsvertrages mit dem jeweiligen Sparkassenmitarbeiter (Argumentation oben § 4 III 2). Folgt man hingegen dem Bundesarbeitsgericht, so kommt es in den Fällen der Korrektur einer fehlerhaften Eingruppierung zu übertariflichen Leistungen, die gemäß der Grundsatzentscheidung des Großen Senats zur Verrechnung von Tarifergebnissen mit freiwilligen Leistungen zurückgeführt werden können (im Einzelnen oben § 4 III 1 a dd). Die Grundsatzentscheidung des Großen Senats beschreibt klar die Voraussetzungen und Grenzen einer mitbestimmungsfreien Rückführung freiwilliger Zulagen, hat aber mit der typischen Heterogenität der gezahlten freiwilligen Zulagen in Betrieben und der nicht selten ausdifferenzierten Rückführung nicht viel gemein. Ohne die geforderte Gleichmäßigkeit führt dann in der Praxis regelmäßig auch die Rechtsprechung des Bundesarbeitsgerichts zum Mitbestimmungsrecht.

Wie von *Boemke/Seifert* richtigerweise dargelegt, muss entgegen der Einschätzung des Großen Senats aber auch bei einer vollständigen und gleichmäßigen Anrechnung übertariflicher Zulagen mit tariflichen Entgeltrunden immer dann von einem Gestaltungsspielraum des Arbeitgebers ausgegangen werden, wenn die Rückführung einer übertariflichen Leistung auf einem freien Widerrufsvorbehalt beruht.[423] Denn nur weil der Arbeitgeber in diesen Fällen ein einheitliches Vorgehen wählt, bedeutet dies keine Verengung seines Gestaltungsspielraums. Auch nach der Logik des Großen Senats kommt man damit zu einem Mitbestimmungsrecht.

---

421 *Boemke/Seifert*, BB 2001, 987 ff.
422 *Boemke/Seifert*, BB 2001, 987 ff.
423 *Boemke/Seifert*, BB 2001, 987 ff.

### 3. Handlungsempfehlungen

Ein unwirtschaftliches Auseinanderfallen von tarifvertraglich angemessener Vergütung und tatsächlich gewährter Eingruppierung sollte aufgrund der bestehenden vertraglichen Verpflichtung hinsichtlich der Eingruppierung primär über die Instrumente des Jobenlargements bzw. Jobenrichments aufgelöst werden (dazu oben § 8 II und III). Will ein Arbeitnehmer diesen Weg im Einzelfall nicht mitgehen, ist eine individualvertragliche Rückführung seiner übertariflichen Bezüge zu erwirken.

Aus personalwirtschaftlicher Sicht sollten Zulagen als Ergänzung zur Eingruppierung allerdings nur sehr selektiv und, wenn möglich, mit klarem Leistungsbezug gewährt werden.

Wird gleichwohl der Abschluss einer Dienstvereinbarung angestrebt, könnte nachfolgender Impuls die Grundlage für eine entsprechende Vereinbarung sein:

> „Ab dem XX wird neben dem tarifgerechten Entgelt eine persönliche Zulage in Höhe des Unterschiedsbetrags zwischen dem tarifwidrigen und dem tarifgerechten Tabellenentgelt gezahlt. Auf eine Rückforderung des zu viel gezahlten Entgelts wird verzichtet. Auf die persönliche Zulage werden Entgelterhöhungen aufgrund a) von Höhergruppierungen, b) der Zahlung von Entgeltgruppenzulagen, c) des Erreichens einer höheren Stufe innerhalb der Entgeltgruppe oder d) allgemeiner Entgelterhöhungen in vollem Umfang angerechnet. Die persönliche Zulage entfällt, wenn die oder der Beschäftigte die Übernahme einer höherwertigen Tätigkeit ohne triftige Gründe ablehnt."

## III. Zusammenfassung

Auf der Basis der gefestigten Rechtsprechung des Bundesarbeitsgerichts zur Korrektur der Eingruppierung könnten Sparkassen im Regelfall den Differenzbetrag aus angemessener Eingruppierung und tatsächlicher Vergütung als freiwillige übertarifliche Leistung ausweisen und mit zukünftigen Tarifrunden verrechnen. Die oben (§ 10 II 1 a) beschriebene Anrechnung führt zu einer Veränderung der Zulagen untereinander und begründet allein schon aus diesem Blickwinkel die Notwendigkeit einer Dienstvereinbarung.

# 4. Teil: Ergebnisse

# § 11 Ergebnisse

- Unter einer Eingruppierung eines Arbeitnehmers ist seine erstmalige Einreihung in ein Entgeltsystem zu verstehen.
- Unter einer Umgruppierung eines Arbeitnehmers ist die Anpassung seiner bisherigen Einreihung innerhalb eines Entgeltsystems zu verstehen.
- Aus der Nichtbeachtung des Nachweisgesetzes folgt keine Beweiserleichterung zugunsten des Arbeitnehmers, die ein Richter beispielsweise im Rahmen des § 287 ZPO zu berücksichtigen hätte.
- Fehlerhafte Nachweise des Arbeitgebers führen nicht unmittelbar zu einem Vertragsanspruch des Arbeitnehmers, wohl aber zu einer entsprechenden Darlegungs- und Beweislast des Arbeitgebers im Streitfall.
- Die tarifvertragskonforme Bewertung einer Tätigkeit mit anschließender Überführung in eine tarifvertragskonforme Vergütung stellt den Standardfall in der täglichen Personalarbeit dar. Diese Variante führt regelmäßig für beide Vertragsparteien zu interessengerechten Lösungen und bedarf hinsichtlich der Vergütungsabrede keiner weiteren Beurteilung der Rechtslage.
- Die Angabe der Entgeltgruppe in Dienstverträgen des öffentlichen Dienstes erfolgt im Regelfall in Erfüllung sämtlicher Anforderungen an eine Willenserklärung im Sinne der §§ 116 ff. BGB. Insbesondere am Vorliegen eines Erklärungsbewusstseins und am auf eine dezidiert benannte Rechtsfolge abzielenden Geschäftswillen bestehen regelmäßig keine Zweifel.
- Mangelt es ausnahmsweise bei der Angabe der Eingruppierung im Arbeitsvertrag am notwendigen Erklärungsbewusstsein des Arbeitsgebers, so kommt es im Regelfall über die Auslegung der äußeren Erklärungsbestandteile in entsprechender Anwendung der §§ 133, 157 BGB gleichwohl zu einer verbindlichen Willenserklärung einschließlich der Angabe zur Eingruppierung.
- Arbeitgeber des öffentlichen Dienstes sollten statt der Stellenbezeichnung „Beschäftigter“ zukünftig für neue Mitarbeiter eine Tätigkeit bzw. Funktion in den Arbeitsvertrag aufnehmen, wie zum Beispiel „Berater/in Geschäftsstelle“ oder „Junior Revisor“, und diese Tätigkeit von Anbeginn mit einer ambitionierten Stellenbeschreibung unterlegen.
- Die Stellenbeschreibung sollte regelmäßig nicht mehr als fünf Kernaufgaben ausweisen. Die Formulierung eines übergeordneten Ziels der Stelle unterstreicht neben der Formulierung als „Kernaufgabe“ den offenen und dynamischen Charakter der Stellenbeschreibung. In den Arbeitsvertrag ist ein entsprechender Passus aufzunehmen, der wie folgt lauten kann: „Einzelheiten

zur Ausgestaltung ergeben sich aus der verbindlichen Stellenbeschreibung für Ihre Tätigkeit in der jeweils aktuellen Fassung."

- Um trotz Angabe der Tätigkeit im Arbeitsvertrag auch weiterhin bei Bedarf dauerhaft eine andere Tätigkeit zuweisen zu können, ist eine entsprechende Klausel im Arbeitsvertrag zu verankern. Um mit dieser Klausel den Rahmen des rechtlich Zulässigen nicht zu verlassen und den Bogen der zumutbaren Flexibilität bei einem neuen Mitarbeiter nicht zu überspannen, sollte die Befugnis auf Tätigkeiten innerhalb einer Entgeltgruppe beschränkt sein. Die Vereinbarung könnte beispielsweise wie folgt lauten: „Die Zuweisung einer anderen Tätigkeit, insbesondere unter Einbeziehung des örtlichen Einsatzortes im Geschäftsstellennetz und der organisatorischen Zuordnung, bleibt der Sparkasse aus dienstlichen Gründen jederzeit vorbehalten. Die Neuzuweisung einer Tätigkeit ist begrenzt auf Tätigkeiten, deren Stellenwert der vereinbarten Eingruppierung entspricht."
- Neben der kurzen Angabe der Tätigkeit ist auch die vereinbarte Eingruppierung anzugeben. Die Vereinbarung könnte beispielhaft wie folgt lauten: „Entsprechend seiner Tätigkeit wird der Beschäftigte in die Entgeltgruppe … eingestuft." Aufgrund des vorhandenen Erklärungsbewusstseins kann aber auch die derzeit gängige Formulierung für eine rechtsverbindliche Absprache der Vergütung weiter eingesetzt werden.[424]
- Wer hinsichtlich der Eingruppierung tatsächlich keine vertragliche Zusage treffen will und stattdessen allein dem Tarifvertrag als Instanz zur Beurteilung der Stellenwertigkeit Geltung verschaffen will, sollte eine Aussage zur Eingruppierung im Arbeitsvertrag gar nicht erst vornehmen oder der in diesem Fall nur deklaratorisch gemeinten Angabe einen entsprechend unmissverständlichen Ausdruck verleihen, indem die Unverbindlichkeit der Wissensbekundung explizit zum Ausdruck gebracht wird.
- Um auch bei einer späteren Änderung der tariflichen Eingruppierungsvoraussetzungen nicht von der Entwicklung „in der Fläche" abgehängt zu sein, ist die Zusage hinsichtlich der Eingruppierung unter einen expliziten Änderungsvorbehalt zu stellen, der wie folgt formuliert werden könnte: „Sollten sich die für die Tätigkeit maßgeblichen tarifvertraglichen Eingruppierungsvoraussetzungen zu einem späteren Zeitpunkt ändern, ist die vertragliche Eingruppierung entgeltgruppenübergreifend zum Vor- oder Nachteil des Mitarbeiters anzupassen. Für diesen Fall greift insbesondere kein Vertrauensschutz oder Besitzstand."

424 Vergleiche Formulierung in § 5 des Musterarbeitsvertrages, Anlage 1.

- Münden Veränderungen in der Arbeitsorganisation oder Varianten der Eingliederung in den Betrieb in einer ausdrücklichen Anpassung des bestehenden Arbeitsvertrages, so führt dies im Regelfall auch zur wirksamen Vereinbarung der im Arbeitsvertrag ausgewiesenen Eingruppierung. Die den öffentlichen Dienst nur auf den ersten Blick privilegierende Rechtsprechung des Bundesarbeitsgerichts führt mit ihrer Unverbindlichkeit der arbeitsvertraglichen Eingruppierungsabrede im Regelfall dann aber richtigerweise zumindest zur wirksamen Vereinbarung der zukünftigen Tätigkeit.
- Sowohl die tagtäglich häufig eintretende Situation einer Modifikation der Tätigkeit im bestehenden Arbeitsverhältnis durch einseitige Leistungsbestimmung des Arbeitgebers, durch eine schleichende Weiterentwicklung der Tätigkeit oder gar aufgrund vertragswidriger Eigeninitiative des Mitarbeiters sind bei einer Auswirkung auf die Vergütung mit der vom Gesetzgeber vorgesehenen condictio indebiti auszugleichen oder unter Verweis auf § 814 BGB interessengerecht zurückzuweisen.
- Gängige Maßnahmen zur Reorganisation der Arbeit sind wie folgt zu definieren: Die unter Beachtung dieser Bewertung weiterentwickelten Definitionen könnten demnach wie folgt lauten:
  - Jobenrichment: Erweiterung der bisherigen Aufgabe durch substantielle Ergänzung von Tätigkeiten, die gegenüber der arbeitsvertraglich geschuldeten Aufgabe höherwertiger sind.
  - Jobenlargement: Erweiterung der bisherigen Aufgabe durch Ergänzung von Tätigkeiten, die gegenüber der arbeitsvertraglich geschuldeten Aufgabe gleichwertig sind.
  - Jobfocusing: Veränderung der bisherigen Aufgabe durch Konzentration auf ausgewählte und bereits ausgeübte Tätigkeiten im Rahmen der arbeitsvertraglich geschuldeten Aufgabe.
  - Jobenpoorment: Veränderung der bisherigen Aufgabe durch substantielle Zuweisung von Tätigkeiten, die gegenüber der arbeitsvertraglich geschuldeten Aufgabe geringwertiger sind.
- Im Regelfall kommt es im öffentlichen Dienst zum wirksamen Vertragsschluss hinsichtlich der geschuldeten Vergütung. Je nach Ausgangslage kann für die einseitige Korrektur durch den Arbeitgeber eine irrtumsbedingte Anfechtung nach §§ 119 ff. BGB zur interessengerechten Korrektur führen oder eben eine Änderungskündigung nach § 2 KSchG erforderlich sein.
- Die Rechtsprechung und die einhergehende Literaturmeinung zur Darlegungs- und Beweislastverteilung in Eingruppierungsfragen überzeugen in Summe.

- Die Differenzbeträge zwischen der eigentlich tarifvertragskonformen richtigen Entgeltgruppe und der tatsächlich gewährten Eingruppierung sind regelmäßig gerade keine freiwilligen Zahlungen des Arbeitgebers, sondern echter Bestandteil des Arbeitsvertrags des jeweiligen Mitarbeiters. Folgt man hingegen dem Bundesarbeitsgericht, so kommt es in den Fällen der Korrektur einer fehlerhaften Eingruppierung zu übertariflichen Leistungen, die unter Verrechnung von Tarifergebnissen zurückgeführt werden können.
- Auch bei einer vollständigen und gleichmäßigen Anrechnung übertariflicher Zulagen mit tariflichen Entgeltrunden ist ein grundsätzlicher Gestaltungsspielraum des Arbeitgebers anzunehmen und als Folge ein Mitbestimmungsrecht gegeben.

# Anlagen

## Anlage 1

### Musterarbeitsvertrag: Arbeitsvertrag für Beschäftigte in einem unbefristeten Arbeitsverhältnis (TVöD-S), Bundesweite Fassung (mit Ausnahme Bayern und Sparkassen Tarifgebiet Ost)

**Arbeitsvertrag für Beschäftigte in einem unbefristeten Arbeitsverhältnis (TVöD-S)**

**- Bundesweite Fassung (mit Ausnahme Bayern und Sparkassen Tarifgebiet Ost) -**

Zwischen

.................................................................................................................................,

.................................................................................................................................,

(Name, Anschrift der Sparkasse)

vertreten durch ..........................................................................................................

und

Herrn/Frau ..........................................................................................(Beschäftigte/r)

geboren am ...............................................................................................................

wohnhaft in ...............................................................................................................

...............................................................................................................

wird - **vorbehaltlich** [1) ].................................................................................................

............................................................................................................ - folgender

**Arbeitsvertrag**

geschlossen:

**§ 1**

Herr/Frau ........................................................................ wird ab ......................... als

[...] vollbeschäftigte/r Beschäftigte/r bei der Sparkasse

[...] nicht vollbeschäftigte/r Beschäftigte/r bei der Sparkasse

[...] mit .............. % der durchschnittlichen regelmäßigen wöchentlichen Arbeitszeit eines/r entsprechenden vollbeschäftigten Beschäftigten (derzeit ... Stunden)

[...] mit einer durchschnittlichen regelmäßigen wöchentlichen Arbeitszeit von ............. Stunden [2)]

auf unbestimmte Zeit eingestellt.

[...] Herr/Frau ... ist nicht bankspezifisch beschäftigt im Sinne des § 18.4 TVöD-S. [3)]

**§ 2**

Das Arbeitsverhältnis bestimmt sich nach den für Beschäftigte im Sparkassenbereich geltenden Tarifverträgen für den öffentlichen Dienst (TVöD-S) und den diese ergänzenden, ändernden oder ersetzenden Tarifverträgen in der für den Bereich der Vereinigung der kommunalen Arbeitgeberverbände (VKA) jeweils geltenden Fassung einschließlich des Tarifvertrages zur Überleitung der Beschäftigten der kommunalen Arbeitgeber in den TVöD und zur Regelung des Übergangsrechts (§ 1 Abs. 2 TVÜ-VKA). Außerdem finden die für den Arbeitgeber jeweils geltenden sonstigen einschlägigen Tarifverträge Anwendung.

§ 3

Die **Probezeit** beträgt sechs Monate. [4 a, b)]

§ 4

Das Arbeitsverhältnis endet, ohne dass es einer Kündigung bedarf, mit Ablauf des Monats,

a) in dem der/die Beschäftigte das gesetzlich festgelegte Alter zum Erreichen einer abschlagsfreien Regelaltersrente vollendet hat, oder

b) unter den Voraussetzungen des § 33 Abs. 2 und 3 TVöD-S mit dem Ablauf des Monats, in dem der Bescheid eines Rentenversicherungsträgers (Rentenbescheid) zugestellt wird. Beginnt die Rente erst nach der Zustellung des Rentenbescheides, endet das Arbeitsverhältnis mit Ablauf des dem Rentenbeginn vorangehenden Tages. Liegt im Zeitpunkt der Beendigung des Arbeitsverhältnisses eine nach § 92 SGB IX erforderliche Zustimmung des Integrationsamtes noch nicht vor, endet das Arbeitsverhältnis mit Ablauf des Tages der Zustellung des Zustimmungsbescheides des Integrationsamtes.

§ 5

Der/Die Beschäftigte ist in der Entgeltgruppe ... eingruppiert.

§ 6

Die/Der Beschäftigte verpflichtet sich, im Rahmen begründeter betrieblicher/dienstlicher Notwendigkeiten zur Leistung von Sonntags-, Feiertagsarbeit sowie zur Ableistung von Bereitschaftsdienst, Rufbereitschaftsdienst, Überstunden und Mehrarbeit. [5)]

§ 7

Die Beschäftigung erfolgt an verschiedenen Orten im Geschäftsgebiet der Sparkasse nach Maßgabe der jeweiligen Zuweisung. Die tariflichen Vorschriften über die Versetzung, Abordnung, Zuweisung und Personalgestellung bleiben unberührt.

§ 8 [6)]

(1) Es wird folgende **Nebenabrede** vereinbart:

[...] ........................................................................................................................................

........................................................................................................................................

........................................................................................................................................

........................................................................................................................................

[...] Die Arbeitsleistung ist bis auf weiteres so zu erbringen, dass der/die Angestellte täglich .... Stunden/an folgenden Tagen .............. arbeitet. Der Arbeitgeber kann die Lage der Arbeitszeit den betrieblichen Erfordernissen anpassen.

[...] Die sich aufgrund der vereinbarten Arbeitszeit (§ 1) errechnete Jahresarbeitszeit ist im jeweiligen Kalenderjahr zu erbringen. Der Arbeitseinsatz erfolgt tage- oder stundenweise und richtet sich nach den betrieblichen Erfordernissen. Er wird von/vom ........................................................ festgelegt. Ein Anspruch auf einen bestimmten regelmäßigen Arbeitseinsatz besteht nicht.

[...] Diese Nebenabrede kann mit einer Frist

[...] von zwei Wochen zum Monatsschluss

[...] von ........................................................................

zum ........................................................................ bei Vorliegen eines sachlichen Grundes (negative wirtschaftliche Entwicklung der Sparkasse, betriebliche Erfordernisse, Grund in der Leistung oder im Verhalten des Arbeitnehmers), schriftlich widerrufen werden. Sachliche Gründe sind insbesondere:

- fusionsbedingte Änderungen zur Anpassung der unterschiedlichen Regelungen bei den Fusionspartnern;

- neue Tätigkeitszuweisungen aufgrund organisatorischer Veränderungen wie z.B. Auslagerung, Zusammenlegung oder Schließung von Organisationseinheiten;
- Rückgang des Betriebsergebnisses um ... % gegenüber dem Vorjahr;
- bei einem negativen Abweichen der Leistung des/der Beschäftigten von den durchschnittlichen Leistungen um ... % für mindestens 6 Monate.[7), 8)]

(2) Nebenabreden sind nur wirksam, wenn sie schriftlich vereinbart werden (§ 2 Abs. 3 Satz 1 TVöD-S).

**§ 9**

Mündliche Nebenabreden bestehen nicht. Änderungen oder Ergänzungen dieses Arbeitsvertrages einschließlich dieser Bestimmung bedürfen zu ihrer Wirksamkeit der Schriftform, sofern sie nicht auf einer ausdrücklichen oder individuell ausgehandelten Abrede beruhen.

Betriebliche Übungen begründen keinen Rechtsanspruch.

..............................................................................
(Ort, Datum)

.................................................................... ..............................................................
(Unterschrift Sparkasse) (Unterschrift Beschäftigte/r)

---

1) Auszufüllen, wenn die Wirksamkeit des Vertrags z.B. vom Ergebnis einer Prüfung oder einer ärztlichen Untersuchung abhängig gemacht wird!

2) Nur ausfüllen, wenn die vereinbarte Stundenzahl auch bei einer allgemeinen tariflichen Änderung der regelmäßigen wöchentlichen Arbeitszeit **unverändert** bleiben soll!

3) Nur aufnehmen, wenn die Einstellung eines Beschäftigten erfolgt, dessen Tätigkeit vor dem 01.01.2005 der Rentenversicherung der Arbeiter unterlegen wäre (= nach BMT-G/BMT-G-O beschäftigt worden wäre); vgl. auch Protokollerklärung Nr. 1 zu § 18.4 Abs. 1 TVöD-S, § 38 Abs. 5 Satz 1 TVöD-S.

4) a) Sofern sich das Arbeitsverhältnis an ein beim selben Arbeitgeber/Dienststelle erfolgreich abgeschlossenes Ausbildungsverhältnis unmittelbar anschließt (§ 2 Abs. 3 Satz 2 TVöD-S), ist § 3 wie folgt zu fassen:

"Eine Probezeit entfällt (§ 2 Abs. 4 Satz 2 TVöD-S)."

b) Nur auszufüllen, wenn die Probezeit ausnahmsweise verkürzt werden soll (§ 2 Abs. 4 Satz 1 TVöD-S).

5) Die Bestimmung im Arbeitsvertrag bezieht sich auf § 6 Abs. 5 TVöD-S, der das Erfordernis aufstellt, dass die Verpflichtung zur Ableistung von Bereitschaftsdienst, Rufbereitschaftsdienst, Überstunden und Mehrarbeit im Rahmen begründeter betrieblicher/dienstlicher Notwendigkeiten bei Teilzeitbeschäftigung einer arbeitsvertraglichen Regelung oder der Zustimmung der/des Beschäftigten bedarf.

6) Falls keine Nebenabrede vereinbart wird, § 8 zwecks der Übersichtlichkeit vollständig löschen

7) Für den Fall, dass die vereinbarte Nebenabrede während der Laufzeit des Vertrages nicht gesondert kündbar sein soll, ist dieser Absatz nicht anzukreuzen bzw. zu streichen!

8) Mit der Angabe von Kündigungsgründen soll der Entwicklung der Rechtsprechung im Zusammenhang mit der Schuldrechtsreform Rechnung getragen werden. **Bitte beachten Sie, dass nach der neuen Rechtsprechung des BAG die sachlichen Gründe für den Widerruf/die Kündigung im Einzelnen genannt werden müssen. Die Aufzählung soll daher Anhaltspunkte geben, ist aber nicht abschließend zu verstehen. Falls darüber hinaus Gründe zur Kündigung berechtigen sollen, müssen diese noch aufgenommen werden.**

www.ingramcontent.com/pod-product-compliance
Ingram Content Group UK Ltd.
Pitfield, Milton Keynes, MK11 3LW, UK
UKHW021132041026
8980IPUK00034B/1705

9 783631 772157